定礎

大人《おとな》も知《し》らない みのまわりの謎《なぞ》大《たい》全《ぜん》

著《ちょ》 ネルノダイスキ

ダイヤモンド社

この本《ほん》に書《か》いてあるのは、
知《し》らなくても
大人《おとな》になれることです。
あまり知《し》られていませんが、
じつは、人生《じんせい》にとっては
そういうことが重要《じゅうよう》なのです。

まいにち、なんとなく見《み》ている世界《せかい》。
でも、それをちょっと違《ちが》う
目線《めせん》で見《み》てみると、

「なぜ？」が無《む》限《げん》にわいてきます。
そうなったらしめたもの。
あなたの目《め》の前《まえ》には、
知《し》りたいことだらけの
ワクワクした世《せ》界《かい》が
広《ひろ》がっています。

この本《ほん》は、今《いま》から世《せ》界《かい》を
もっとおもしろく見《み》るための
本《ほん》なのです。

地球《ちきゅう》から 遥《はる》か彼方《かなた》の銀河系《ぎんがけい》
そのなかに 地球《ちきゅう》に似《に》た 惑星《わくせい》が あった
スーア星《せい》
えー それでは…
明日《あす》から 5連休《れんきゅう》になる わけだが…
宿題《しゅくだい》を 忘《わす》れないように！
ほかの星《ほし》へ行《い》って めずらしいものを探《さが》し
ガヤ ガヤ
それを発表《はっぴょう》してもらう
スーア星人《せいじん》 マチオ
宿題《しゅくだい》「ほかの星《ほし》で 見《み》つけた めずらしいものを 発表《はっぴょう》する」
それでは 連休《れんきゅう》を楽《たの》しく 過《す》ごしてください
ねー みんなは どこに行《い》くの？
えとね 私《わたし》んちはね！
1年前《ねんまえ》からパパが 予約《よやく》してくれた…

ギャラクシーリゾート星《プラネット》に行《い》くの!!
マジで? めずらしいものだらけじゃん!
すごーい!
僕《ぼく》んちはね
すべてのゲームがそろってるメガアミューズ星《プラネット》に行《い》くんだ!
えーすごい!!
超《ちょう》めずらしいものありそうじゃん!
へへっ 親戚《しんせき》のおじさんに連《つ》れてってもらうんだ
ウチはね 家族《かぞく》でジャイアント・クルーズに乗《の》って10年《ねん》に一度《いちど》出《で》るといわれるオーロラを見《み》るの!
いいなー!
あれメチャでかいんでしょ?
マチオ君《くん》はどこに行《い》くの?
えっ
え〜と…
前日《ぜんじつ》
メガアミューズに行《い》きたいんだけど…
ダメよ!
あんなお金《かね》のかかるとこ!
でも宿題《しゅくだい》が…
遊《あそ》びに行《い》きたいだけだろ?
そんな…じゃあどこに行《い》けば…
なら地球《ちきゅう》とかどうじゃ?

地球《ちきゅう》って…バーチャルトラベルで見《み》たけど大《たい》したものがない星《ほし》じゃん
自由《じゆう》の女神《めがみ》
ピラミッド
万里《ばんり》の長城《ちょうじょう》
エベレスト
石《いし》でできたものばっかりだね…
それは観光地《かんこうち》や有名《ゆうめい》なところだけじゃろ?
実際《じっさい》に行《い》くとおもしろいぞ
若《わか》き日《ひ》のじいちゃん（地球人《ちきゅうじん》に変装中《へんそうちゅう》）
じいちゃんは昔《むかし》地球《ちきゅう》の調査《ちょうさ》のため「日本《にほん》」に1年間《ねんかん》行《い》ってたからよく知《し》ってるんだ
日本《にほん》なんて地味《じみ》すぎる…
めずらしいものなんかないよ…
短《みじか》い間《あいだ》だったけどワシにとっては懐《なつ》かしい思《おも》い出《で》の場所《ばしょ》だな～
そうなんだ…
地球《ちきゅう》なら安《やす》く行《い》けるしいいんじゃないか?
えっ
そうね亜空間《あくうかん》トンネルですぐ行《い》けるし
え
メガアミューズは…
地球《ちきゅう》に行《い》きなさい!
え、えっとね…
ち、地球《ちきゅう》の日本《にほん》ってところに行《い》こうと思《おも》ってて…
え…
ち、地球《ちきゅう》…!?

ちょ ちょっと 何笑《なにわら》ってんのよ 失礼《しつれい》でしょ…
だ だって 地球《ちきゅう》って… もちろん 知《し》ってるけど
し しかも 「日本《にほん》」って…
へんぴだけど いいところ かもね…
ワシにとっては 懐《なつ》かしい思《おも》い出《で》の場所《ばしょ》だな～…
いいよ もう!!
あっ
だっ
バカにしやがって… ちくしょう…! くそっ!
こうなったら 地球《ちきゅう》に行《い》って 超《ちょう》めずらしいものを 見《み》つけてやる…!
アイツならきっと 力《ちから》になってくれる…!
タタタタタ
ハァ ハァ
ピンポーン
はーい
ガチャ
あれ? 先輩《せんぱい》 何《なん》ですか急《きゅう》に
マチオの後輩《こうはい》 シラベ
一緒《いっしょ》に地球旅行《ちきゅうりょこう》に行《い》こうぜ
え
おまえ 地球《ちきゅう》にくわしかったよな?
ポン

ど どうしたんですか急《きゅう》に
じつはな…
かく
かく
しかじか…
なるほど…事情《じじょう》はわかりました…
つまり
地球《ちきゅう》の「日本《にほん》」に行《い》くことになったと…
そう…
とりあえず中《なか》に入《はい》って話《はな》しましょう
くいっ
いやー日本《にほん》のことならまかせてくださいよ！
TOKYO
一度《いちど》は行《い》きたいと思《おも》ってたんですよ！
おまえ…
日本《にほん》オタクだったのか…
マニアと言《い》ってください！
ほら日本《にほん》にはめずらしいものがたくさんあるんですよ
うわっスゴ!!
黄金《おうごん》でできた建物《たてもの》
巨大《きょだい》な人《ひと》がほぼ裸《はだか》でたたかうスポーツ
地面《じめん》を掘《ほ》ると変《へん》な人形《にんぎょう》が出《で》てくる
金色《きんいろ》の魚《さかな》
白《しろ》い家《いえ》をつくってすんでいる
ねぇスゴいでしょ？日本《にほん》って…
JAPAN

次《つぎ》の日《ひ》
観光センター
はい！ 変装《へんそう》完了《かんりょう》です！
プシュ
おふたりともどこからどう見《み》ても地球人《ちきゅうじん》ですよ！
いい感《かん》じだ！
おおー
これはどういう服《ふく》なんですか？
それは地球《ちきゅう》での探検隊《たんけんたい》の正式《せいしき》な服装《ふくそう》なんですよ！
へえー
特殊細胞《とくしゅさいぼう》でおおわれている
図解《ずかい》
シラベ
マチオ
地球《ちきゅう》9時間《じかん》ツアーへのお申《もう》しこみでしたね
くれぐれも地球人《ちきゅうじん》に正体《しょうたい》を明《あ》かさないでください
それではこの亜空間《あくうかん》トンネルで地球《ちきゅう》に送《おく》ります
はい!!
気《き》をつけて楽《たの》しんできてくださいね！
ありがとうございます！
キュイイイイイイイイ

よし！
さっそく…
ボワーッ
着《つ》いた!!
あれ…
えっ…
金色《きんいろ》の魚《さかな》は…？
変《へん》な人形《にんぎょう》は…？
ここはどこ!?
いや…こんなはずじゃ…
もしかしたら
一番安《いちばんやす》い旅行《りょこう》プランで
来《き》たから…
え！それで
こんななんもない
場所《ばしょ》に…？
そんな…
へなっ……
ま まあでも
とりあえず…ね！
せっかく来《き》たし
探検《たんけん》しませんか？

まぁ…もうお金《かね》はらっちゃってるしな…
そうですよ 宿題《しゅくだい》も出《だ》さなきゃなりませんし
不気味《ぶきみ》な場所《ばしょ》だな…
ええ…静《しず》かですね…
ガァ
ガァ
ガァ
ガァ
ガァ
ガァ
ビクッ

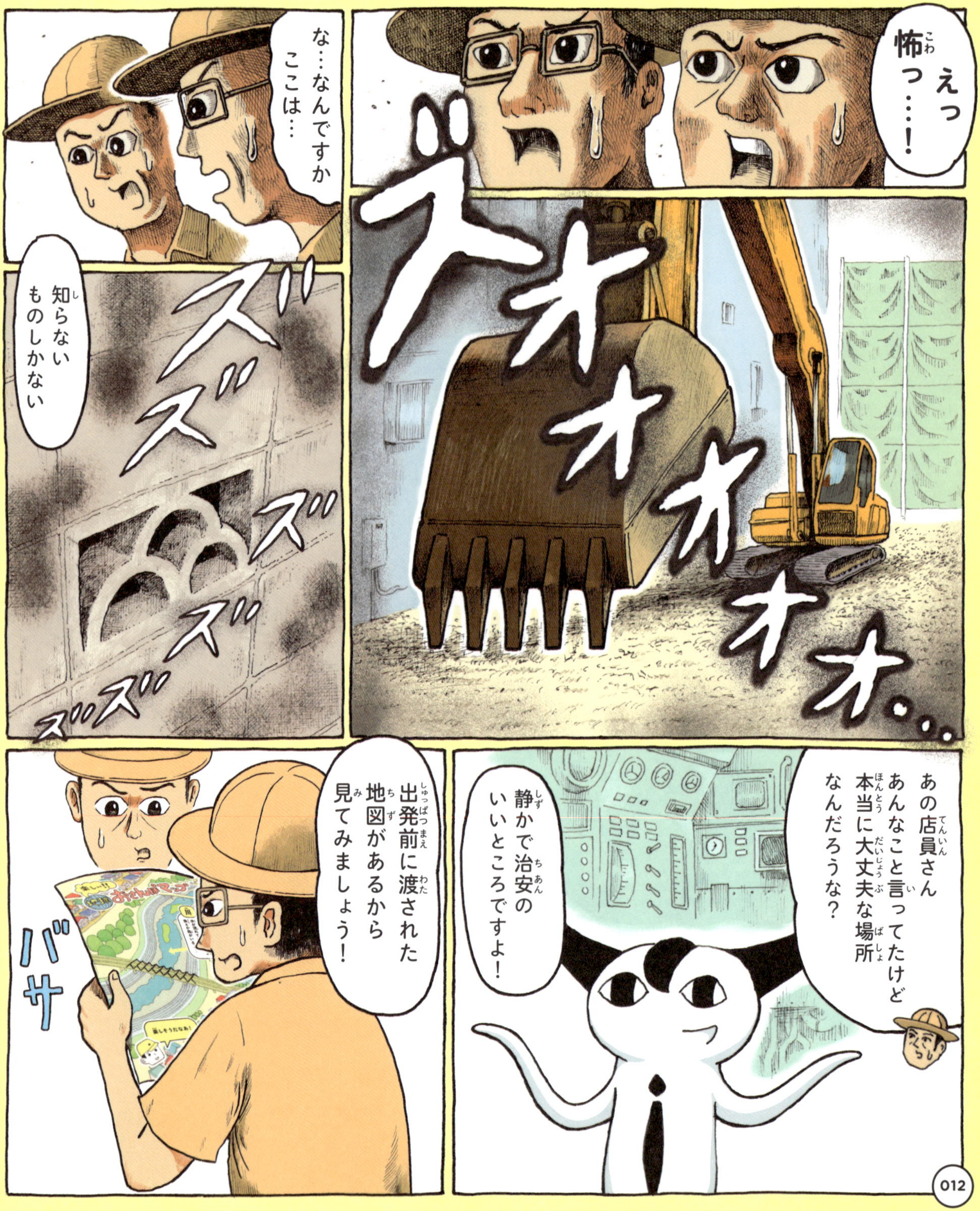
えっ
怖《こわ》っ……!
な…なんですか
ここは…
ズオオオオオ…
知《し》らない
ものしかない
ズズズズズズ
あの店員《てんいん》さん
あんなこと言《い》ってたけど
本当《ほんとう》に大丈夫《だいじょうぶ》な場所《ばしょ》
なんだろうな?
静《しず》かで治安《ちあん》の
いいところですよ!
出発前《しゅっぱつまえ》に渡《わた》された
地図《ちず》があるから
見《み》てみましょう!
バサ

もくじ

◆この本《ほん》の楽《たの》しみ方《かた》 …… 024

第《だい》1章《しょう》 住《じゅう》宅《たく》街《がい》の謎《なぞ》 その1

「異《い》星《せい》人《じん》連《つ》れ去《さ》り注《ちゅう》意《い》」の看《かん》板《ばん》か!? 026

標《ひょう》識《しき》 028

どこからともなく見《み》られている気《き》が… 030

すかしブロック 032

道《どう》路《ろ》に出《しゅつ》現《げん》した怪《かい》物《ぶつ》! 034

アスファルト 036

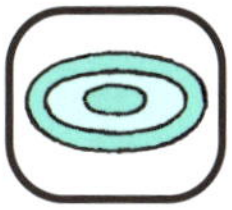

マンホール 038

空《そら》にうかぶ魚《さかな》の骨《ほね》!? 040

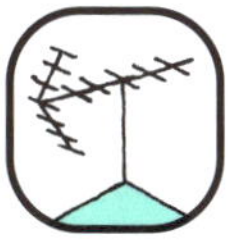

アンテナ 042

公《こう》園《えん》で謎《なぞ》の白《しろ》い斑《はん》点《てん》におそわれる! 044

ハト 046

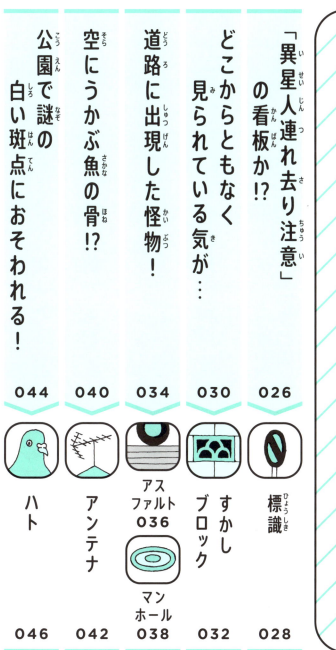

第《だい》2章《しょう》 住《じゅう》宅《たく》街《がい》の謎《なぞ》 その2

この公園《こうえん》にはメドゥーサがいるのか!? 050

遊具《ゆうぐ》 052

遊具《ゆうぐ》・ブロンズ像《ぞう》 054

公園《こうえん》で見《み》つけた驚異《きょうい》的《てき》な彫刻《ちょうこく》 056

セミのぬけがら 058

家《いえ》が超《ちょう》怒《おこ》ってる!! 060

クラック 062

ふつうの家《いえ》になぜ地《ち》下《か》牢《ろう》が… 064

通《つう》気《き》口《こう》 066

緑《みどり》の怪《かい》物《ぶつ》が現《あらわ》れた! 068

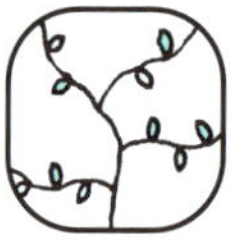

ツタ 070

路《ろ》上《じょう》の謎《なぞ》の包《つつ》みの正《しょう》体《たい》は…? 072

包《つつ》まれたモノ 074

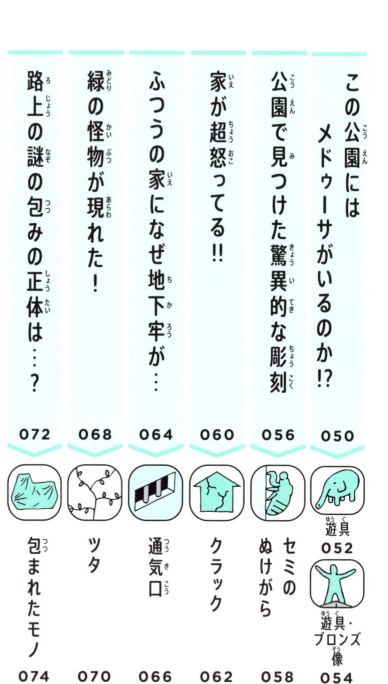

この道《みち》では木《き》にかみつかれる!?　080

街《がい》路《ろ》樹《じゅ》　082

住《じゅう》宅《たく》街《がい》に出《しゅつ》現《げん》した超《ちょう》巨《きょ》大《だい》ヘビ　084
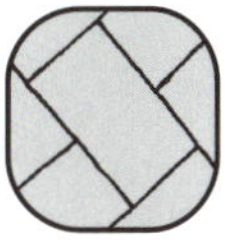
擁《よう》壁《へき》　086

ビルに隠《かく》された恐《きょう》竜《りゅう》の食《しょく》糧《りょう》!?　090

屋《おく》上《じょう》緑《りょく》化《か》　092

街《まち》の中《なか》に猛《もう》獣《じゅう》が脱《だっ》走《そう》したか!?　094
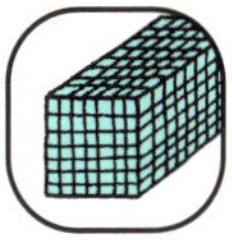
ごみ　096

「粗《そ》大《だい》」とは…いったい何《なん》なんだ…?　100
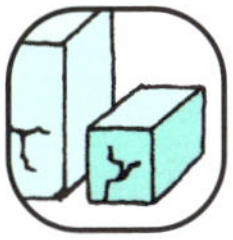
粗《そ》大《だい》ごみ　102

UFO《ユーフォー》に半《はん》分《ぶん》だけさらわれた車《くるま》?　104

軽《けい》トラック　106

屋《おく》上《じょう》に小《こ》型《がた》宇《う》宙《ちゅう》船《せん》が襲《しゅう》来《らい》!?　108
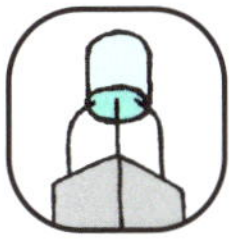
給《きゅう》水《すい》タンク　110

大《だい》仏《ぶつ》が団《だん》地《ち》でゴルフを!?　112

給《きゅう》水《すい》塔《とう》　114

道《みち》ばたで宝《たから》の山《やま》を発《はっ》見《けん》!　116

土《ど》のう　118

第《だい》3章《しょう》 商《しょう》店《てん》街《がい》の謎《なぞ》

このドアは何《なん》のためにある!? 120

何《なに》かが存在《そんざい》した痕跡《こんせき》 122

鳥型《とりがた》ロボットに監視《かんし》されている… 124

電線《でんせん》の鳥《とり》 126

地面《じめん》のあちこちにハリネズミが!! 128
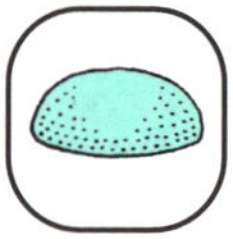
コケ 130

壁《かべ》にもたれる暗黒《あんこく》の人影《ひとかげ》… 136
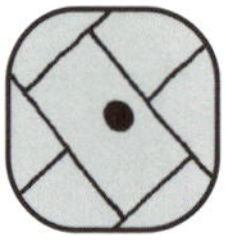
水抜《みずぬ》き穴《あな》 138

商店街《しょうてんがい》に巨人《きょじん》の寝床《ねどこ》? 140
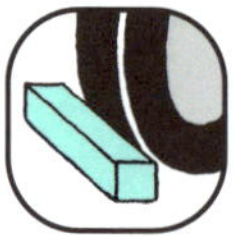
タイヤ止《ど》め 142

大量《たいりょう》の小型《こがた》UFO《ユーフォー》が出現《しゅつげん》! 144

のぼりベース 146

酒屋《さかや》に巨大《きょだい》ハチの巣《す》現《あらわ》る！ 148
杉玉《すぎだま》 150

街《まち》の中《なか》に直線《ちょくせん》だらけの空間《くうかん》が… 152
シャッター 154

あのまっ赤《か》な鳥《とり》はなんだ⁉ 156
消火器《しょうかき》 158

時空《じくう》のゆがみが起《お》きる場所《ばしょ》…？ 160
タイル 162

屋上《おくじょう》のクレーンはだれが運《はこ》んだ？ 164
タワークレーン 166

地面《じめん》から生《は》える赤《あか》い爪《つめ》 168
パイロン 170

古代人《こだいじん》がつくったパズルか…？ 172
家《いえ》の基礎《きそ》 174

静《しず》かにうごめく未知《みち》の物体《ぶったい》 176
メッシュシート 178

この街《まち》には怪獣《かいじゅう》がいるのか⁉ 180
家《いえ》の解体《かいたい》 182

寺《てら》で異星人《いせいじん》が見《み》つめてくる… 184
石灯籠《いしどうろう》 186

第《だい》4章《しょう》 河原《かわら》の謎《なぞ》

草《くさ》むらで虫《むし》の大群《たいぐん》におそわれる！ 192
ひっつき虫《むし》 194

河原《かわら》に無数《むすう》の卵《たまご》が…！ 196
石《いし》 198

川《かわ》に恐竜《きょうりゅう》の生《い》き残《のこ》りがいた!? 200
中州《なかす》 202

川《かわ》にたたずむ白《しろ》い怪物《かいぶつ》 204
橋《はし》 206

コンクリートの中《なか》に巨大《きょだい》イモムシの巣《す》が!? 208
下水処理場《げすいしょりじょう》 210

あれは川《かわ》の主《ぬし》の背中《せなか》なのか!? 212

護岸《ごがん》 214

第《だい》5章《しょう》 駅《えき》前《まえ》の謎《なぞ》

線路《せんろ》のそばで行《おこな》われる奇妙《きみょう》な儀式《ぎしき》 220

踏切《ふみきり》 222

魔法《まほう》で犬《いぬ》に変《か》えられた人《ひと》がいる! 224

犬《いぬ》の服《ふく》 226

線路《せんろ》の石《いし》はどこから? 何《なん》のために? 228

線路《せんろ》のバラスト 230

なぜ駅《えき》にコックピットがある!? 232

駅《えき》の売店《ばいてん》 234

ここにはどんな猛獣《もうじゅう》がいるのだ!? 236

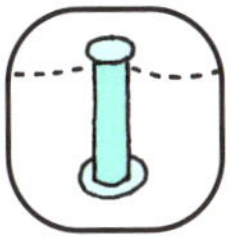

車《くるま》止《ど》め 238

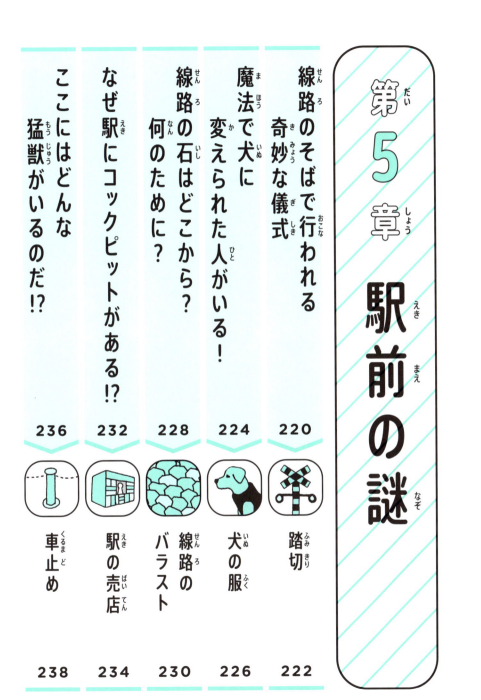

道路《どうろ》に描《か》かれた巨大地上絵《きょだいちじょうえ》か？ 240

路面標示《ろめんひょうじ》 242

異星人《いせいじん》から秘密《ひみつ》のメッセージ!? 246

グラフィティ 248

道《みち》に置《お》かれたパンドラの箱《はこ》 250

地中配電《ちちゅうはいでん》設備《せつび》 252

この街《まち》は謎《なぞ》の組織《そしき》に支配《しはい》されているのか？ 254

定礎

定礎《ていそ》 256

◆君《きみ》も街《まち》の調査《ちょうさ》をしてみよう！ …… 266

◆こんな街《まち》調査《ちょうさ》は絶対《ぜったい》やっちゃダメ!! …… 268

◆あとがき …… 270

◆参考資料《さんこうしりょう》 …… 272

◆さくいん……279
◆味《あじ》わいさくいん……294
◆街《まち》で見《み》つけた謎《なぞ》なもの写《しゃ》真《しん》館《かん》……076・132・188・216・258

この本《ほん》の楽《たの》しみ方《かた》

異星人《いせいじん》のマチオとシラベとともに、地球《ちきゅう》の「ふつうの街《まち》」のあちこちを歩《ある》き回《まわ》りましょう。じつは、そこは無数《むすう》の謎《なぞ》にあふれています。

1 謎《なぞ》に遭遇《そうぐう》する

犬《いぬ》も歩《ある》けば棒《ぼう》に当《あ》たるのと同様《どうよう》に、異星人《いせいじん》が歩《ある》けば謎《なぞ》に当《あ》たります。

POINT

謎《なぞ》の〝正体《しょうたい》〟を推理《すいり》しながら、ページをめくりましょう。

ビルに隠された恐竜の食糧!?

2 謎《なぞ》の〝正体《しょうたい》〟を知《し》る

親切《しんせつ》な地球人《ちきゅうじん》が、謎《なぞ》の〝正体《しょうたい》〟を教《おし》えてくれます。

POINT

街中《まちなか》でよく見《み》るものの名前《なまえ》や機能《きのう》などがくわしくわかります。

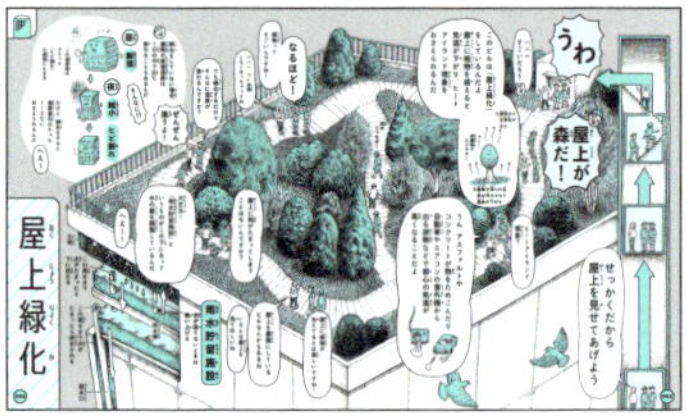

屋上緑化
うわ
屋上が森だ!

この本《ほん》のいいところベスト3

いいね!

1 「みのまわり」にくわしくなると、人生《じんせい》が楽《たの》しい

わたしたちの人生《じんせい》でいちばん多《おお》いのは「日常《にちじょう》」の時間《じかん》です。朝起《あさお》きてから夜寝《よるね》るまでに目《め》にするあらゆる「みのまわり」のものにくわしくなると、日常《にちじょう》の見《み》え方《かた》が変《か》わり、人生《じんせい》がさらに楽《たの》しくなるはずです。

いいね!

2 どの章《しょう》から読《よ》んでも楽《たの》しい

この本《ほん》は分厚《ぶあつ》いですが、読《よ》み方《かた》は自由《じゆう》です。「住宅街《じゅうたくがい》」や「商店街《しょうてんがい》」などエリアごとに章《しょう》が分《わ》かれているので、好《す》きな場所《ばしょ》の章《しょう》から読《よ》みはじめられます。

いいね!

3 巻末《かんまつ》の「さくいん」で後味《あとあじ》も楽《たの》しい

本《ほん》を読《よ》み終《お》わったあと、少《すこ》しさみしい気持《きも》ちになるかもしれません。でも、本書《ほんしょ》には「さくいん」がついています。さくいんをながめると本《ほん》を読《よ》んだ記憶《きおく》がよみがえり、余韻《よいん》を味《あじ》わえます。

さあ、もっとも身近《みぢか》でとっても不思議《ふしぎ》な「みのまわり」を見《み》に行《い》きましょう!

※本書《ほんしょ》で解説《かいせつ》している内容《ないよう》については諸説《しょせつ》ある場合《ばあい》があります。

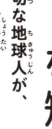

第《だい》1章《しょう》

住《じゅう》宅《たく》街《がい》の謎《なぞ》 その1

「異《い》星《せい》人《じん》連《つ》れ去《さ》り注《ちゅう》意《い》」の看《かん》板《ばん》か⁉

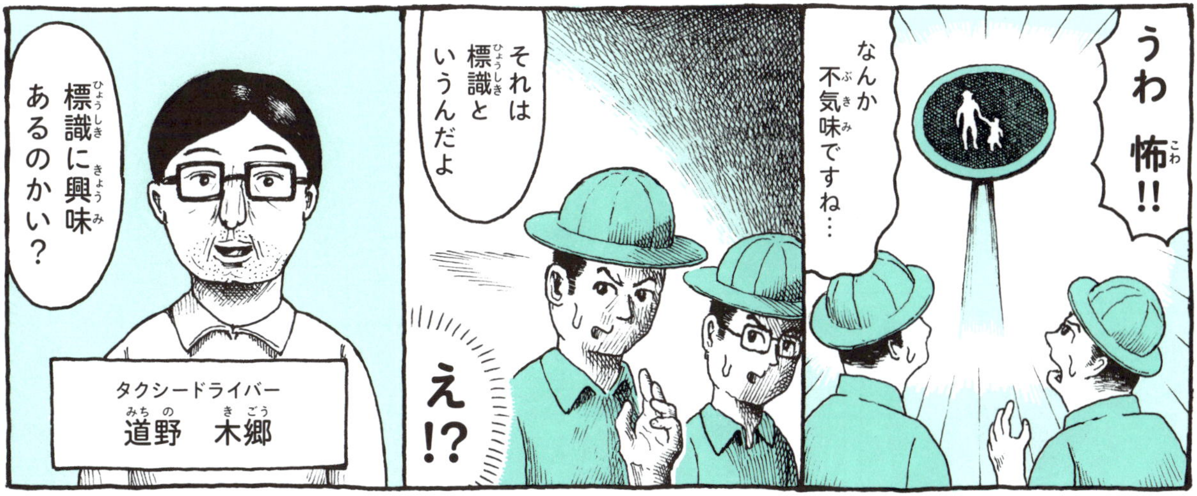

うわ 怖《こわ》!!
なんか 不気味《ぶきみ》ですね…
それは標識《ひょうしき》というんだよ
え!?
標識《ひょうしき》に興味《きょうみ》あるのかい?
タクシードライバー
道野《みちの》 木郷《きごう》

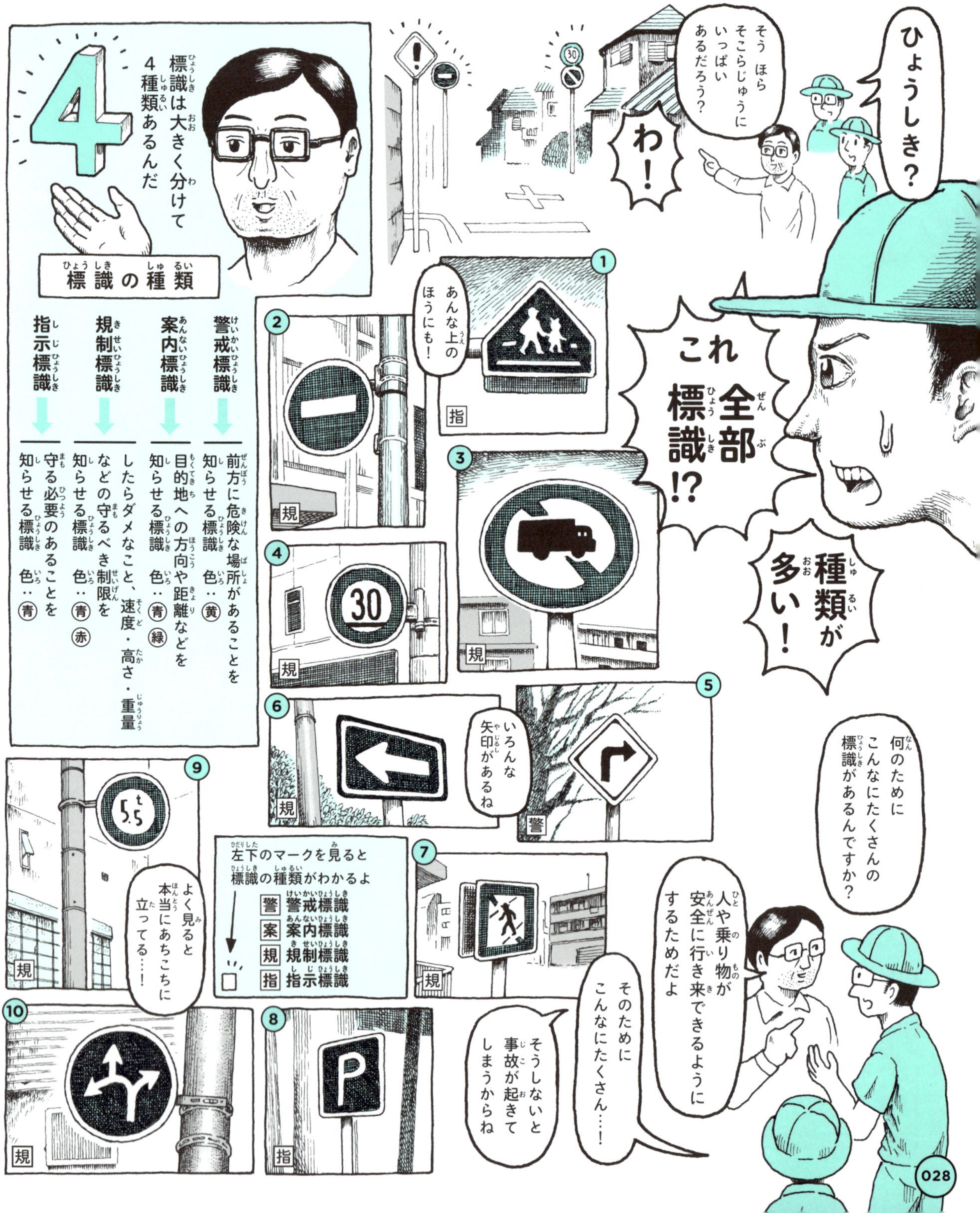
ひょうしき？
そう ほら そこらじゅうに いっぱい あるだろう？
わ！
4
標識《ひょうしき》は大《おお》きく分《わ》けて 4種類《しゅるい》あるんだ
標識《ひょうしき》の種類《しゅるい》
警戒標識《けいかいひょうしき》 → 前方《ぜんぽう》に危険《きけん》な場所《ばしょ》があることを知《し》らせる標識《ひょうしき》 色《いろ》：黄
案内標識《あんないひょうしき》 → 目的地《もくてきち》への方向《ほうこう》や距離《きょり》などを知《し》らせる標識《ひょうしき》 色《いろ》：青 緑
規制標識《きせいひょうしき》 → したらダメなこと、速度《そくど》・高《たか》さ・重量《じゅうりょう》などの守《まも》るべき制限《せいげん》を知《し》らせる標識《ひょうしき》 色《いろ》：青 赤
指示標識《しじひょうしき》 → 守《まも》る必要《ひつよう》のあることを知《し》らせる標識《ひょうしき》 色《いろ》：青
これ全部《ぜんぶ》標識《ひょうしき》!?
種類《しゅるい》が多《おお》い！
1
あんな上《うえ》のほうにも！
指
2
規
3
規
4
30
規
5
いろんな矢印《やじるし》があるね
警
6
規
9
5.5t
規
よく見《み》ると本当《ほんとう》にあちこちに立《た》ってる…！
左下《ひだりした》のマークを見《み》ると標識《ひょうしき》の種類《しゅるい》がわかるよ
警 警戒標識《けいかいひょうしき》
案 案内標識《あんないひょうしき》
規 規制標識《きせいひょうしき》
指 指示標識《しじひょうしき》
7
規
10
規
8
P
指
何《なん》のために こんなにたくさんの 標識《ひょうしき》があるんですか？
人《ひと》や乗《の》り物《もの》が安全《あんぜん》に行《い》き来《き》できるようにするためだよ
そのために こんなにたくさん…！
そうしないと 事故《じこ》が起《お》きて しまうからね

標識《ひょうしき》

このページに出《で》てきた標識《ひょうしき》たち

①横断歩道《おうだんほどう》 ②車両進入禁止《しゃりょうしんにゅうきんし》 ③大型貨物自動車等通行止《おおがたかもつじどうしゃとうつうこうど》め ④最低速度《さいていそくど》 ⑤右方屈折《うほうくっせつ》あり ⑥一方通行《いっぽうつうこう》 ⑦歩行者横断禁止《ほこうしゃおうだんきんし》 ⑧駐車場《ちゅうしゃじょう》 ⑨重量制限《じゅうりょうせいげん》 ⑩指定方向外進行禁止《していほうこうがいしんこうきんし》 ⑪踏切《ふみきり》あり ⑫一時停止《いちじていし》 ⑬歩行者専用《ほこうしゃせんよう》 ⑭T形道路交差点《がたどうろこうさてん》あり ⑮国道番号《こくどうばんごう》 ⑯車椅子《くるまいす》バリアフリー・傾斜路《けいしゃろ》 ⑰非常電話《ひじょうでんわ》 ⑱駐車禁止《ちゅうしゃきんし》 ⑲（右《みぎ》）最高速度《さいこうそくど》（左《ひだり》）追越《おいこ》しのための右側部分《みぎがわぶぶん》はみ出《だ》し通行禁止《つうこうきんし》 ⑳最高速度《さいこうそくど》 ㉑路面凹凸《ろめんおうとつ》あり

どこからともなく見《み》られている気《き》が・・・

俺《おれ》たち…この街《まち》に監視《かんし》されてるかも…
えっ!? 何《なん》ですか急《きゅう》に!
壁《かべ》を見《み》てみろ…
ハァハァ
ハァ
じーっ
ああ!? 何《なに》かがこっちを見《み》てる!!
すかしブロックが気《き》になるの?
ひょこ
ハァハァ
主婦《しゅふ》
石野《いしの》 亜南《あな》

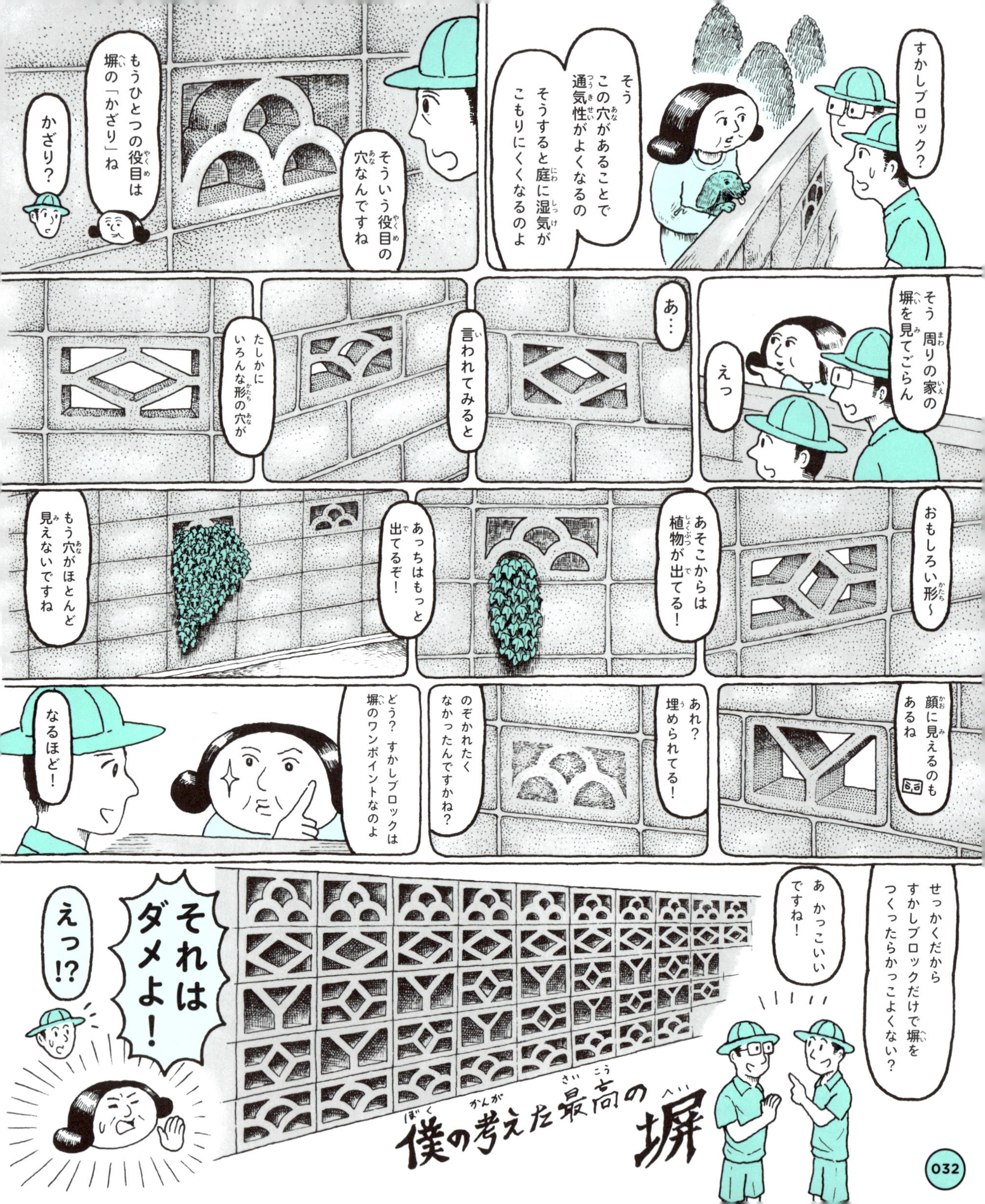
すかしブロック?
そう
この穴《あな》があることで通気性《つうきせい》がよくなるの
そうすると庭《にわ》に湿気《しっけ》がこもりにくくなるのよ
そういう役目《やくめ》の穴《あな》なんですね
もうひとつの役目《やくめ》は塀《へい》の「かざり」ね
かざり?
そう 周《まわ》りの家《いえ》の塀《へい》を見《み》てごらん
えっ
あ…
言《い》われてみると
たしかにいろんな形《かたち》の穴《あな》が
おもしろい形《かたち》〜
あそこからは植物《しょくぶつ》が出《で》てる!
あっちはもっと出《で》てるぞ!
もう穴《あな》がほとんど見《み》えないですね
顔《かお》に見《み》えるのもあるね
あれ? 埋《う》められてる!
のぞかれたくなかったんですかね?
どう? すかしブロックは塀《へい》のワンポイントなのよ
なるほど!
せっかくだからすかしブロックだけで塀《へい》をつくったらかっこよくない?
あ かっこいいですね!
僕《ぼく》の考《かんが》えた最高《さいこう》の塀《へい》
それはダメよ!
えっ!?

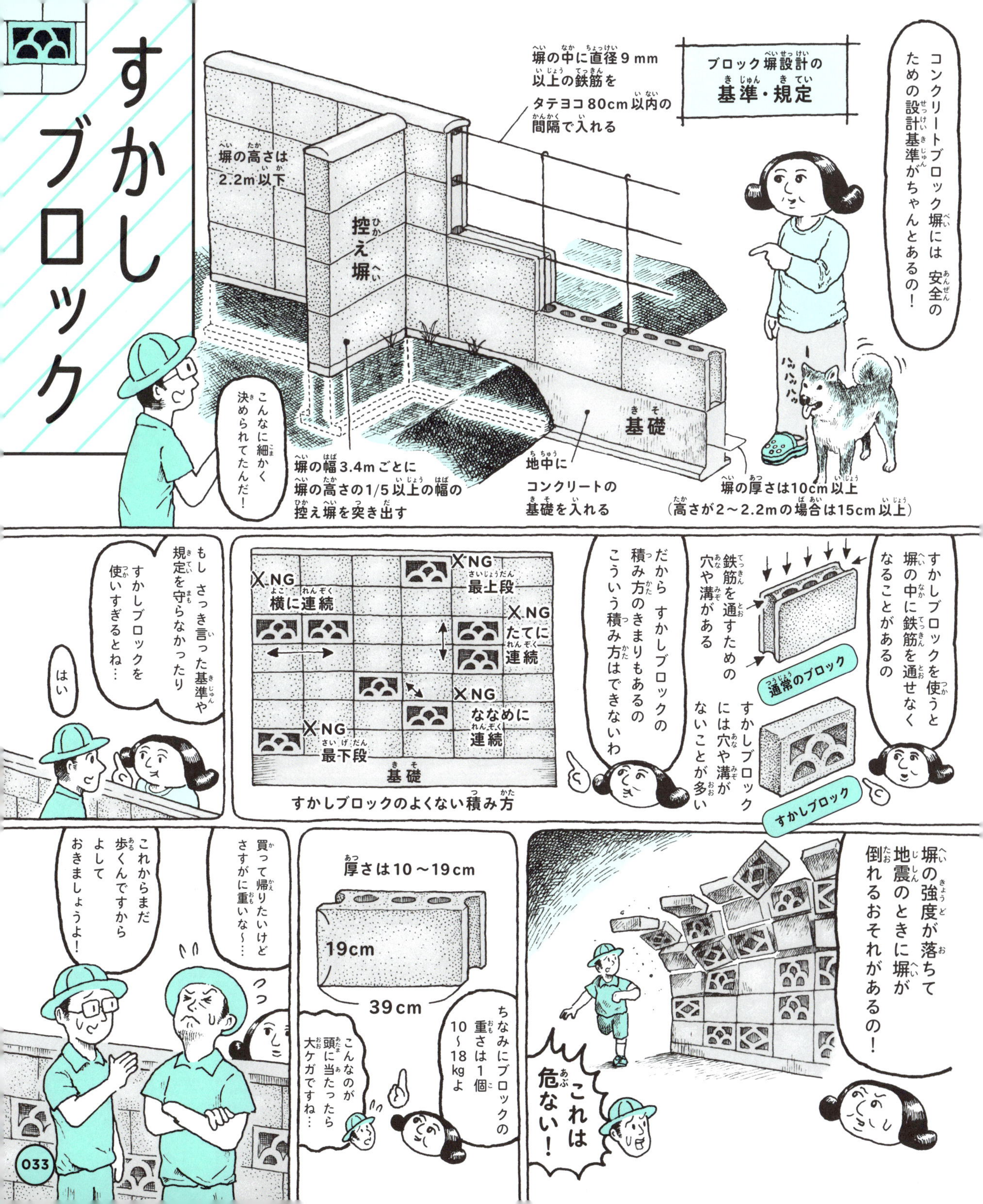

すかしブロック
コンクリートブロック塀《べい》には 安全《あんぜん》のための設計《せっけい》基準《きじゅん》がちゃんとあるの！
ブロック塀《べい》設計《せっけい》の
基準《きじゅん》・規定《きてい》
塀《へい》の中《なか》に直径《ちょっけい》9mm以上《いじょう》の鉄筋《てっきん》をタテヨコ80cm以内《いない》の間隔《かんかく》で入《い》れる
塀《へい》の高《たか》さは2.2m以下《いか》
控《ひか》え塀《へい》
基礎《きそ》
塀《へい》の幅《はば》3.4mごとに塀《へい》の高《たか》さの1/5以上《いじょう》の幅《はば》の控《ひか》え塀《へい》を突《つ》き出《だ》す
地中《ちちゅう》にコンクリートの基礎《きそ》を入《い》れる
塀《へい》の厚《あつ》さは10cm以上《いじょう》（高《たか》さが2～2.2mの場合《ばあい》は15cm以上《いじょう》）
ハッハッハッ
こんなに細《こま》かく決《き》められてたんだ！
すかしブロックを使《つか》うと塀《へい》の中《なか》に鉄筋《てっきん》を通《とお》せなくなることがあるの
鉄筋《てっきん》を通《とお》すための穴《あな》や溝《みぞ》がある
通常《つうじょう》のブロック
すかしブロックには穴《あな》や溝《みぞ》がないことが多《おお》い
すかしブロック
だから すかしブロックの積《つ》み方《かた》のきまりもあるの こういう積《つ》み方《かた》はできないわ
NG 最上段《さいじょうだん》
NG 横《よこ》に連続《れんぞく》
NG たてに連続《れんぞく》
NG ななめに連続《れんぞく》
NG 最下段《さいかだん》
基礎《きそ》
すかしブロックのよくない積《つ》み方《かた》
もし さっき言《い》った基準《きじゅん》や規定《きてい》を守《まも》らなかったり すかしブロックを使《つか》いすぎるとね…
はい
塀《へい》の強度《きょうど》が落《お》ちて地震《じしん》のときに塀《へい》が倒《たお》れるおそれがあるの！
これは危《あぶ》ない！
厚《あつ》さは10～19cm
19cm
39cm
ちなみにブロックの重《おも》さは1個《こ》10～18kgよ
こんなのが頭《あたま》に当《あ》たったら大《おお》ケガですね…
買《か》って帰《かえ》りたいけど さすがに重《おも》いな～…
これからまだ歩《ある》くんですから よしておきましょうよ！

道路《どうろ》に出現《しゅつげん》した怪物《かいぶつ》！

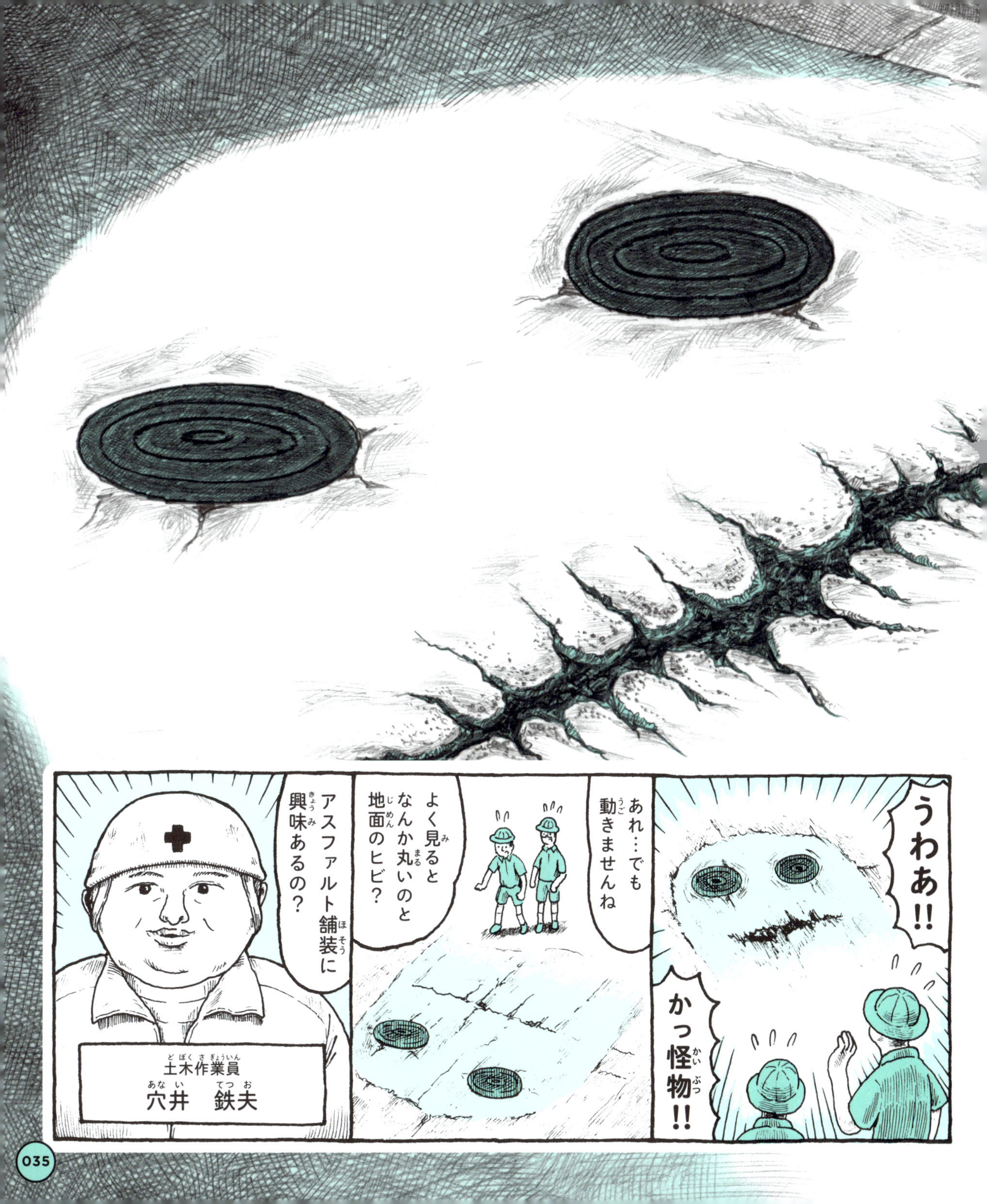
うわあ!!
かっ怪物《かいぶつ》!!
あれ…でも動《うご》きませんね
よく見《み》ると なんか丸《まる》いのと 地面《じめん》のヒビ?
アスファルト舗装《ほそう》に興味《きょうみ》あるの?
土木作業員《どぼくさぎょういん》
穴井《あない》 鉄夫《てつお》

アスファルト?
アスファルトってのは原油《げんゆ》からつくったドロドロの液体《えきたい》のことさ
そのアスファルトを固《かた》めて地面《じめん》をおおうんだ
これを「アスファルト舗装《ほそう》」というんだよ
これはアスファルトのヒビだったのか!
でもなんで地面《じめん》をおおうんですか?
地面《じめん》というのは元々《もともと》石《いし》も落《お》ちてるし草木《くさき》も生《は》えてるし
とてもデコボコしたものなんだ
だから もしアスファルトでおおわれていなかったら…
ガタガタ
ガタガタ
砂《すな》ぼこり
石《いし》や木《き》の根《ね》をふんだときの振動《しんどう》
水《みず》たまりの水《みず》はね
石《いし》ころがはねる
これは大変《たいへん》だ!!
車《くるま》の荷重《かじゅう》
表層《ひょうそう》
基層《きそう》
上層路盤《じょうそうろばん》
下層路盤《かそうろばん》
路床《ろしょう》
路体《ろたい》
舗装《ほそう》
路盤《ろばん》
約《やく》1m
車《くるま》の荷重《かじゅう》は層《そう》を伝《つた》って分散《ぶんさん》されていく
アスファルト舗装《ほそう》はじつは何層《なんそう》にも分《わ》かれているんだ
そんなに!?
たくさんの層《そう》にすることで舗装《ほそう》へのダメージを減《へ》らしているんだよ
アスファルト

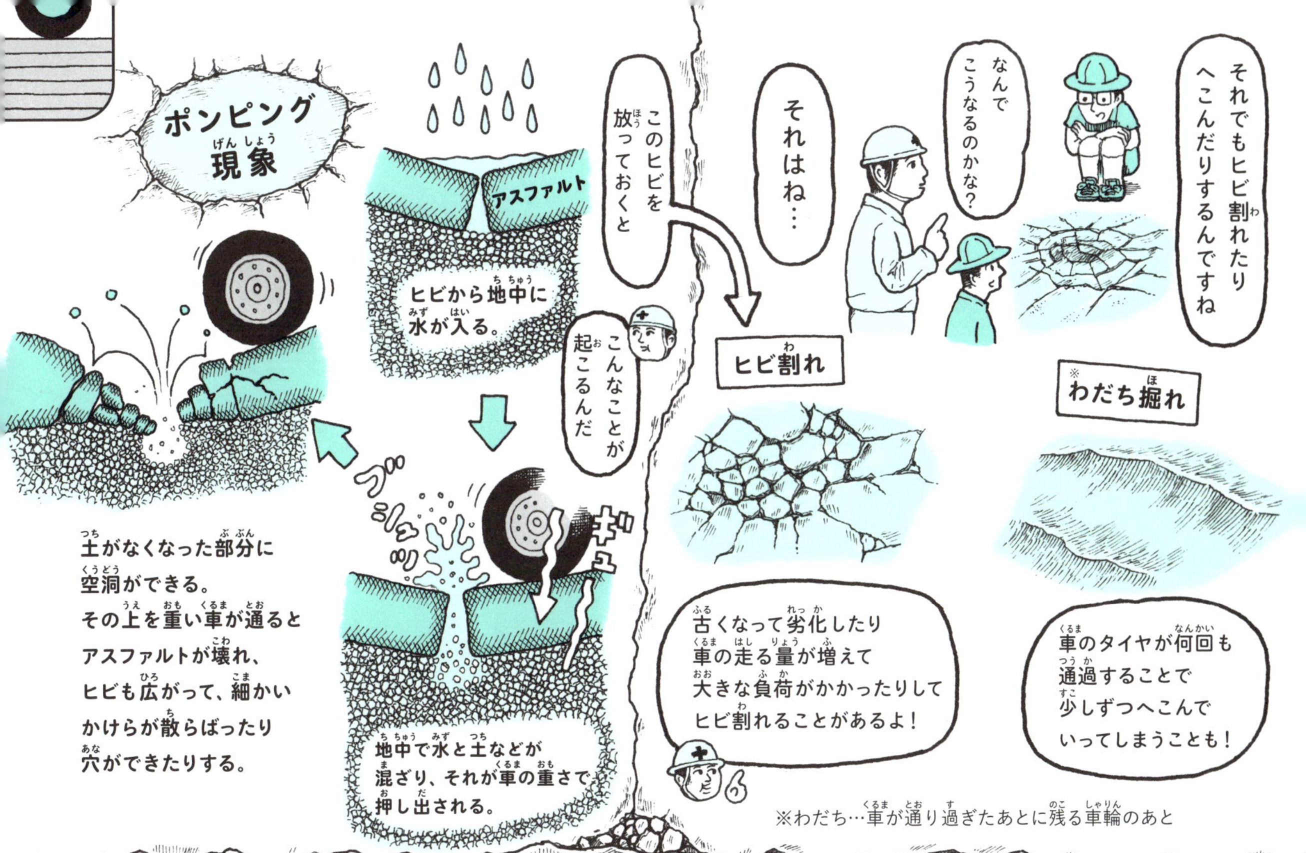

それでもヒビ割《わ》れたりへこんだりするんですね
なんでこうなるのかな？
それはね…
このヒビを放《ほう》っておくと
ヒビ割《わ》れ
※わだち掘《ほ》れ
古《ふる》くなって劣化《れっか》したり車《くるま》の走《はし》る量《りょう》が増《ふ》えて大《おお》きな負荷《ふか》がかかったりしてヒビ割《わ》れることがあるよ！
車《くるま》のタイヤが何回《なんかい》も通過《つうか》することで少《すこ》しずつへこんでいってしまうことも！
※わだち…車《くるま》が通《とお》り過《す》ぎたあとに残《のこ》る車輪《しゃりん》のあと
ポンピング現象《げんしょう》
アスファルト
ヒビから地中《ちちゅう》に水《みず》が入《はい》る。
こんなことが起《お》こるんだ
ブシュッ
ギュ
土《つち》がなくなった部分《ぶぶん》に空洞《くうどう》ができる。その上《うえ》を重《おも》い車《くるま》が通《とお》るとアスファルトが壊《こわ》れ、ヒビも広《ひろ》がって、細《こま》かいかけらが散《ち》らばったり穴《あな》ができたりする。
地中《ちちゅう》で水《みず》と土《つち》などが混《ま》ざり、それが車《くるま》の重《おも》さで押《お》し出《だ》される。

早《はや》く直《なお》さないと！
そうだね 直《なお》し方《かた》はざっくり二《ふた》つあるよ
維持工法《いじこうほう》
お手軽《てがる》
道路《どうろ》の機能《きのう》を保《たも》つために日頃行《ひごろおこな》われる軽《かる》い修理《しゅうり》のこと
道路《どうろ》のわずかな段差《だんさ》を平《たい》らにする
ヒビ割《わ》れにアスファルトを流《なが》しこむ
道路《どうろ》の穴《あな》ぼこを埋《う》めてアスファルトをしく
維持工法《いじこうほう》は舗装《ほそう》の小《ちい》さな変形《へんけい》やヒビ割《わ》れ、段差《だんさ》などを樹脂系《じゅしけい》の材料《ざいりょう》やアスファルトでおおって平《たい》らにする作業《さぎょう》が多《おお》い
修繕工法《しゅうぜんこうほう》
大《おお》がかり
日頃《ひごろ》の手入《てい》れでは間《ま》に合《あ》わないような損傷《そんしょう》の修理《しゅうり》や新《あたら》しくつくりかえる工事《こうじ》のこと
大《おお》きく損傷《そんしょう》したアスファルトをはぎ取《と》る
はぎ取《と》ったところにしいたアスファルトをローラーで固《かた》める
これで安心《あんしん》！
修繕工法《しゅうぜんこうほう》は主《おも》に破損《はそん》した部分《ぶぶん》を切《き》ったり削《けず》ったりして新《あたら》しくつくり直《なお》す作業《さぎょう》が多《おお》い

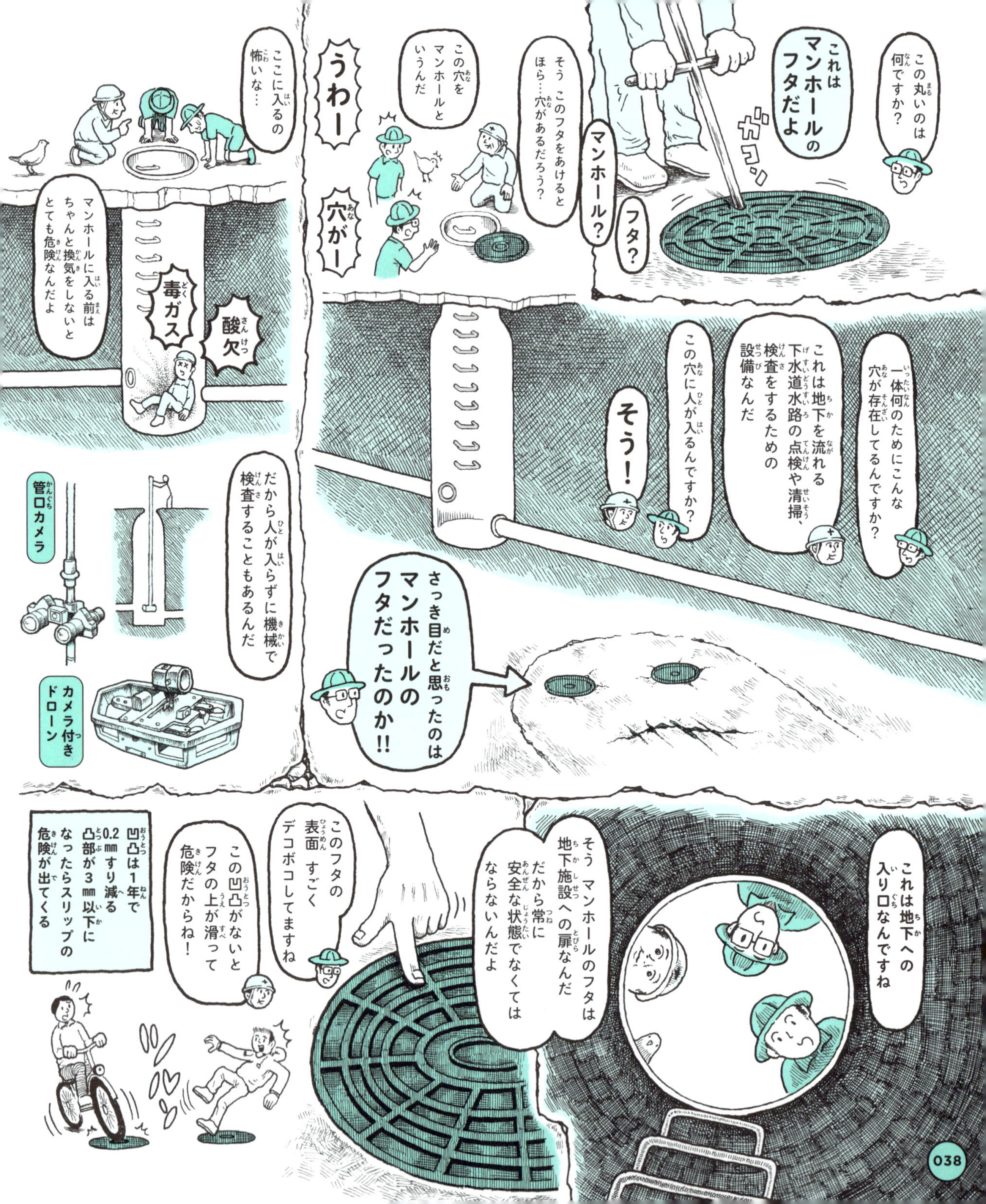
この丸《まる》いのは何《なん》ですか？
これはマンホールのフタだよ
ガコッ
フタ？
マンホール？
そう このフタをあけるとほら…穴《あな》があるだろう？
この穴《あな》をマンホールというんだ
うわー
穴《あな》がー
ここに入《はい》るの怖《こわ》いな…
マンホールに入《はい》る前《まえ》はちゃんと換気《かんき》をしないととても危険《きけん》なんだよ
毒《どく》ガス
酸欠《さんけつ》
一体何《いったいなん》のためにこんな穴《あな》が存在《そんざい》してるんですか？
これは地下《ちか》を流《なが》れる下水道水路《げすいどうすいろ》の点検《てんけん》や清掃《せいそう》、検査《けんさ》をするための設備《せつび》なんだ
この穴《あな》に人《ひと》が入《はい》るんですか？
そう！
だから人《ひと》が入《はい》らずに機械《きかい》で検査《けんさ》することもあるんだ
管口《かんぐち》カメラ
カメラ付《つ》きドローン
さっき目《め》だと思《おも》ったのはマンホールのフタだったのか!!
これは地下《ちか》への入《い》り口《ぐち》なんですね
そう マンホールのフタは地下施設《ちかしせつ》への扉《とびら》なんだ だから常《つね》に安全《あんぜん》な状態《じょうたい》でなくてはならないんだよ
このフタの表面《ひょうめん》 すごくデコボコしてますね
この凹凸《おうとつ》がないとフタの上《うえ》が滑《すべ》って危険《きけん》だからね！
凹凸《おうとつ》は1年《ねん》で0.2㎜すり減《へ》る 凸部《とつぶ》が3㎜以下《いか》になったらスリップの危険《きけん》が出《で》てくる

マンホール

そして このフタには特別《とくべつ》なロックがかけられているんだ
ロック？
そう いつもはこういう状態《じょうたい》だけど…
フタ
ロック
開閉部品《かいへいぶひん》
水《みず》があふれたら少《すこ》しだけフタが上《あ》がって水《みず》を逃《に》がすんだ
フタ
水《みず》
ガチッ
ガチッ
このロックがないと大変《たいへん》なことになるんだよ！
ど どうなるんですか？
圧力《あつりょく》でフタが飛《と》び出《だ》してしまうのだ――――!!
ブシャアアアア
フタの重《おも》さは約《やく》40kg！
うわあああぁ!!
なんで圧力《あつりょく》でフタが飛《と》び出《だ》すかというと…
通常《つうじょう》の状態《じょうたい》
空気《くうき》
水《みず》
水《みず》の量《りょう》が増《ふ》えると…
圧縮《あっしゅく》された空気《くうき》がフタを吹《ふ》き飛《と》ばす
水《みず》
水《みず》があふれ出《で》る
水《みず》
水《みず》や空気《くうき》の威力《いりょく》ってすごいんですね！
あれ？ フタの中《なか》に何《なに》かありますね？
これは転落防止《てんらくぼうし》装置《そうち》で これを持《も》ち上《あ》げて中《なか》に入《はい》るんだ
フタの裏側《うらがわ》ってこうなってるのか
ちなみにフタの裏《うら》には製造年《せいぞうねん》とメーカー名《めい》が書《か》いてあるよ
マンホールのフタはふだん何《なに》も起《お》こさないけど それこそが一番《いちばん》よい状態《じょうたい》なんだよ
ですねー これって何年《なんねん》くらい使《つか》うんですか？
車《くるま》が通《とお》る道《みち》だとだいたい15年《ねん》で それ以外《いがい》の場所《ばしょ》では30年《ねん》だね
まいにち踏《ふ》まれてるのに長持《ながも》ちしてえらい…！

空《そら》にうかぶ魚《さかな》の骨《ほね》!?

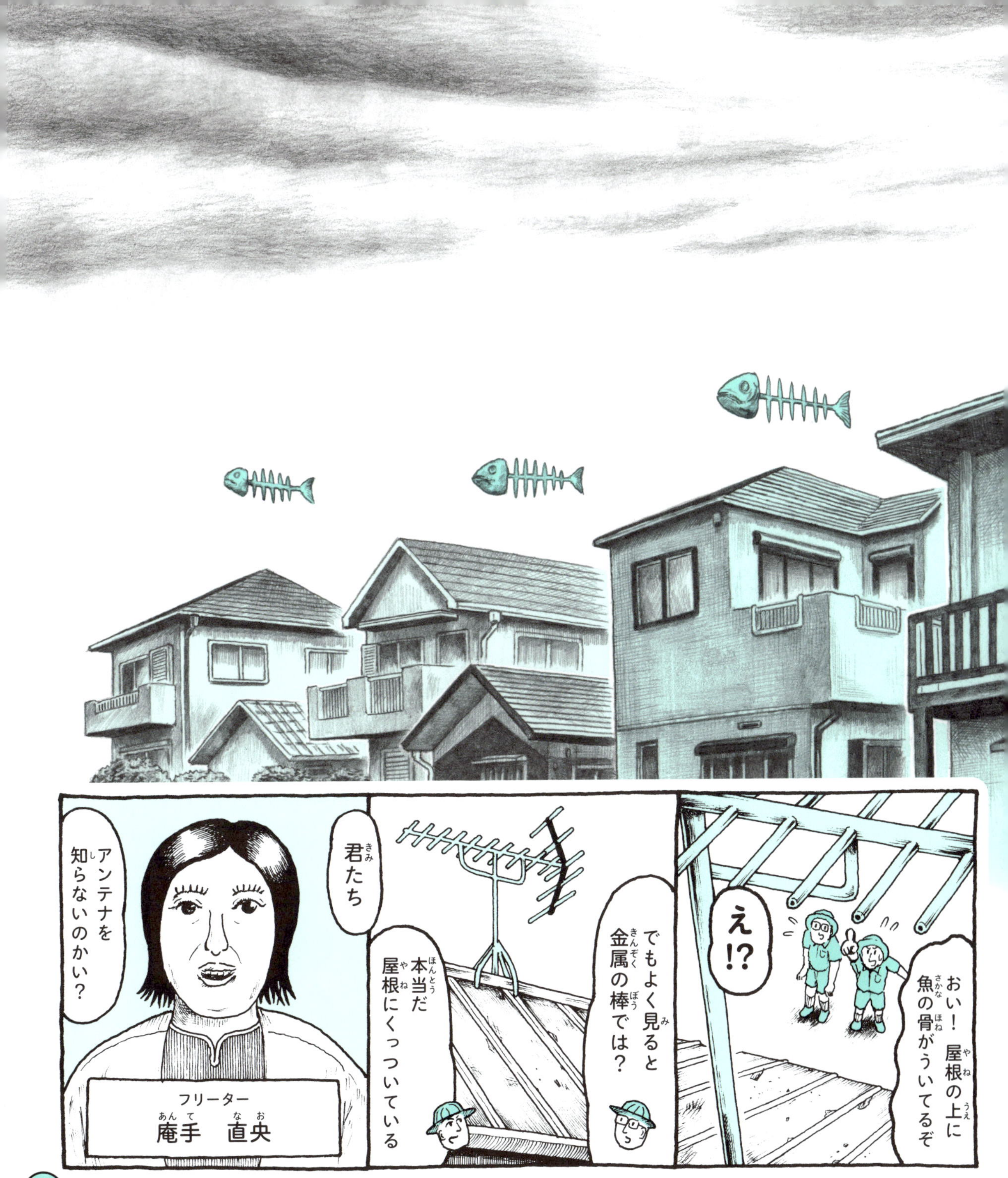

おい！ 屋根《やね》の上《うえ》に魚《さかな》の骨《ほね》がういてるぞ
え!?
でもよく見《み》ると金属《きんぞく》の棒《ぼう》では？
本当《ほんとう》だ 屋根《やね》にくっついている
君《きみ》たち
アンテナを知《し》らないのかい？
フリーター
庵手《あんて》 直央《なお》

アンテナ

携帯電話基地局《けいたいでんわきちきょく》アンテナ
（鉄塔《てっとう》タイプ）
あれはアンテナだよ テレビの電波《でんぱ》を受信《じゅしん》するための装置《そうち》さ
あの魚《さかな》の骨《ほね》みたいなのが!?
ハハハ たしかにそう見《み》えるね
今《いま》、取《と》りつけているのは地上《ちじょう》デジタル放送《ほうそう》のためのUHFアンテナというものだよ
あの棒《ぼう》で受信《じゅしん》するんですか?
うん、電波塔《でんぱとう》っていう巨大《きょだい》な塔《とう》から音声《おんせい》や映像《えいぞう》の情報《じょうほう》をのせた電波《でんぱ》が発信《はっしん》されるんだ
その電波《でんぱ》を受信《じゅしん》するとテレビで見《み》られるんだ
高《たか》っ!!
電波塔《でんぱとう》が高《たか》いのは電波《でんぱ》を発信《はっしん》するときにほかの建物《たてもの》にジャマされないためなんだ
東京《とうきょう》スカイツリー
634m
東京《とうきょう》タワー
333m
名古屋《なごや》テレビ塔《とう》
180m
さっぽろテレビ塔《とう》
147.2m
いろいろな電波塔《でんぱとう》

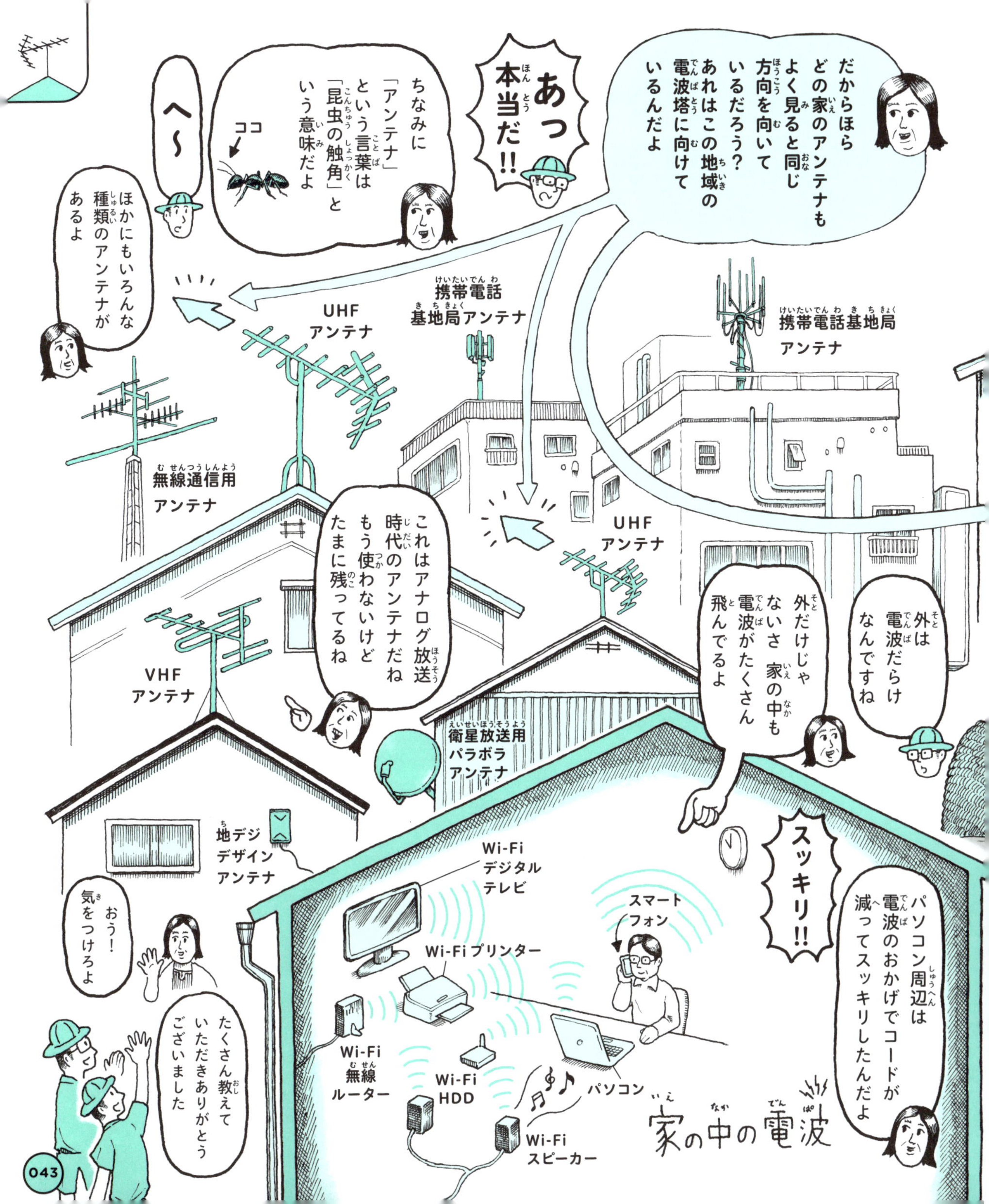
だからほら どの家《いえ》のアンテナも よく見《み》ると同《おな》じ 方向《ほうこう》を向《む》いて いるだろう? あれはこの地域《ちいき》の 電波塔《でんぱとう》に向《む》けて いるんだよ
あっ 本当《ほんとう》だ!!
ちなみに 「アンテナ」 という言葉《ことば》は 「昆虫《こんちゅう》の触角《しょっかく》」と いう意味《いみ》だよ
ココ
へ~
ほかにもいろんな 種類《しゅるい》のアンテナが あるよ
携帯電話《けいたいでんわ》 基地局《きちきょく》アンテナ
携帯電話基地局《けいたいでんわきちきょく》 アンテナ
UHF アンテナ
無線通信用《むせんつうしんよう》 アンテナ
これはアナログ放送《ほうそう》 時代《じだい》のアンテナだね もう使《つか》わないけど たまに残《のこ》ってるね
UHF アンテナ
VHF アンテナ
外《そと》は 電波《でんぱ》だらけ なんですね
外《そと》だけじゃ ないさ 家《いえ》の中《なか》も 電波《でんぱ》がたくさん 飛《と》んでるよ
衛星放送用《えいせいほうそうよう》 パラボラ アンテナ
地《ち》デジ デザイン アンテナ
家《いえ》の中《なか》の電波《でんぱ》
スッキリ!!
パソコン周辺《しゅうへん》は 電波《でんぱ》のおかげでコードが 減《へ》ってスッキリしたんだよ
Wi-Fi デジタル テレビ
スマート フォン
Wi-Fi プリンター
Wi-Fi 無線《むせん》 ルーター
Wi-Fi HDD
パソコン
Wi-Fi スピーカー
おう! 気《き》をつけろよ
たくさん教《おし》えて いただきありがとう ございました

公《こう》園《えん》で謎《なぞ》の白《しろ》い斑《はん》点《てん》におそわれる！

せっ先輩《せんぱい》！服《ふく》が…!!
うわー
水《み》玉《たま》模《も》様《よう》…？
イメチェンですか？
あら大《だい》丈《じょう》夫《ぶ》かい？
公園管理人《こうえんかんりにん》
広場《ひろば》　大三《たいぞう》

ドバトのフンがついちゃってるねこれでふきなよ
ほらティッシュ
ドバト!?
ああ ほらあそこにたくさんいるだろう
ドバト!?
一体《いったい》どんな憎《にく》たらしい生《い》き物《もの》なんだ!?
キッ
な…
超《ちょう》かわいい〜〜!!
ぽっこり
まん丸《まる》だ!
ふっくら
羽毛《うもう》をふくらませて丸《まる》くなっているんだよ 羽毛《うもう》の間《あいだ》に空気《くうき》が入《はい》ってあったかくなるからね
羽毛《うもう》は寒《さむ》さや雨《あめ》から身《み》を守《まも》ってくれるし 卵《たまご》やヒナを温《あたた》めることもできるんだよ
これは小石《こいし》を飲《の》みこんでいるんだ
えっ!?
カッカッ
砂肝《すなぎも》
ここで小石《こいし》を使《つか》って食《た》べ物《もの》をすりつぶす
パシャパシャ
小石《こいし》
ハトは歯《は》がないから食《た》べ物《もの》を飲《の》みこんじゃうんだ だから小石《こいし》を飲《の》んで胃《い》の中《なか》で食《た》べ物《もの》をすりつぶすんだ
ドバトすげー!
首《くび》の周《まわ》りがキラキラしていてすごくキレイじゃないですか!?
キラキラ
ポッポー。。。
キレイだよね
これは「構造色《こうぞうしょく》」といって見《み》る角度《かくど》によって色《いろ》が変化《へんか》するんだ CDの裏《うら》とかのキラキラと同《おな》じだね
写真《しゃしん》をいくら撮《と》ってもキリがない!!

ハト

「ドバト」って変《へん》な名前《なまえ》ですね

じつは本当《ほんとう》の名前《なまえ》は「カワラバト」っていうんだ 391年《ねん》に朝鮮半島《ちょうせんはんとう》から持《も》ち帰《かえ》られてきたらしい

最初《さいしょ》は貴族《きぞく》などにペットとして飼《か》われていたんだけど それらが逃《に》げて野生化《やせいか》して【呼《よ》び名《な》】が変《か》わっていったんだ

室町時代《むろまちじだい》

【たうばと】寺院《じいん》の塔《とう》によくすみついていたので「たうばと（塔鳩《とうばと》）」と呼《よ》ばれた

安土桃山時代《あづちももやまじだい》

【だうばと】社寺《じしゃ》のお堂《どう》にすみつくので「だうばと（堂鳩《どうばと》）」と呼《よ》ばれた

そして江戸時代中期《えどじだいちゅうき》には「土鳩《どばと》」と呼《よ》ばれるようになったんだ

へえー！

ペットが野生化《やせいか》してそういう名前《なまえ》になったんだ

知《し》らなかった！

しかしドバトってよく見《み》るとすごくたくさんいますね

うん ふつうの鳥《とり》はだいたい昆虫《こんちゅう》とか小動物《しょうどうぶつ》をヒナに与《あた》えるんだけどね それだとエサの多《おお》い時期《じき》にしか子育《こそだ》てができないんだ

虫《むし》

ネズミ

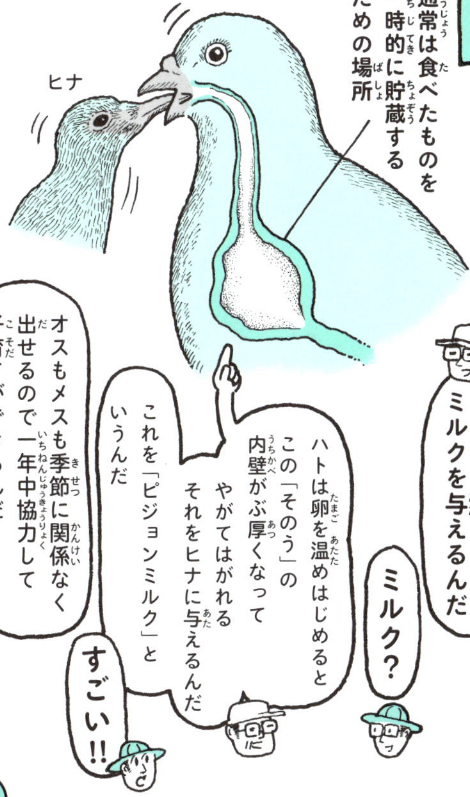

そのう

通常《つうじょう》は食《た》べたものを一時的《いちじてき》に貯蔵《ちょぞう》するための場所《ばしょ》

そうだね ドバトは繁殖能力《はんしょくのうりょく》が高《たか》いからね

なんでですか？

たしかに！

でもハトはヒナにミルクを与《あた》えるんだ

ミルク？

ハトは卵《たまご》を温《あたた》めはじめるとこの「そのう」の内壁《うちかべ》がぶ厚《あつ》くなって やがてはがれるそれをヒナに与《あた》えるんだ これを「ピジョンミルク」というんだ

すごい!!

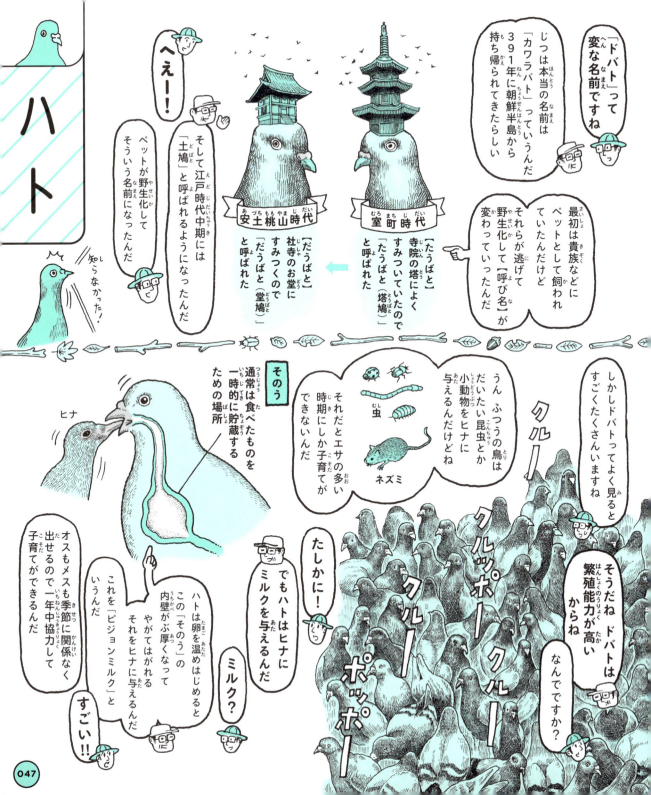

オスもメスも季節《きせつ》に関係《かんけい》なく出《だ》せるので一年中協力《いちねんじゅうきょうりょく》して子育《こそだ》てができるんだ

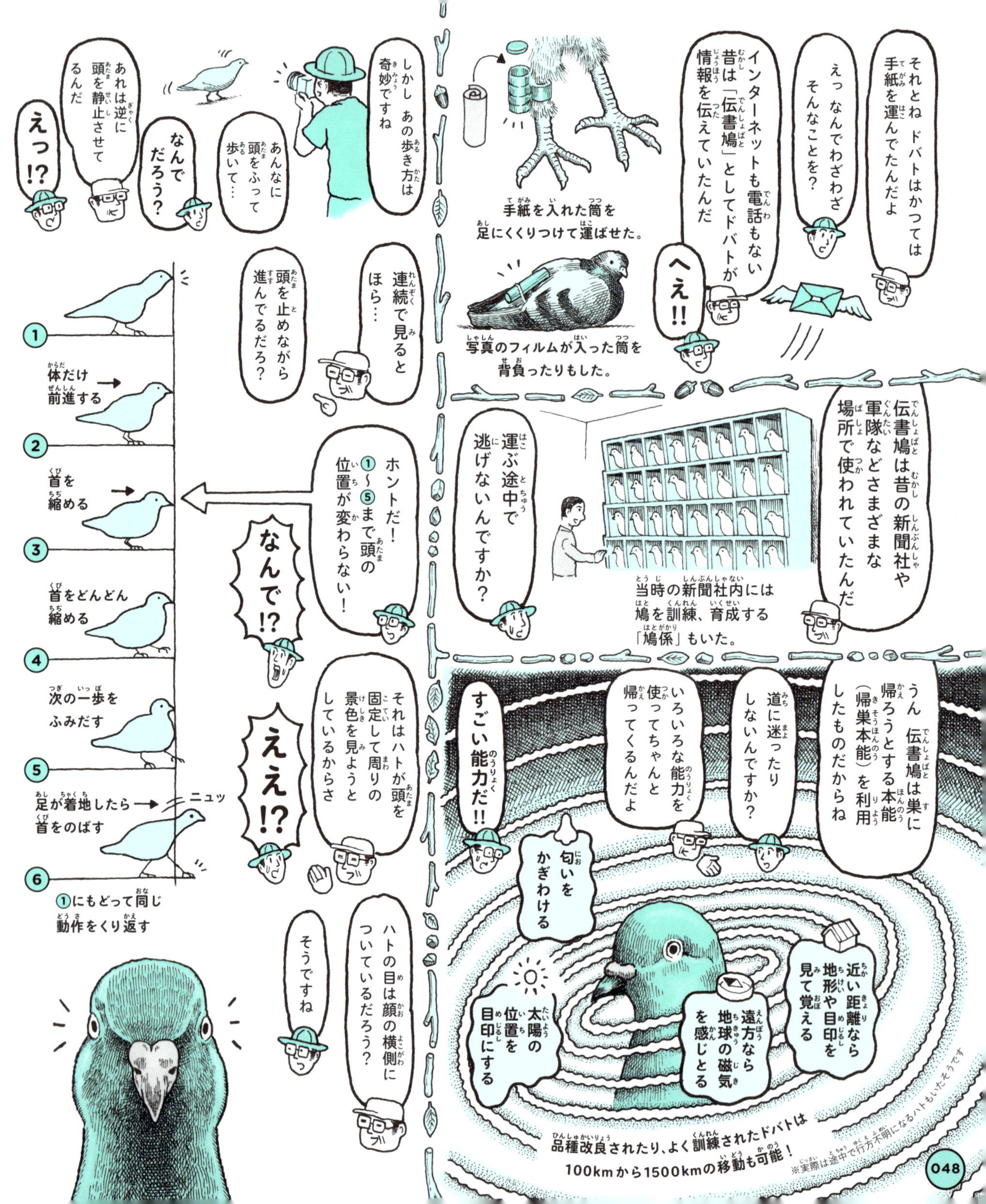

それとね ドバトはかつては手紙《てがみ》を運《はこ》んでたんだよ
えっ なんでわざわざそんなことを?
インターネットも電話《でんわ》もない昔《むかし》は「伝書鳩《でんしょばと》」としてドバトが情報《じょうほう》を伝《つた》えていたんだ
へえ!!
手紙《てがみ》を入《い》れた筒《つつ》を足《あし》にくくりつけて運《はこ》ばせた。
写真《しゃしん》のフィルムが入《はい》った筒《つつ》を背負《せお》ったりもした。
伝書鳩《でんしょばと》は昔《むかし》の新聞社《しんぶんしゃ》や軍隊《ぐんたい》などさまざまな場所《ばしょ》で使《つか》われていたんだ
運《はこ》ぶ途中《とちゅう》で逃《に》げないんですか?
当時《とうじ》の新聞社内《しんぶんしゃない》には鳩《はと》を訓練《くんれん》、育成《いくせい》する「鳩係《はとがかり》」もいた。
うん 伝書鳩《でんしょばと》は巣《す》に帰《かえ》ろうとする本能《ほんのう》(帰巣本能《きそうほんのう》)を利用《りよう》したものだからね
道《みち》に迷《まよ》ったりしないんですか?
いろいろな能力《のうりょく》を使《つか》ってちゃんと帰《かえ》ってくるんだよ
すごい能力《のうりょく》だ!!
近《ちか》い距離《きょり》なら地形《ちけい》や目印《めじるし》を見《み》て覚《おぼ》える
遠方《えんぽう》なら地球《ちきゅう》の磁気《じき》を感《かん》じとる
太陽《たいよう》の位置《いち》を目印《めじるし》にする
匂《にお》いをかぎわける
品種改良《ひんしゅかいりょう》されたり、よく訓練《くんれん》されたドバトは100kmから1500kmの移動《いどう》も可能《かのう》!
※実際《じっさい》は途中《とちゅう》で行方不明《ゆくえふめい》になるハトもいたそうです
しかし あの歩《ある》き方《かた》は奇妙《きみょう》ですね
あんなに頭《あたま》をふって歩《ある》いて…
なんでだろう?
あれは逆《ぎゃく》に頭《あたま》を静止《せいし》させてるんだ
えっ!?
連続《れんぞく》で見《み》るとほら…
頭《あたま》を止《と》めながら進《すす》んでるだろ?
ホントだ! 1~5まで頭《あたま》の位置《いち》が変《か》わらない!
なんで!?
それはハトが頭《あたま》を固定《こてい》して周《まわ》りの景色《けしき》を見《み》ようとしているからさ
ええ!?
ハトの目《め》は顔《かお》の横側《よこがわ》についているだろう?
そうですね
1
体《からだ》だけ前進《ぜんしん》する
2
首《くび》を縮《ちぢ》める
3
首《くび》をどんどん縮《ちぢ》める
4
次《つぎ》の一歩《いっぽ》をふみだす
5
足《あし》が着地《ちゃくち》したら
ニュッ
首《くび》をのばす
6
1にもどって同《おな》じ動作《どうさ》をくり返《かえ》す

ハト

中華
ラーメ
本日2割引！
BAR
人間《にんげん》だって同《おな》じようなことしてるときがあるぞ…！
ロックオン！
風景《ふうけい》
ピタッ
ロックオン！
風景《ふうけい》
景色《けしき》がちゃんと見《み》えないと外敵《がいてき》に気《き》づきづらいよ…
景色《けしき》
景色《けしき》
ハトの目線《めせん》は横向《よこむ》きだからふつうに前進《ぜんしん》すると景色《けしき》が後《うし》ろに流《なが》れてしまうんだ
けど頭《あたま》を動《うご》かさずに歩《ある》くことで同《おな》じ景色《けしき》をなるべく長《なが》い時間《じかん》見続《みつづ》けられるんだよ
へえー！
変《へん》なの！
ムッ
おや このドバトは種類《しゅるい》が違《ちが》いますね
これはキジバトというんだ ヤマバトともいって ドバトと同《おな》じく街中《まちなか》でもよく見《み》かける鳥《とり》だよ
羽《はね》の模様《もよう》キレイ!!
デーデーポッポー
デーデーポッポー
おもしろいリズムで鳴《な》いてる！
この独特《どくとく》の鳴《な》き声《ごえ》もキジバトの特徴《とくちょう》だよね
ヤマバトなのにふつうに街中《まちなか》にいるんですね
うん 人《ひと》が農耕《のうこう》を始《はじ》めてから人《ひと》のすむ場所《ばしょ》をエサ場《ば》にして山《やま》から出《で》てきたんだ
それに街中《まちなか》には天敵《てんてき》もいないからね
天敵《てんてき》
タカ
ハヤブサ
ドバト
キジバト
キジバトには鼻《はな》こぶがないのもドバトとの大《おお》きな違《ちが》いだね

この公《こう》園《えん》にはメドゥーサがいるのか!?

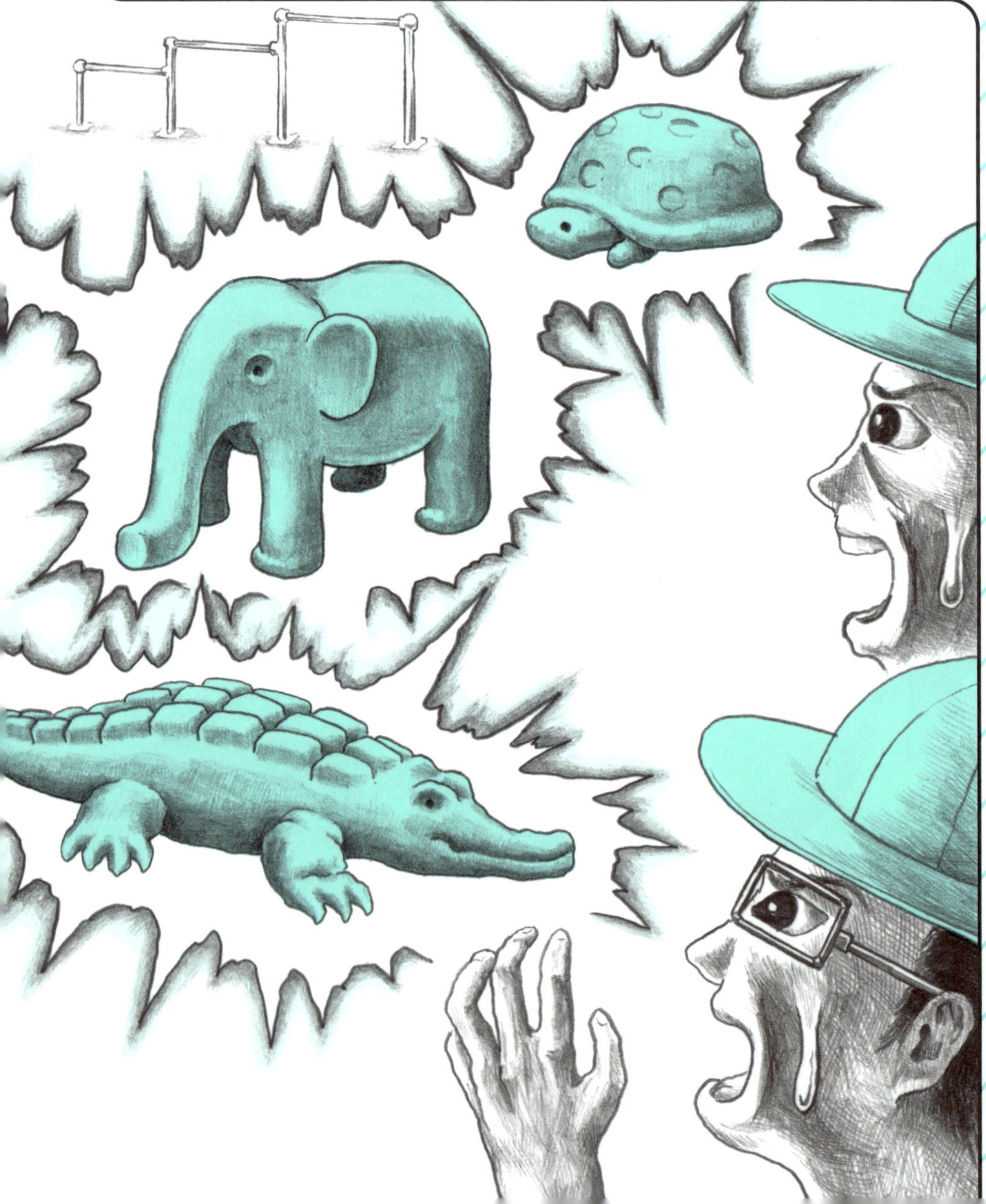

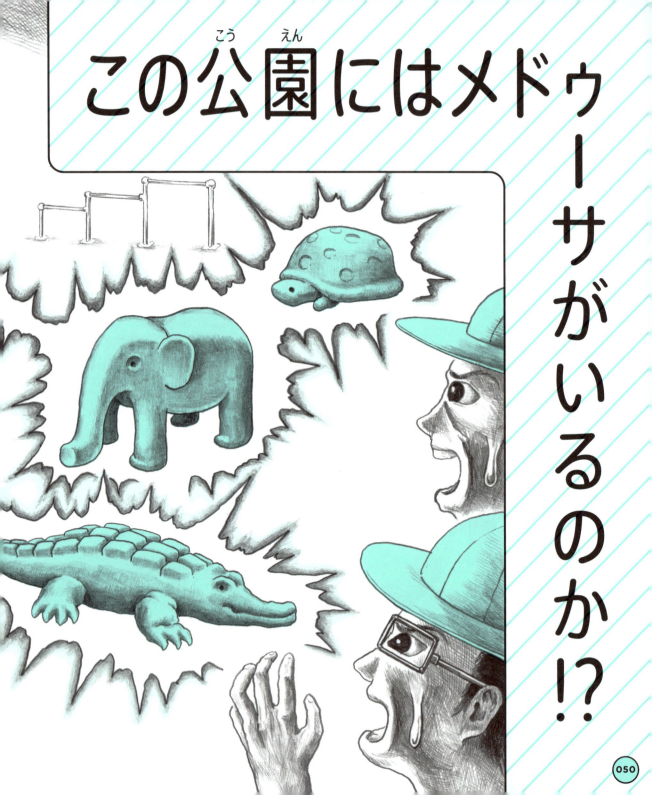

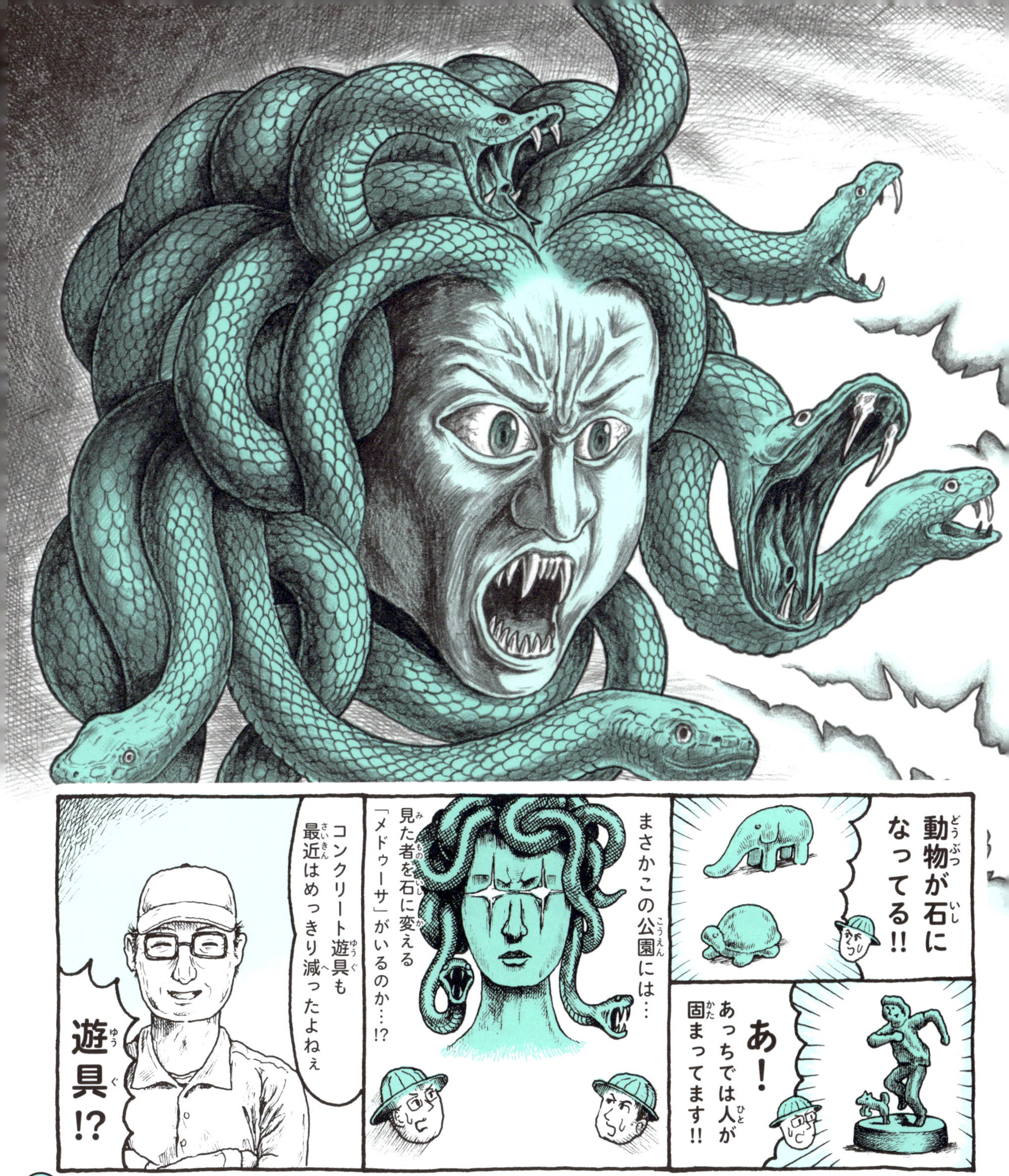

動物《どうぶつ》が石《いし》になってる!!
あ! あっちでは人《ひと》が固《かた》まってます!!
まさかこの公園《こうえん》には…
見《み》た者《もの》を石《いし》に変《か》える「メドゥーサ」がいるのか…!?
コンクリート遊具《ゆうぐ》も最近《さいきん》はめっきり減《へ》ったよねぇ
遊具《ゆうぐ》!?

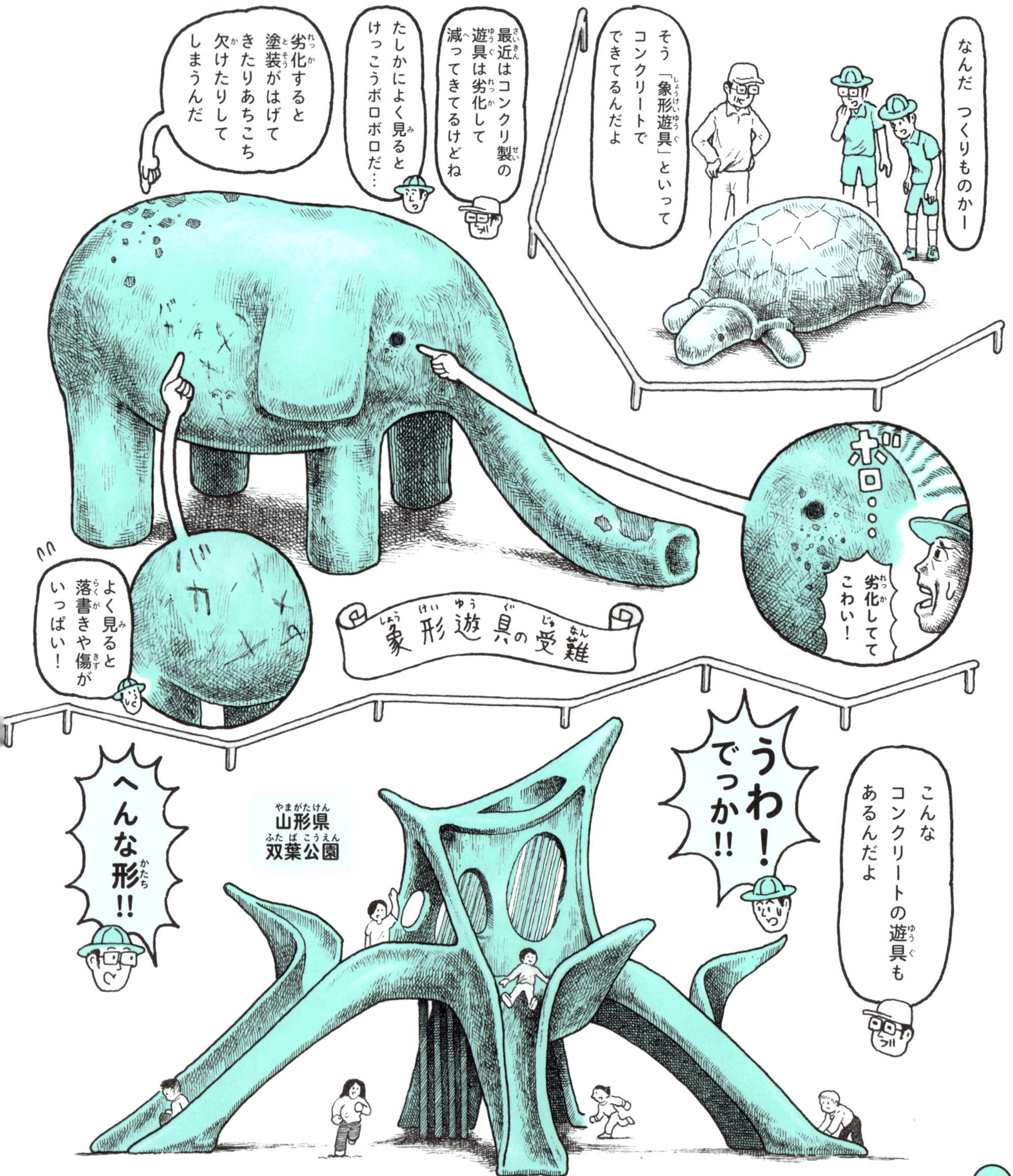

なんだ　つくりものかー
そう「象形遊具《しょうけいゆうぐ》」といって コンクリートで できてるんだよ
最近《さいきん》はコンクリ製《せい》の 遊具《ゆうぐ》は劣化《れっか》して 減《へ》ってきてるけどね
たしかによく見《み》ると けっこうボロボロだ…
劣化《れっか》すると 塗装《とそう》がはげて きたりあちこち 欠《か》けたりして しまうんだ
ボロ……
劣化《れっか》してて こわい！
象形遊具《しょうけいゆうぐ》の受難《じゅなん》
バカ
よく見《み》ると 落書《らくが》きや傷《きず》が いっぱい！
こんな コンクリートの遊具《ゆうぐ》も あるんだよ
うわ！ でっか!!
山形県《やまがたけん》 双葉公園《ふたばこうえん》
へんな形《かたち》!!

遊《ゆう》具《ぐ》

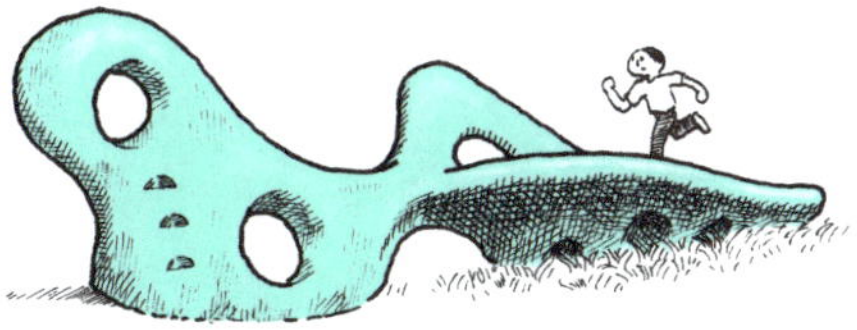

東京《とうきょう》都《と》　梅里公園《うめざとこうえん》

愛《あい》知《ち》県《けん》　虹《にじ》ヶ《が》丘《おか》公園《こうえん》

東京《とうきょう》都《と》　上水公園《じょうすいこうえん》

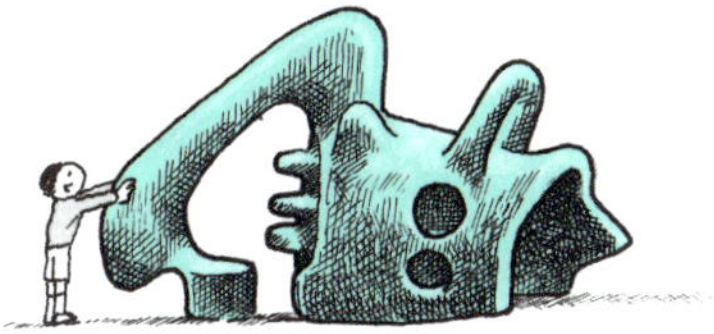

神奈川県《かながわけん》　馬入児童公園《ばにゅうじどうこうえん》

なんか生《い》き物《もの》みたいだ

これは「遊戯彫刻《ゆうぎちょうこく》」といってね

エゴン・モーラー・ニールセン（1915～1959年《ねん》）
彫刻家《ちょうこくか》・建築家《けんちくか》

元々《もともと》はスウェーデンの彫刻家《ちょうこくか》が考《かん》えたものなんだよ

外国《がいこく》でできたものなんですね！

うん 遊戯彫刻《ゆうぎちょうこく》はよじ登《のぼ》る・すべる・もぐるといった行動《こうどう》を通《とお》して自由《じゆう》に考《かん》えて遊《あそ》ぶための彫刻《ちょうこく》なんだ

そんな意図《いと》があったんですね！

ちなみに英語《えいご》では「プレイ・スカルプチャー」というんだよ

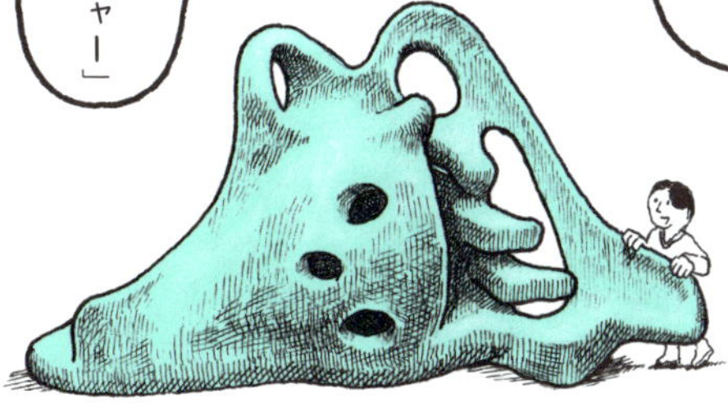

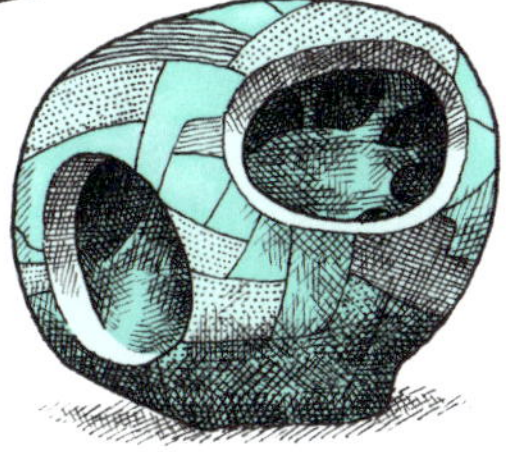

美術館《びじゅつかん》にある彫刻《ちょうこく》はさわっちゃいけないし静《しず》かに鑑賞《かんしょう》しないといけないけど

フランス・ルーブル美術館《びじゅつかん》「サモトラケのニケ」

遊戯彫刻《ゆうぎちょうこく》はさわぎながら自由《じゆう》にさわったりのぼったりしてもいい彫刻《ちょうこく》なんだ

東京《とうきょう》都《と》　こうちゃん公園《こうえん》

同《おな》じ彫刻《ちょうこく》でも役割《やくわり》が違《ちが》うんですね

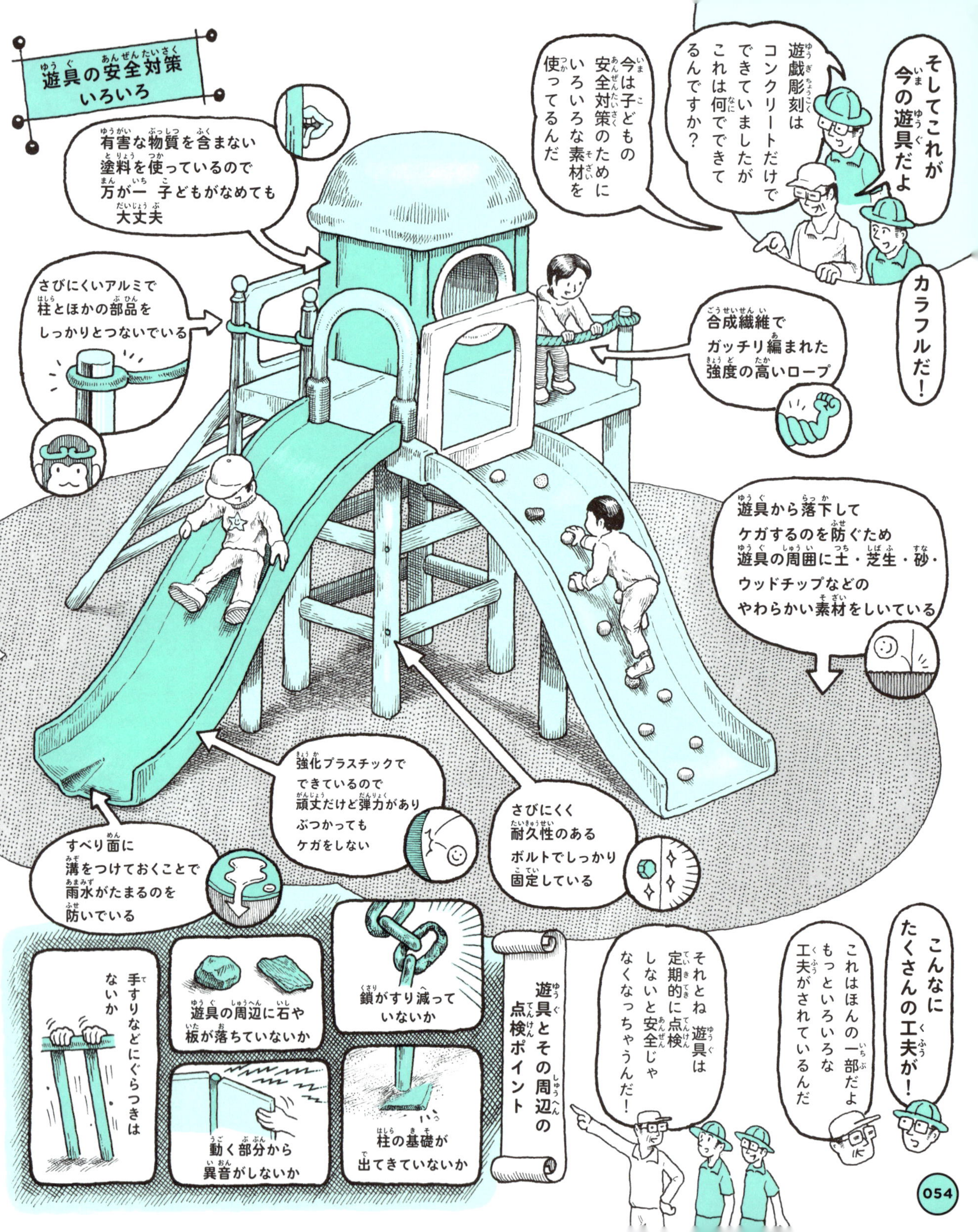
遊具《ゆうぐ》の安全対策《あんぜんたいさく》いろいろ
そしてこれが今《いま》の遊具《ゆうぐ》だよ
遊戯彫刻《ゆうぎちょうこく》はコンクリートだけでできていましたがこれは何《なに》でできてるんですか？
今《いま》は子《こ》どもの安全対策《あんぜんたいさく》のためにいろいろな素材《そざい》を使《つか》ってるんだ
カラフルだ！
有害《ゆうがい》な物質《ぶっしつ》を含《ふく》まない塗料《とりょう》を使《つか》っているので万《まん》が一《いち》 子《こ》どもがなめても大丈夫《だいじょうぶ》
さびにくいアルミで柱《はしら》とほかの部品《ぶひん》をしっかりとつないでいる
合成繊維《ごうせいせんい》でガッチリ編《あ》まれた強度《きょうど》の高《たか》いロープ
遊具《ゆうぐ》から落下《らっか》してケガするのを防《ふせ》ぐため遊具《ゆうぐ》の周囲《しゅうい》に土《つち》・芝生《しばふ》・砂《すな》・ウッドチップなどのやわらかい素材《そざい》をしいている
強化《きょうか》プラスチックでできているので頑丈《がんじょう》だけど弾力《だんりょく》がありぶつかってもケガをしない
さびにくく耐久性《たいきゅうせい》のあるボルトでしっかり固定《こてい》している
すべり面《めん》に溝《みぞ》をつけておくことで雨水《あまみず》がたまるのを防《ふせ》いでいる
遊具《ゆうぐ》とその周辺《しゅうへん》の点検《てんけん》ポイント
手《て》すりなどにぐらつきはないか
遊具《ゆうぐ》の周辺《しゅうへん》に石《いし》や板《いた》が落《お》ちていないか
鎖《くさり》がすり減《へ》っていないか
動《うご》く部分《ぶぶん》から異音《いおん》がしないか
柱《はしら》の基礎《きそ》が出《で》てきていないか
こんなにたくさんの工夫《くふう》が！
これはほんの一部《いちぶ》だよもっといろいろな工夫《くふう》がされているんだ
それとね 遊具《ゆうぐ》は定期的《ていきてき》に点検《てんけん》しないと安全《あんぜん》じゃなくなっちゃうんだ！

遊《ゆう》具《ぐ》・ブロンズ像《ぞう》

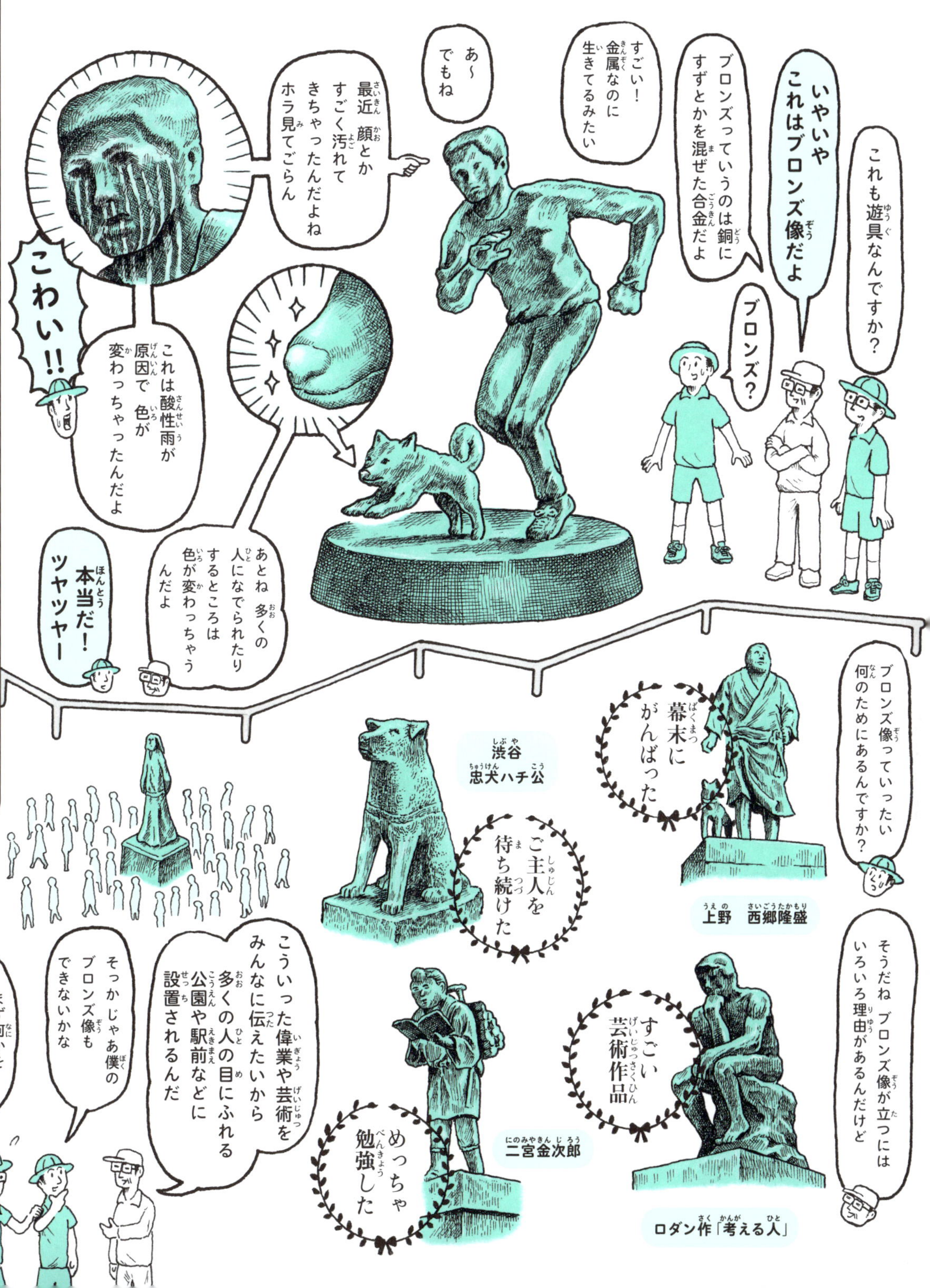

公園《こうえん》で見《み》つけた驚《きょう》異《い》的《てき》な彫《ちょう》刻《こく》

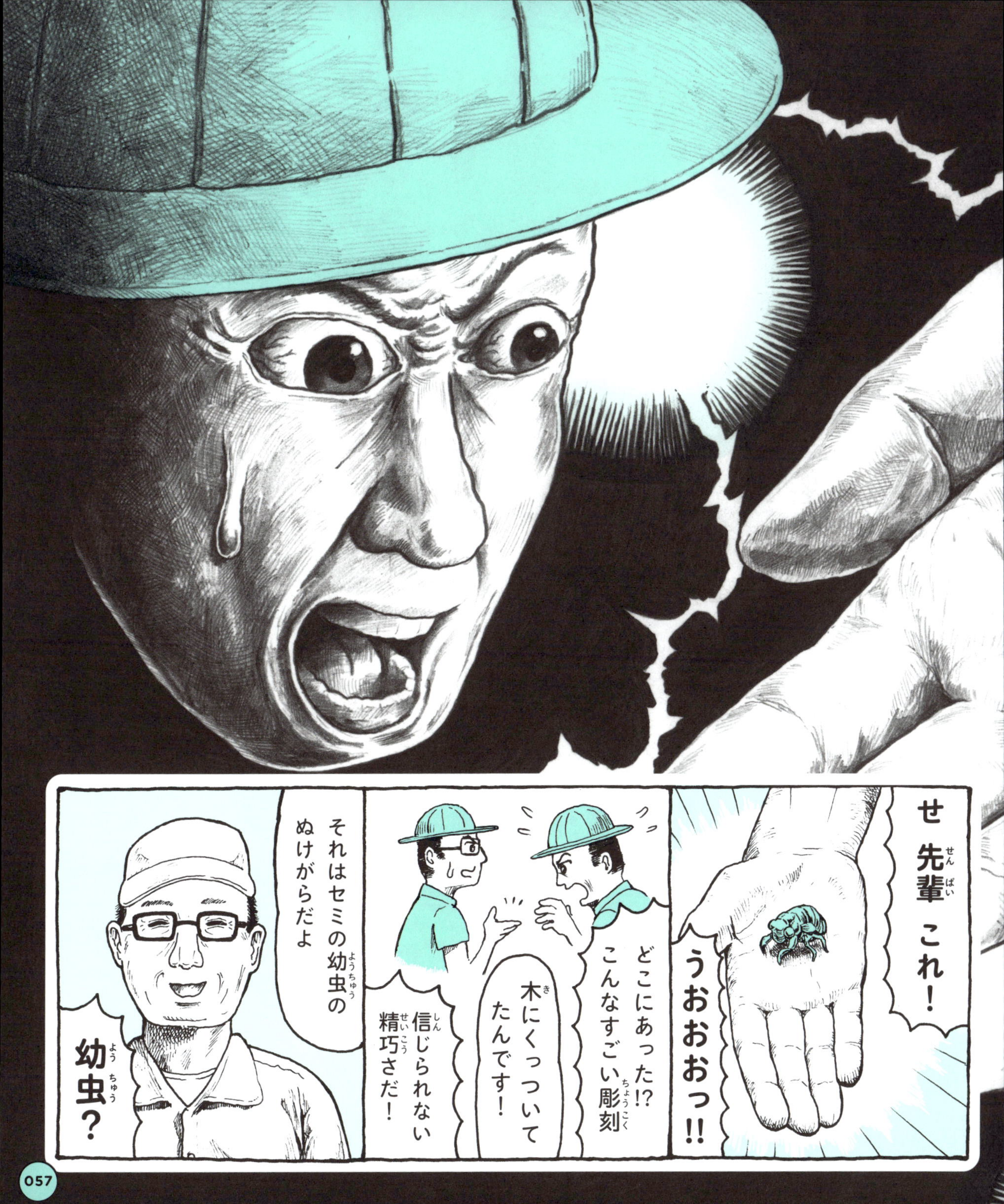

せ 先輩《せんぱい》 これ！
うおおおっ!!
どこにあった!? こんなすごい彫刻《ちょうこく》
木《き》にくっついてたんです！
信《しん》じられない精巧《せいこう》さだ！
それはセミの幼虫《ようちゅう》のぬけがらだよ
幼《よう》虫《ちゅう》？

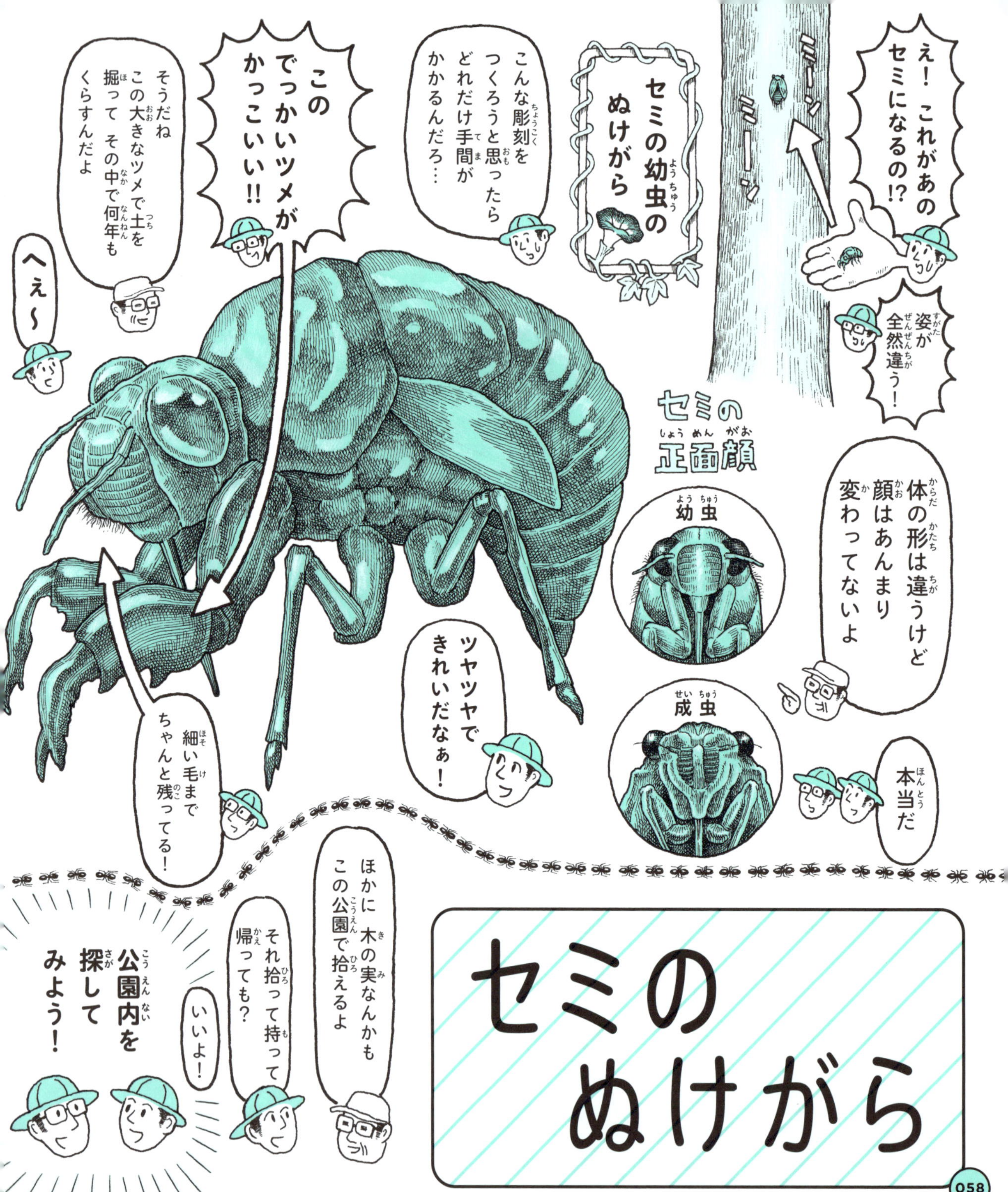
え！ これがあのセミになるの!?
ミーン
ミーン
セミの幼虫《ようちゅう》のぬけがら
こんな彫刻《ちょうこく》をつくろうと思《おも》ったらどれだけ手間《てま》がかかるんだろ…
このでっかいツメがかっこいい!!
そうだね この大《おお》きなツメで土《つち》を掘《ほ》って その中《なか》で何年《なんねん》もくらすんだよ
へえ～
姿《すがた》が全然違《ぜんぜんちが》う！
セミの正面顔《しょうめんがお》
体《からだ》の形《かたち》は違《ちが》うけど顔《かお》はあんまり変《か》わってないよ
幼虫《ようちゅう》
成虫《せいちゅう》
本当《ほんとう》だ
ツヤツヤできれいだなぁ！
細《ほそ》い毛《け》までちゃんと残《のこ》ってる！
ほかに 木《き》の実《み》なんかもこの公園《こうえん》で拾《ひろ》えるよ
それ拾《ひろ》って持《も》って帰《かえ》っても？
いいよ！
公園内《こうえんない》を探《さが》してみよう！

セミのぬけがら

こんなにいろいろ集《あつ》まった！
おお けっこうめずらしいものも見《み》つけたね～
でも名前《なまえ》がわからないのもある
よし 教《おし》えてあげよう

公園《こうえん》で拾《ひろ》ったモノコレクション

どんぐり

コナラ、クヌギ、カシワ、ミズナラなどの木《き》の、かたい皮《かわ》でおおわれた果実《かじつ》をまとめて「どんぐり」と呼《よ》ぶんだ。

木《き》の枝《えだ》

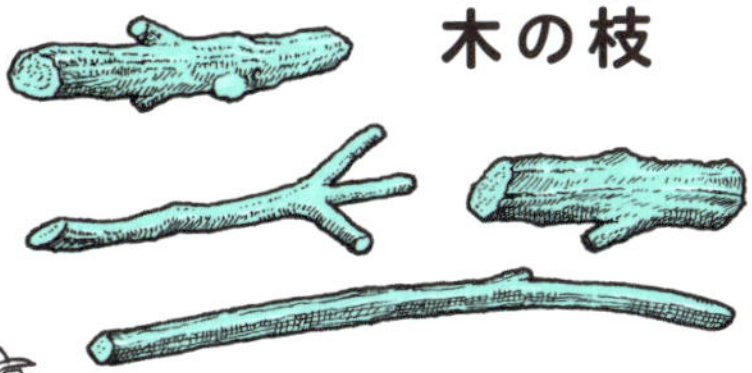

太《ふと》かったり、細《ほそ》かったり、曲《ま》がっていたり、枝分《えだわ》かれしていたり、色《いろ》が違《ちが》っていたりする。まっすぐな枝《えだ》はレアだね！

松《まつ》ぼっくり

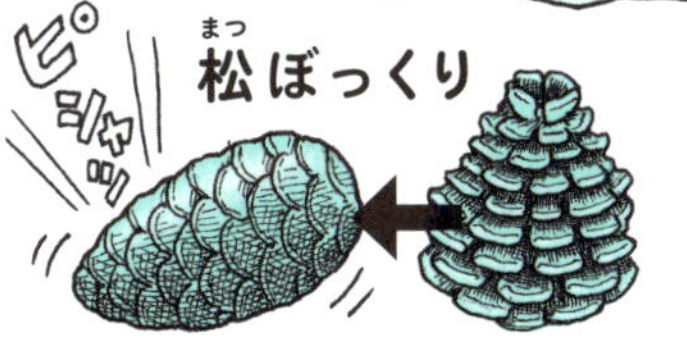
ピシャッ

松《まつ》ぼっくりは松《まつ》の木《き》の実《み》で、このウロコのようなものの隙間《すきま》に種《たね》が入《はい》ってるんだ。水《みず》にぬれると種《たね》を守《まも》るために隙間《すきま》を閉《と》じるんだ。

ハチの巣《す》

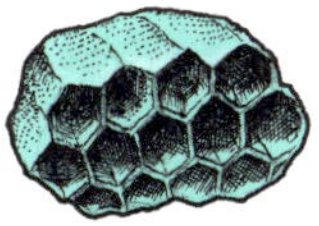

これはもう使《つか》い終《お》わったハチの巣《す》の一部《いちぶ》だね。もし幼虫《ようちゅう》のいるハチの巣《す》を見《み》かけたら危険《きけん》だから近《ちか》づかないようにね！

石《いし》ころ

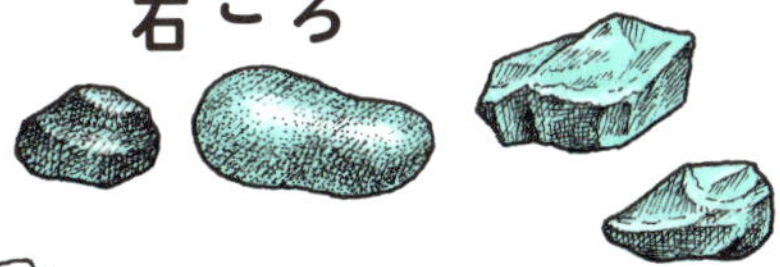

石《いし》ころは同《おな》じ形《かたち》、色《いろ》、サイズのものが一《ひと》つとしてないからどれもそれぞれのよさがあるよね。

タマムシの羽《はね》

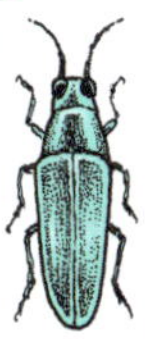

タマムシ

タマムシの羽《はね》はさっき見《み》たハトの首《くび》と同《おな》じ「構造色《こうぞうしょく》」で、見《み》る角度《かくど》によって色《いろ》が変化《へんか》するんだ。

イスノキの虫《むし》こぶ

イスノキという木《き》にアブラムシが卵《たまご》を産《う》みつけると、その部分《ぶぶん》がこのようにふくらむんだ。幼虫《ようちゅう》はイスノキを食《た》べて成長《せいちょう》するよ。あいている穴《あな》は成長《せいちょう》した虫《むし》が出《で》たあとだね。

ヘビのぬけがら

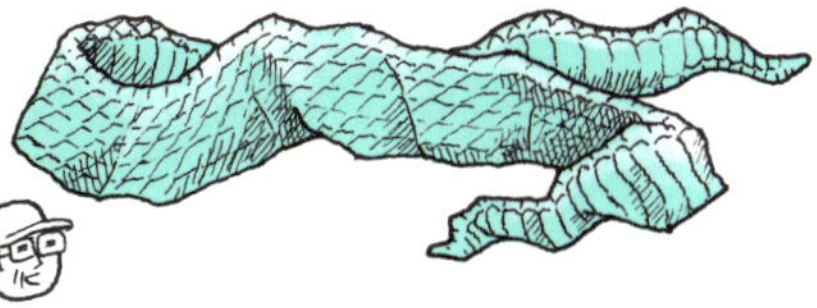

ヘビのぬけがら！ これはめずらしいね。ヘビが脱皮《だっぴ》するときは頭《あたま》の先《さき》を石《いし》などにこすりつけて脱《ぬ》いでいくんだ。「ヘビのぬけがらを財布《さいふ》に入れておくとお金《かね》がたまる」という言《い》い伝《つた》えがあるよ。

解説《かいせつ》ありがとうございます
お安《やす》いご用《よう》だよ！

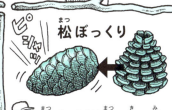

家《いえ》が超《ちょう》怒《おこ》ってる!!

家《いえ》が怒《おこ》ってるぞ!
何《なに》を言《い》い出《だ》すんですか 先輩《せんぱい》!!
あれを見《み》ろ!
ピキ
ピキ
ああっ! 血管《けっかん》がうき出《で》てる!
敵意《てきい》むき出《だ》しだ!!
クラックがめずらしいのかい?
左官職人《さかんしょくにん》
日比賀《ひびが》 進《すすむ》

クラック

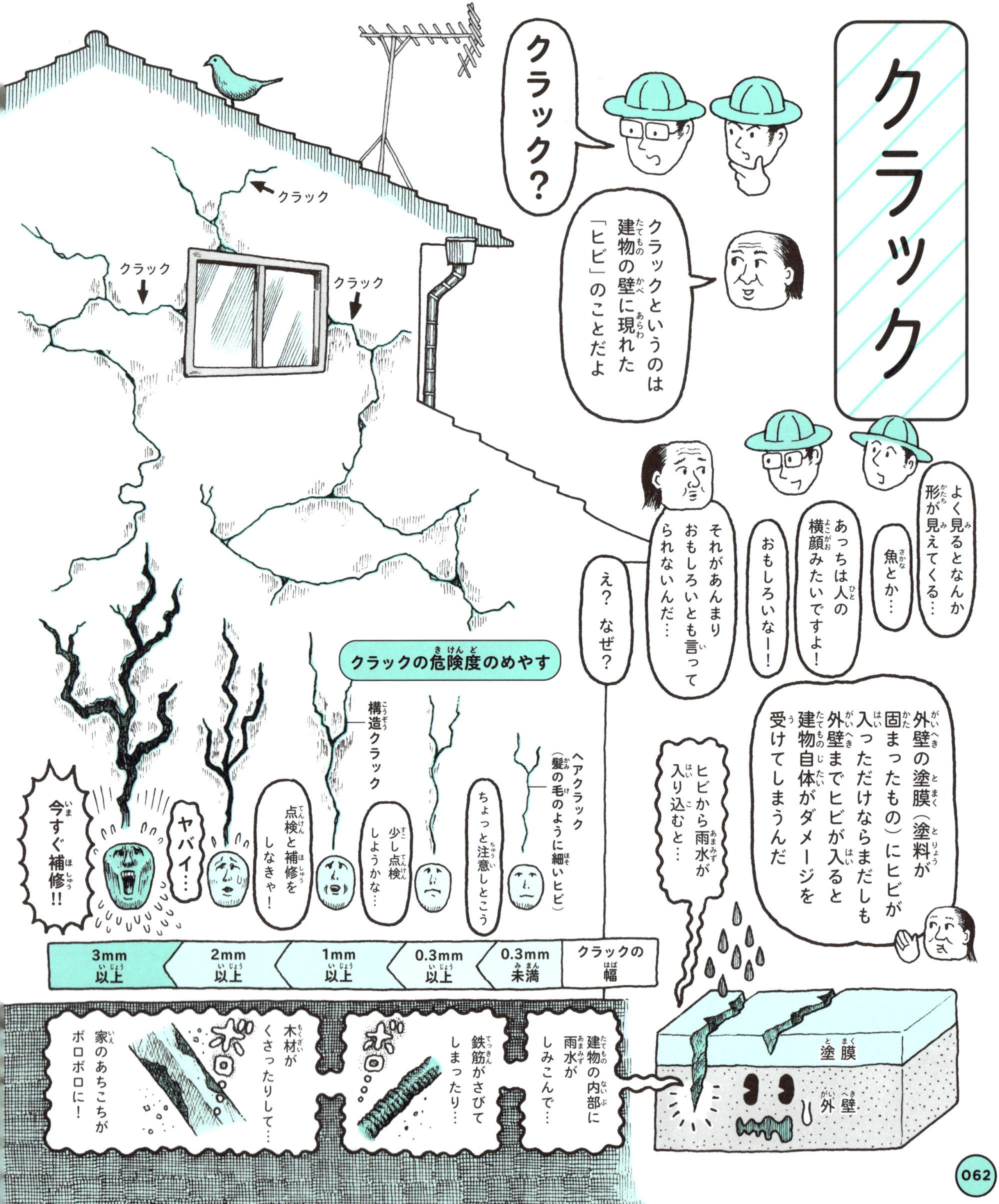

クラック？
クラックというのは建物《たてもの》の壁《かべ》に現《あらわ》れた「ヒビ」のことだよ
クラック
クラック
クラック
よく見《み》るとなんか形《かたち》が見《み》えてくる…
魚《さかな》とか…
あっちは人《ひと》の横顔《よこがお》みたいですよ！
おもしろいなー！
それがあんまりおもしろいとも言《い》ってられないんだ…
え？ なぜ？
外壁《がいへき》の塗膜《とまく》（塗料《とりょう》が固《かた》まったもの）にヒビが入《はい》っただけならまだしも外壁《がいへき》までヒビが入《はい》ると建物自体《たてものじたい》がダメージを受《う》けてしまうんだ
ヒビから雨水《あまみず》が入《はい》り込《こ》むと…
塗膜《とまく》
外壁《がいへき》
建物《たてもの》の内部《ないぶ》に雨水《あまみず》がしみこんで…
鉄筋《てっきん》がさびてしまったり…
ボロ
木材《もくざい》がくさったりして…
ボロ
家《いえ》のあちこちがボロボロに！
クラックの危険度《きけんど》のめやす
ヘアクラック（髪《かみ》の毛《け》のように細《ほそ》いヒビ）
構造《こうぞう》クラック
ちょっと注意《ちゅうい》しとこう
少《すこ》し点検《てんけん》しようかな…
点検《てんけん》と補修《ほしゅう》をしなきゃ！
ヤバイ…
今《いま》すぐ補修《ほしゅう》!!
クラックの幅《はば》
0.3mm未満《みまん》
0.3mm以上《いじょう》
1mm以上《いじょう》
2mm以上《いじょう》
3mm以上《いじょう》

壁《かべ》を攻撃《こうげき》する自然《しぜん》現象《げんしょう》
でもなんで建物《たてもの》にヒビが入《はい》るんですか？
それはね…
外壁《がいへき》は常《つね》に自然《しぜん》からの攻撃《こうげき》にさらされているからなのさ!!
太陽光《たいようこう》
雨《あめ》
怖《こわ》ーい!!
ムニュー
だからもしクラックが発生《はっせい》したら 補修材《ほしゅうざい》をぬりこんで補修《ほしゅう》するんだ！
風《かぜ》
がんばれー!!
ムニュー
地震《じしん》
アリの巣《す》
もぐら

ふつうの家《いえ》になぜ地《ち》下《か》牢《ろう》が・・・

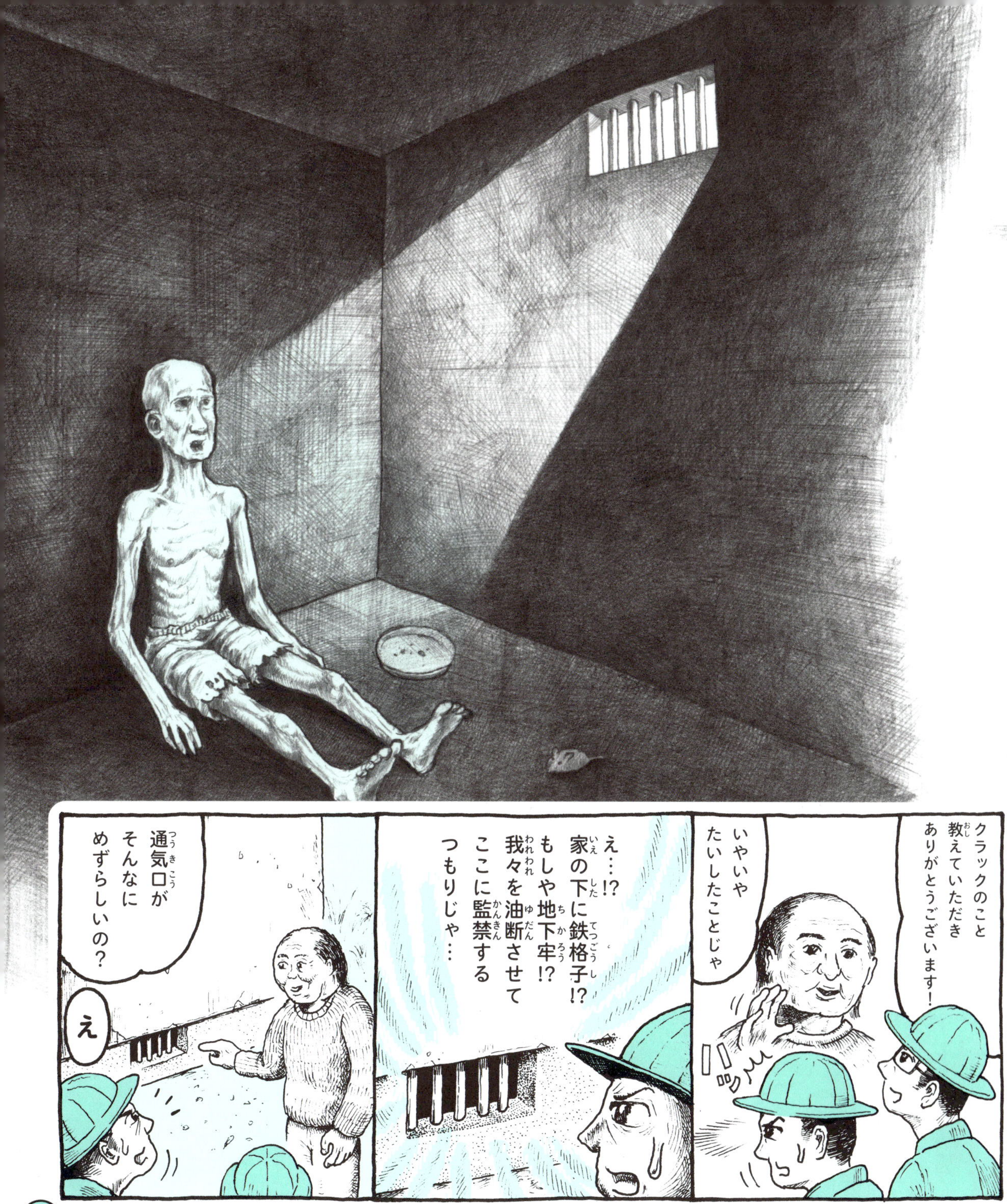
クラックのこと 教《おし》えていただき ありがとうございます!
いやいや たいしたことじゃ
え…!? 家《いえ》の下《した》に鉄格子《てつごうし》!? もしや地下牢《ちかろう》!? 我々《われわれ》を油断《ゆだん》させて ここに監禁《かんきん》する つもりじゃ…
通気口《つうきこう》が そんなに めずらしいの?
え

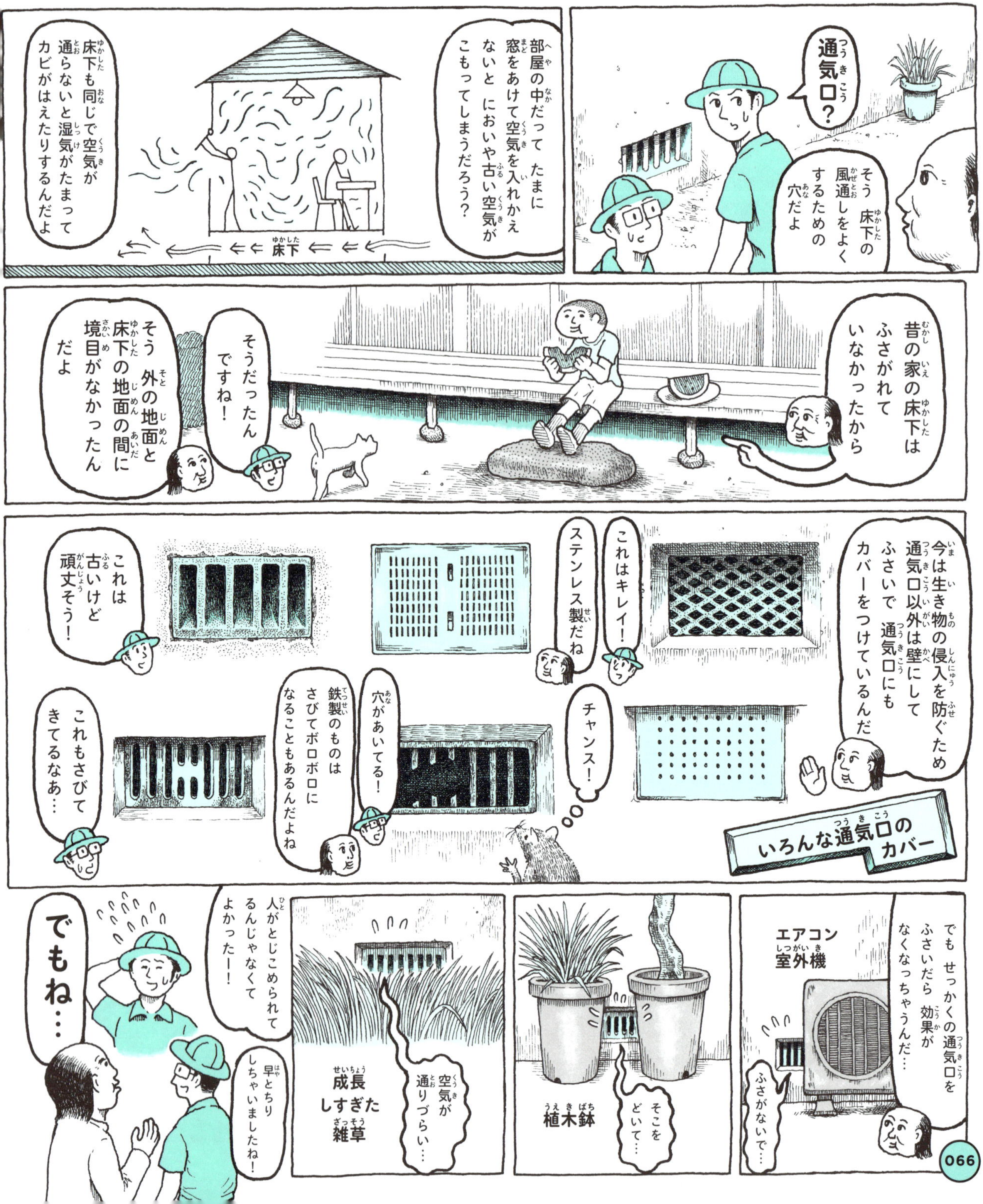

通気口《つうきこう》？
そう 床下《ゆかした》の風通《かぜとお》しをよくするための穴《あな》だよ
部屋《へや》の中《なか》だって たまに窓《まど》をあけて空気《くうき》を入《い》れかえないと においや古《ふる》い空気《くうき》がこもってしまうだろう？
床下《ゆかした》
床下《ゆかした》も同《おな》じで空気《くうき》が通《とお》らないと湿気《しっけ》がたまってカビがはえたりするんだよ
昔《むかし》の家《いえ》の床下《ゆかした》はふさがれていなかったから
そうだったんですね！
そう 外《そと》の地面《じめん》と床下《ゆかした》の地面《じめん》の間《あいだ》に境目《さかいめ》がなかったんだよ
今《いま》は生《い》き物《もの》の侵入《しんにゅう》を防《ふせ》ぐため通気口《つうきこう》以外《いがい》は壁《かべ》にしてふさいで 通気口《つうきこう》にもカバーをつけているんだ
いろんな通気口《つうきこう》のカバー
これはキレイ！
ステンレス製《せい》だね
これは古《ふる》いけど頑丈《がんじょう》そう！
チャンス！
穴《あな》があいてる！
鉄製《てつせい》のものはさびてボロボロになることもあるんだよね
これもさびてきてるなあ…
でも せっかくの通気口《つうきこう》をふさいだら 効果《こうか》がなくなっちゃうんだ…
エアコン室外機《しつがいき》
ふさがないで…
植木鉢《うえきばち》
そこをどいて…
成長《せいちょう》しすぎた雑草《ざっそう》
空気《くうき》が通《とお》りづらい…
人《ひと》がとじこめられてるんじゃなくてよかったー！
早《はや》とちりしちゃいましたね！
でもね…

床下《ゆかした》の侵入者《しんにゅうしゃ》たち！

緑《みどり》の怪《かい》物《ぶつ》が現《あらわ》れた！

ずもーん
うぎゃぁぁぁ！
緑《みどり》の怪物《かいぶつ》が!!
うわー!!
あれ…
葉《は》っぱ…？
え？
ねぇ
ウチのツタが気《き》になるの？
大学院生《だいがくいんせい》
津《つ》田《だ》　茂《しげる》

ツタ?
そう ほら、こうやって壁《かべ》にそって伸《の》びる植物《しょくぶつ》だよ
植物《しょくぶつ》なのに、なんで家《いえ》にくっついているんですか?
ふつうこうやってまっすぐに生《は》えるのでは?
うん ツタっていうのはね自分《じぶん》で立《た》つことができない植物《しょくぶつ》なんだよ
え? 自分《じぶん》で立《た》てない?
そう だからね…
高《たか》い場所《ばしょ》で日光《にっこう》を浴《あ》びたい…
ううう… 立《た》ちたい…
こんなところにちょうどよくのぼれるものが!!
電柱《でんちゅう》
ピト
ピト
え!? オイ ちょっと…
樹木《じゅもく》
ちょっとお体《からだ》をお借《か》りしますね～!
ピト
ピト
え? 何《なに》? ズルくね!?
といった感《かん》じでツタはほかのものに寄《よ》りかかりながら自分《じぶん》の場所《ばしょ》を広《ひろ》げていくんだよ
ずるーい!!
こわーい!!
エアコン室外機《しつがいき》
換気《かんき》ができなくなる…
ツタは寄《よ》りかかったものをあっという間《ま》におおいつくしてしまうんだよ
乗《の》れない…
自転車《じてんしゃ》
上《うえ》を見《み》てごらん
TV《テレビ》アンテナ
あんなところまでのぼるのか…
そう、ツタはのぼる力《ちから》が本当《ほんとう》に強《つよ》いんだよ

ツタの強《つよ》さ 1
ツタは粘着性《ねんちゃくせい》の物質《ぶっしつ》を出《だ》す吸盤《きゅうばん》で壁《かべ》にはりつくんだ！この吸盤《きゅうばん》は自身《じしん》の250倍《ばい》の重《おも》さにも耐《た》えるんだ!!
ツタの強《つよ》さ 2
ツタは自立《じりつ》しなくていいから茎《くき》を強《つよ》くする必要《ひつよう》がない！その分《ぶん》のエネルギーを茎《くき》を伸《の》ばすことに使《つか》えるんだ！
ツタの強《つよ》さ 3
早《はや》く伸《の》びれば先《さき》に高《たか》い場所《ばしょ》を手《て》に入《い》れて日光《にっこう》をたくさん浴《あ》びられる！そうすればますます成長《せいちょう》できる！
ツタの強《つよ》さのひみつ！
ちなみにつたってのぼるから「ツタ」って名前《なまえ》がついたんだよ
ハァハァ
そ そうなんですね…

路《ろ》上《じょう》の謎《なぞ》の包《つつ》みの正《しょう》体《たい》は…？

さっきからたびたび見《み》かけるこの包《つつ》みはなんだろう？
これはもしや…
何《なに》かすごく邪悪《じゃあく》なものを封印《ふういん》してるのでは…？
路上《ろじょう》にそんなおそろしいものが！
オイオイ
俺《おれ》のバイクに何《なに》か用《よう》か？
高校生《こうこうせい》
堤《つつみ》 大次郎《だいじろう》

何《なに》ってホラ
いやこれ何《なに》かなと思《おも》って
バサ
あバイクだったんだ
見慣《みな》れたものでも包《つつ》まれていると まったく違《ちが》って見《み》えますね
ああたしかにそうだね
街中《まちなか》で見《み》かける包《つつ》まれたモノ
あれは自動車《じどうしゃ》ですよね
タイヤもドアも窓《まど》も見《み》えないと変《へん》な感《かん》じ
これは?
全然《ぜんぜん》想像《そうぞう》つかないね
うーん謎《なぞ》のままですね
あれは木材《もくざい》?
工事現場《こうじげんば》で使《つか》う材料《ざいりょう》だろうね
これは何《なん》だろ?
木《き》につながれた生《い》き物《もの》みたい
何《なん》だろこれは?
左側《ひだりがわ》のはキッチリ包《つつ》んであるね
几帳面《きちょうめん》な人《ひと》が包《つつ》んだのかもね

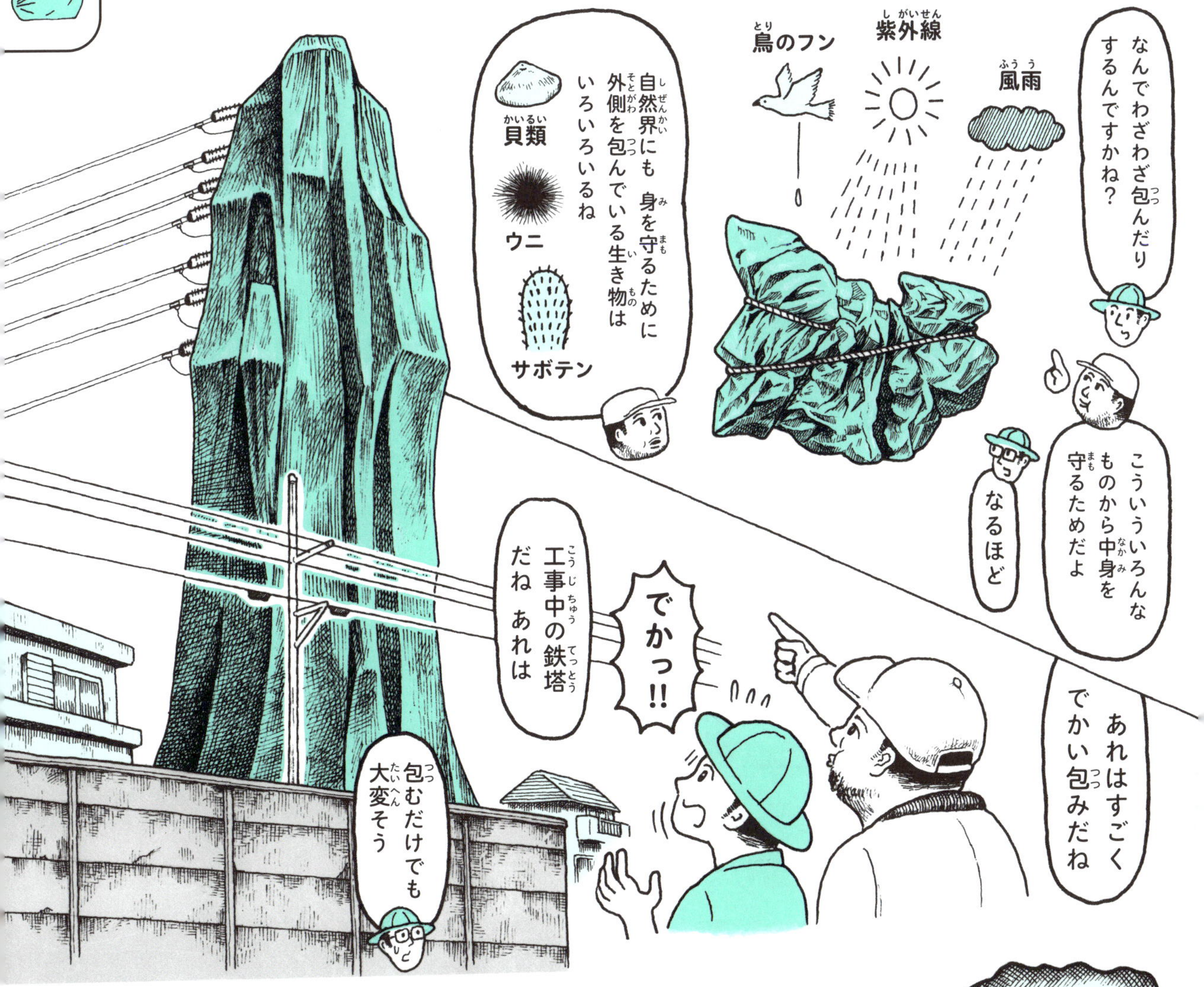
なんでわざわざ包《つつ》んだりするんですかね？
風雨《ふうう》
紫外線《しがいせん》
鳥《とり》のフン
こういういろんなものから中身《なかみ》を守《まも》るためだよ
なるほど
自然界《しぜんかい》にも 身《み》を守《まも》るために外側《そとがわ》を包《つつ》んでいる生《い》き物《もの》はいろいろいるね
貝類《かいるい》
ウニ
サボテン
あれはすごくでかい包《つつ》みだね
でかっ!!
工事中《こうじちゅう》の鉄塔《てっとう》だね あれは
包《つつ》むだけでも大変《たいへん》そう

包《つつ》まれたモノ

見《み》えないとあれこれ想像《そうぞう》しちゃうなー
コワすぎますよ！

街《まち》で見《み》つけた謎《なぞ》なもの写《しゃ》真《しん》館《かん》

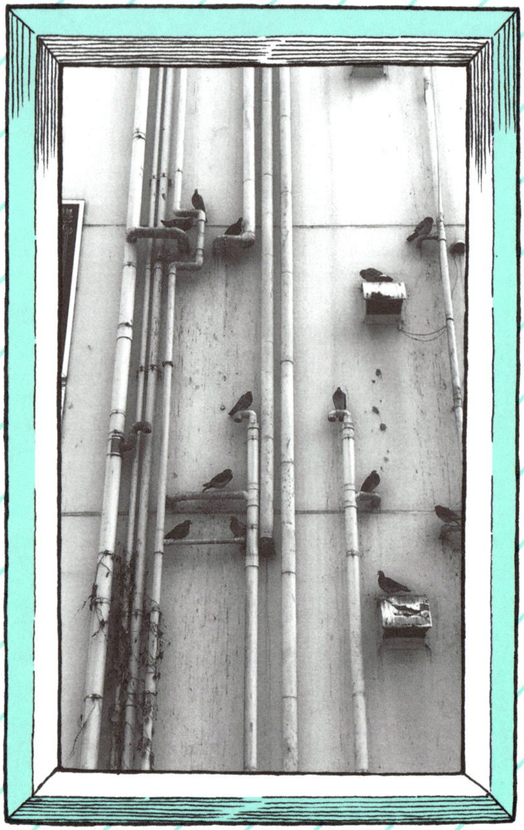

ちょっと一休《ひとやす》み！
いや、ハト休《やす》み！

それぞれ好《この》みの場《ば》所《しょ》があるのかな？

ちょっとずつ姿《し》勢《せい》が違《ちが》うのもおもしろいですね！

鳥《とり》多《おお》すぎ！

こんなにたくさん…ふだんどこにいるんだろう

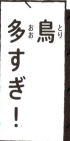

びっくりする壁《かべ》

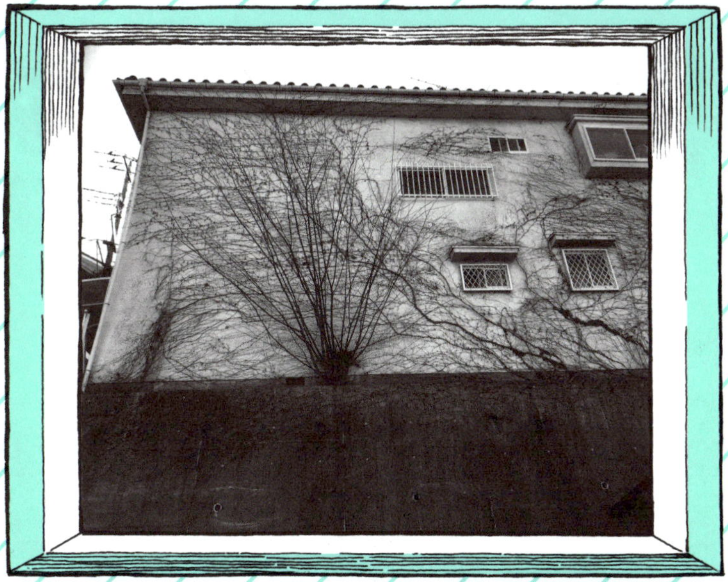

このツタは
すごく迫力《はくりょく》があるな！

巨大《きょだい》な壁画《へきが》の
ようですね！

このクラックはすごい！
こういう模様《もよう》に見《み》える！

謎《なぞ》なもの発見《はっけん》のコツ

ふだん
歩《ある》かない道《みち》を
歩《ある》いてみよう

地球《ちきゅう》のおもいで

第《だい》2章《しょう》

住《じゅう》宅《たく》街《がい》の謎《なぞ》 その2

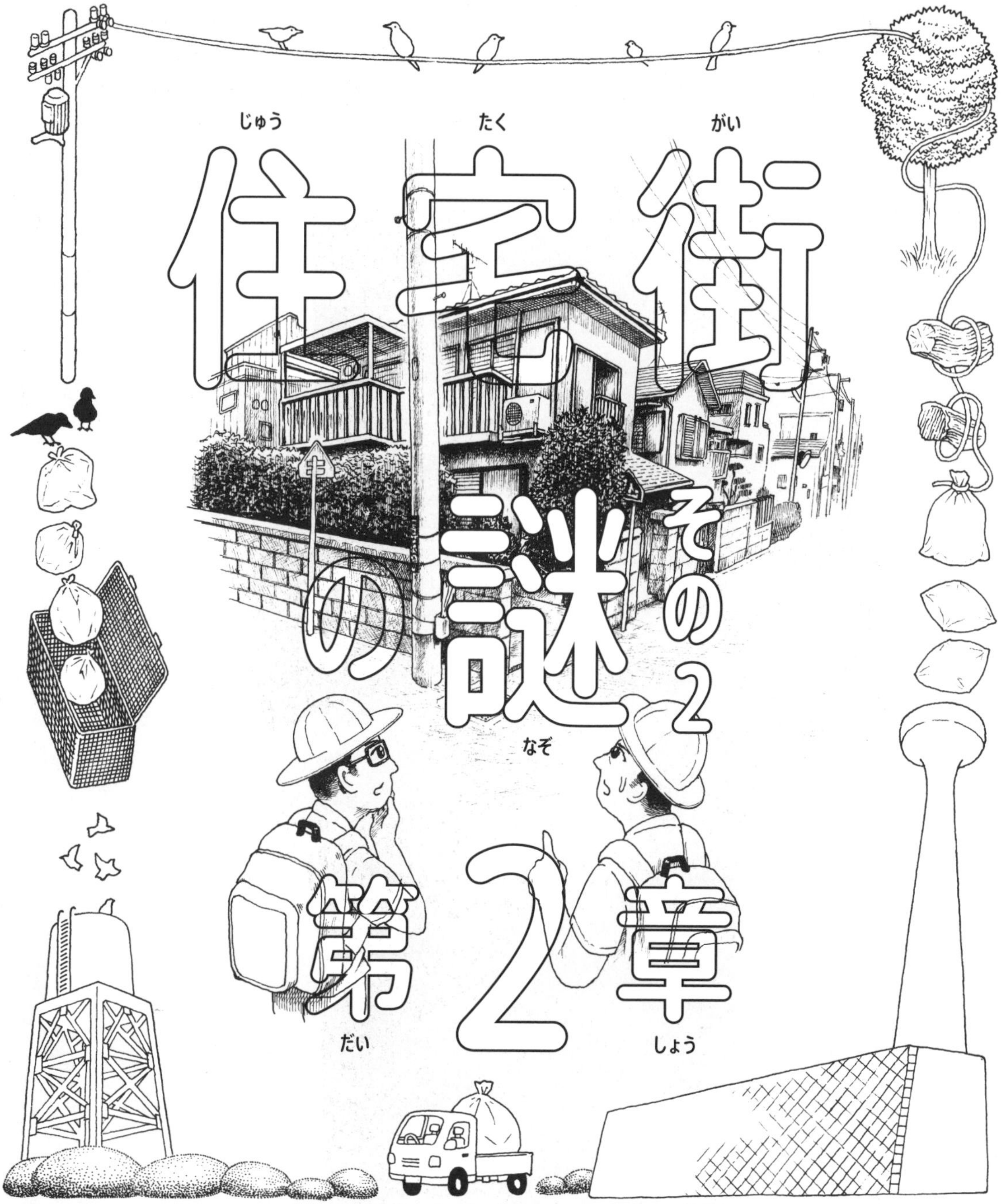

この道《みち》では木《き》にかみつかれる!?

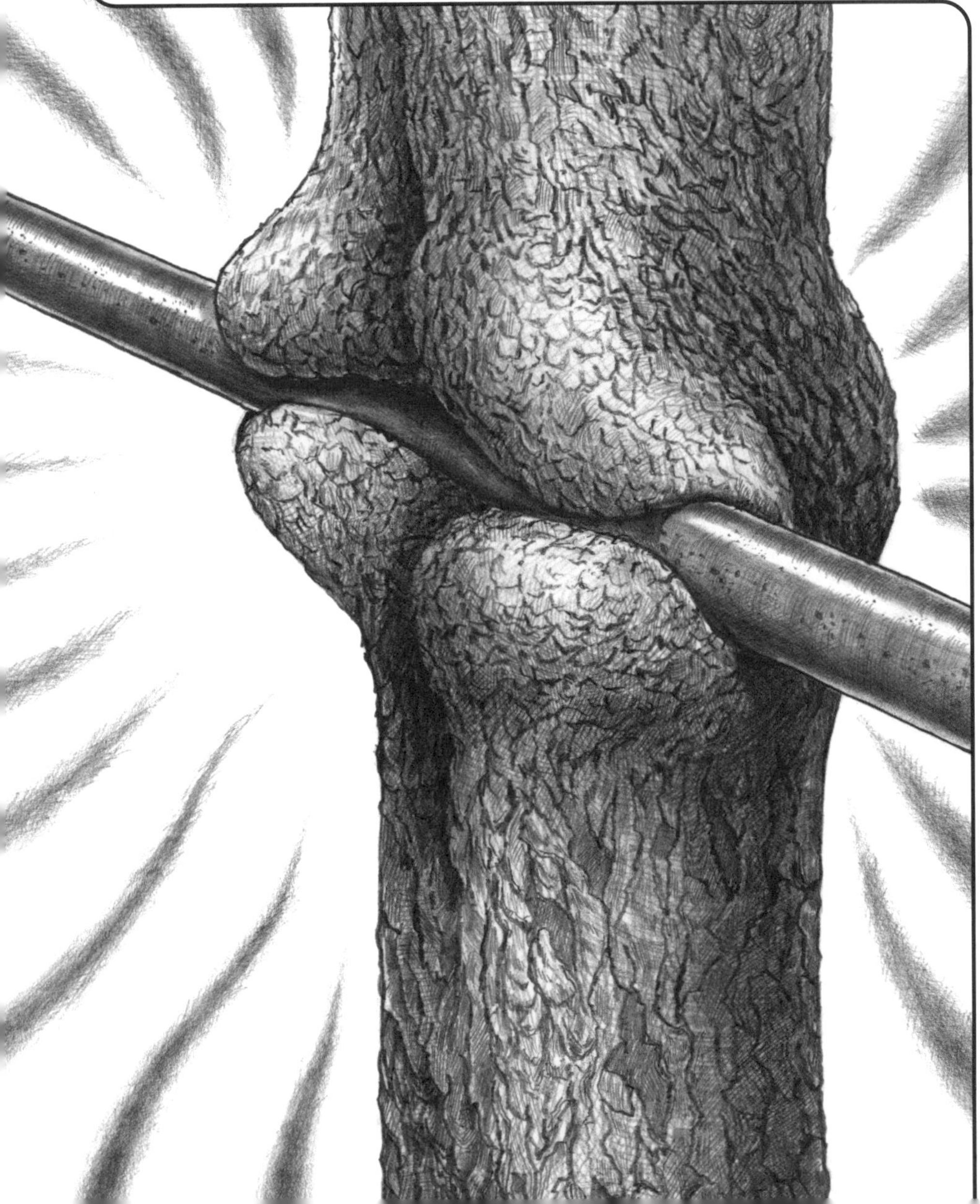

ぎゅむううううう。。
木《き》が柵《さく》を食《た》べてる！
きゃーー！
この道《みち》を歩《ある》くと木《き》に食《く》われるんじゃ…
あら
えええ…
これはすごいね
さわって大丈夫《だいじょうぶ》なんですか!?
大学生《だいがくせい》 木賀《きが》 好美《このみ》

街路樹《がいろじゅ》の生態《せいたい》
これは街路樹《がいろじゅ》が柵《さく》を飲《の》みこんで成長《せいちょう》してしまったのね
木《き》がこんなふうに育《そだ》つんですか!?
それはそうよ木《き》はどんどん自由《じゆう》に育《そだ》つんだから
大変《たいへん》!
放《ほう》っておくと葉《は》がおいしげるのすると風通《かぜとお》しが悪《わる》くなり日光《にっこう》がさえぎられて枝《えだ》が枯《か》れ害虫《がいちゅう》が発生《はっせい》したりするの
樹洞《じゅどう》
だから街路樹《がいろじゅ》は定期的《ていきてき》に手入《てい》れしないと周《まわ》りの人《ひと》たちも困《こま》るの
ちゃんと管理《かんり》しなきゃダメなんですね
これは「樹洞《じゅどう》」ね木《き》の中《なか》がくさって穴《あな》があいているの
穴《あな》が大《おお》きくなって木《き》が弱《よわ》ると倒《たお》れる危険《きけん》があるわ
すごい穴《あな》!秘密基地《ひみつきち》にしたい!
うわ!人間《にんげん》の顔《かお》みたい!!
それは細菌《さいきん》やカビの仲間《なかま》が入《はい》りこんで「こぶ病《びょう》」になってしまった木《き》ね
こぶ病《びょう》
根《ね》っこが歩道《ほどう》をおしあげているの放《ほう》っておくと人《ひと》がつまずいて危険《きけん》なの
地面《じめん》がもり上《あ》がってる!
根上《ねあ》がり

街《がい》路《ろ》樹《じゅ》

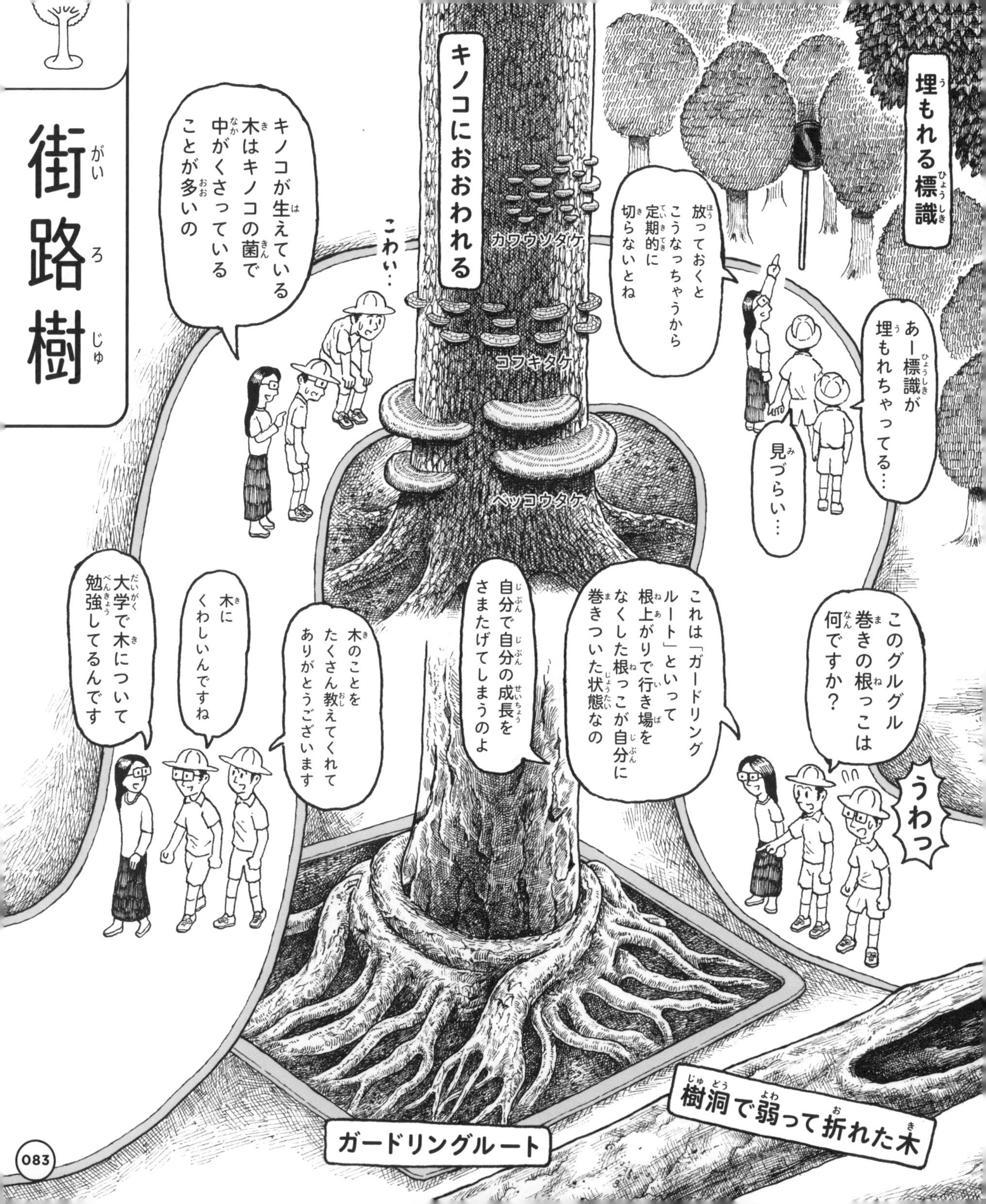

埋《う》もれる標識《ひょうしき》
あー標識《ひょうしき》が埋《う》もれちゃってる…
見《み》づらい…
放《ほう》っておくとこうなっちゃうから定期的《ていきてき》に切《き》らないとね
キノコにおおわれる
カワウソタケ
コフキタケ
ベッコウタケ
こわい…
キノコが生《は》えている木《き》はキノコの菌《きん》で中《なか》がくさっていることが多《おお》いの
このグルグル巻《ま》きの根《ね》っこは何《なん》ですか？
うわっ
これは「ガードリングルート」といって根上《ねあ》がりで行《い》き場《ば》をなくした根《ね》っこが自分《じぶん》に巻《ま》きついた状態《じょうたい》なの
自分《じぶん》で自分《じぶん》の成長《せいちょう》をさまたげてしまうのよ
木《き》のことをたくさん教《おし》えてくれてありがとうございます
木《き》にくわしいんですね
大学《だいがく》で木《き》について勉強《べんきょう》してるんです
ガードリングルート
樹洞《じゅどう》で弱《よわ》って折《お》れた木《き》

住宅街《じゅうたくがい》に出現《しゅつげん》した超巨大《ちょうきょだい》ヘビ

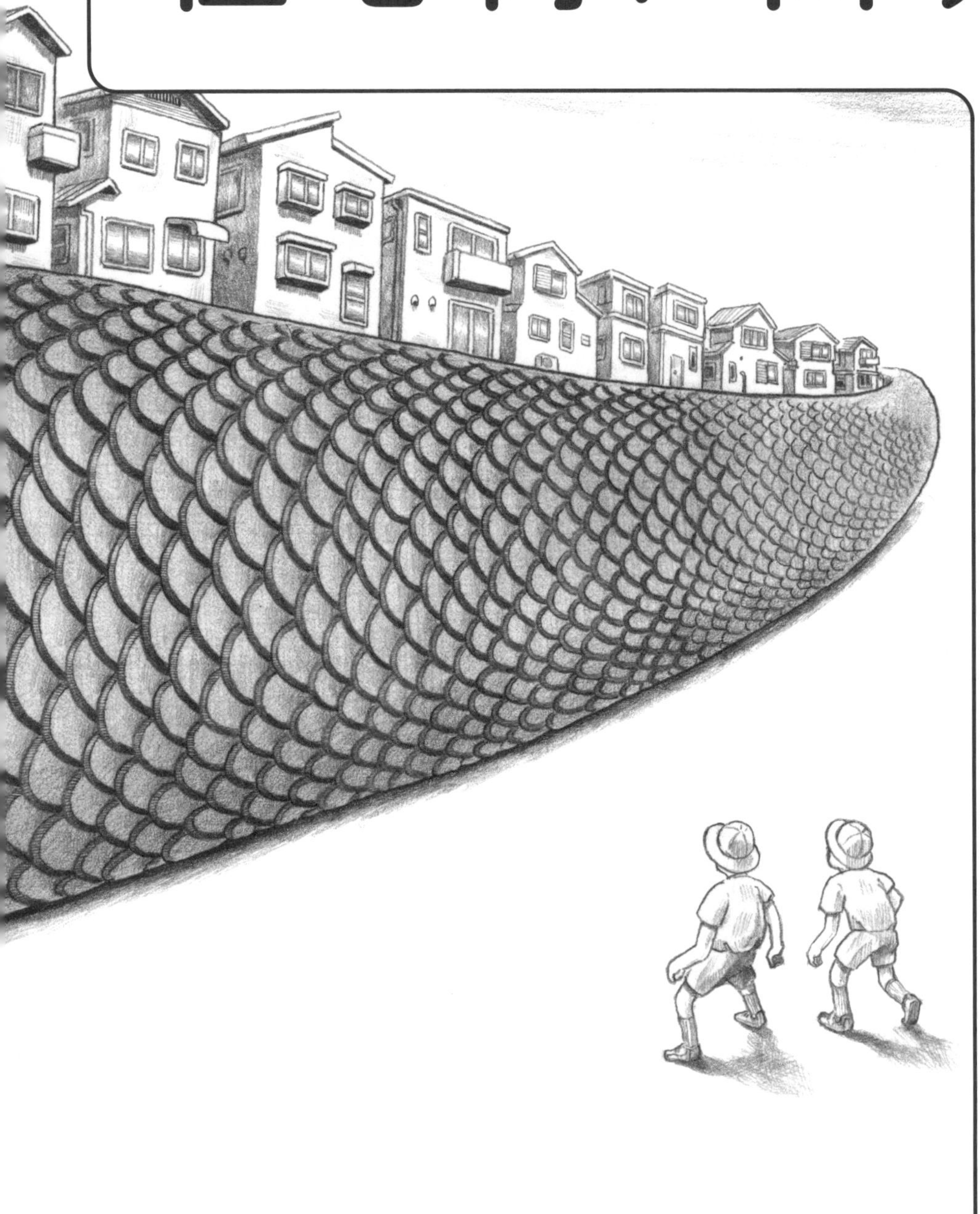

これ…ヘビじゃないか!?
ずどーん
ウロコでっか!!
あれ でもウロコとは違《ちが》うような…?
なんか固《かた》くてザラザラしてる?
擁壁《ようへき》に興味《きょうみ》があるのかい?
建築《けんちく》マニア
壁野《かべの》 麻仁夫《まにお》

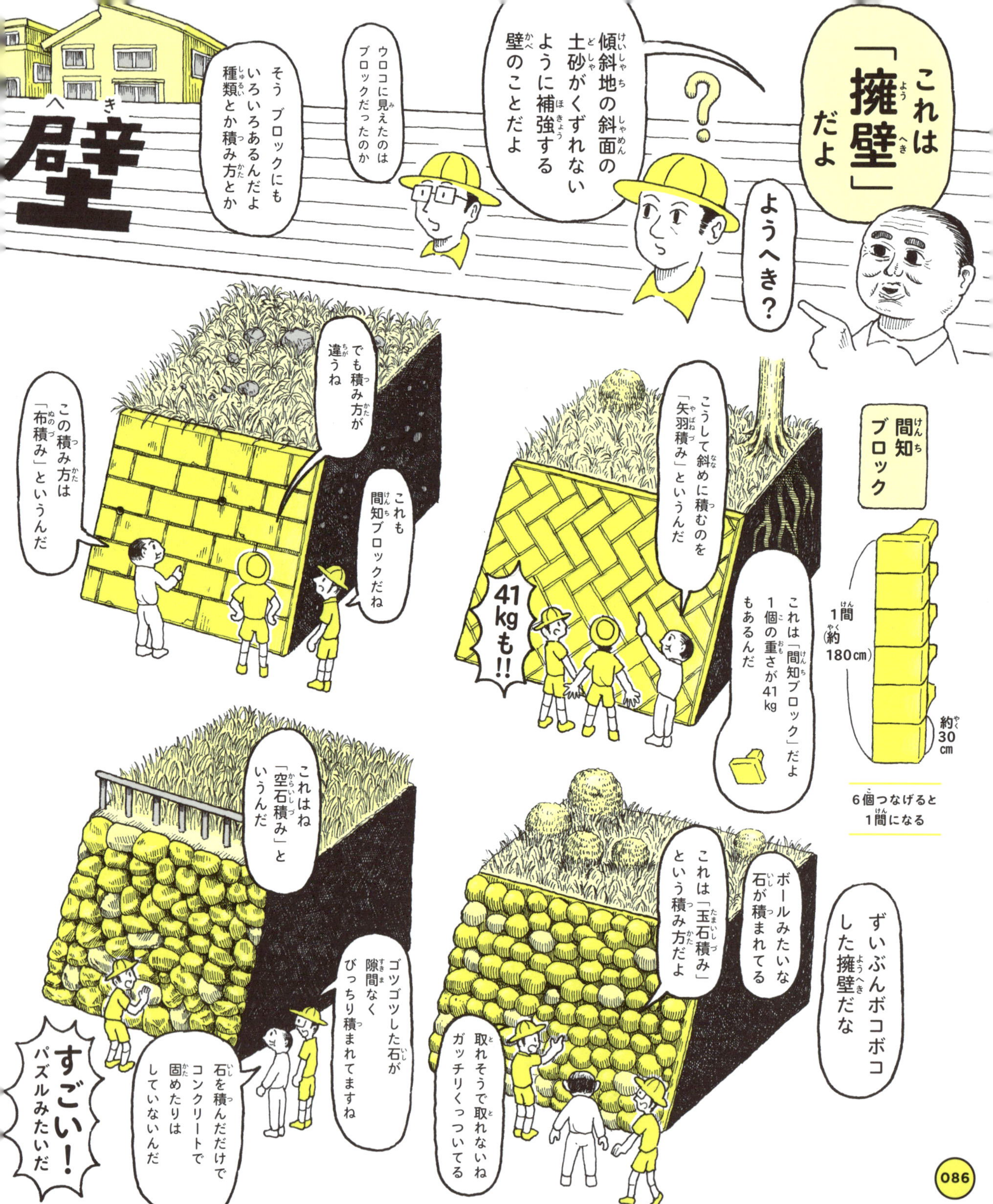

壁《へき》
これは「擁《よう》壁《へき》」だよ
ようへき？
傾斜地《けいしゃち》の斜面《しゃめん》の土砂《どしゃ》がくずれないように補強《ほきょう》する壁《かべ》のことだよ
ウロコに見《み》えたのはブロックだったのか
そう ブロックにもいろいろあるんだよ 種類《しゅるい》とか積《つ》み方《かた》とか
間知《けんち》ブロック
1間《けん》（約《やく》180㎝）
約《やく》30㎝
6個《こ》つなげると1間《けん》になる
こうして斜《なな》めに積《つ》むのを「矢羽積《やばねづ》み」というんだ
これは「間知《けんち》ブロック」だよ 1個《こ》の重《おも》さが41kgもあるんだ
41kgも!!
でも積《つ》み方《かた》が違《ちが》うね
これも間知《けんち》ブロックだね
この積《つ》み方《かた》は「布積《ぬのづ》み」というんだ
ずいぶんボコボコした擁壁《ようへき》だな
ボールみたいな石《いし》が積《つ》まれてる
これは「玉石積《たまいしづ》み」という積《つ》み方《かた》だよ
取《と》れそうで取《と》れないガッチリくっついてる
これはね「空石積《からいしづ》み」というんだ
ゴツゴツした石《いし》が隙間《すきま》なくびっちり積《つ》まれてますね
石《いし》を積《つ》んだだけでコンクリートで固《かた》めたりはしていないんだ
すごい！パズルみたいだ

いろいろな擁《よう》

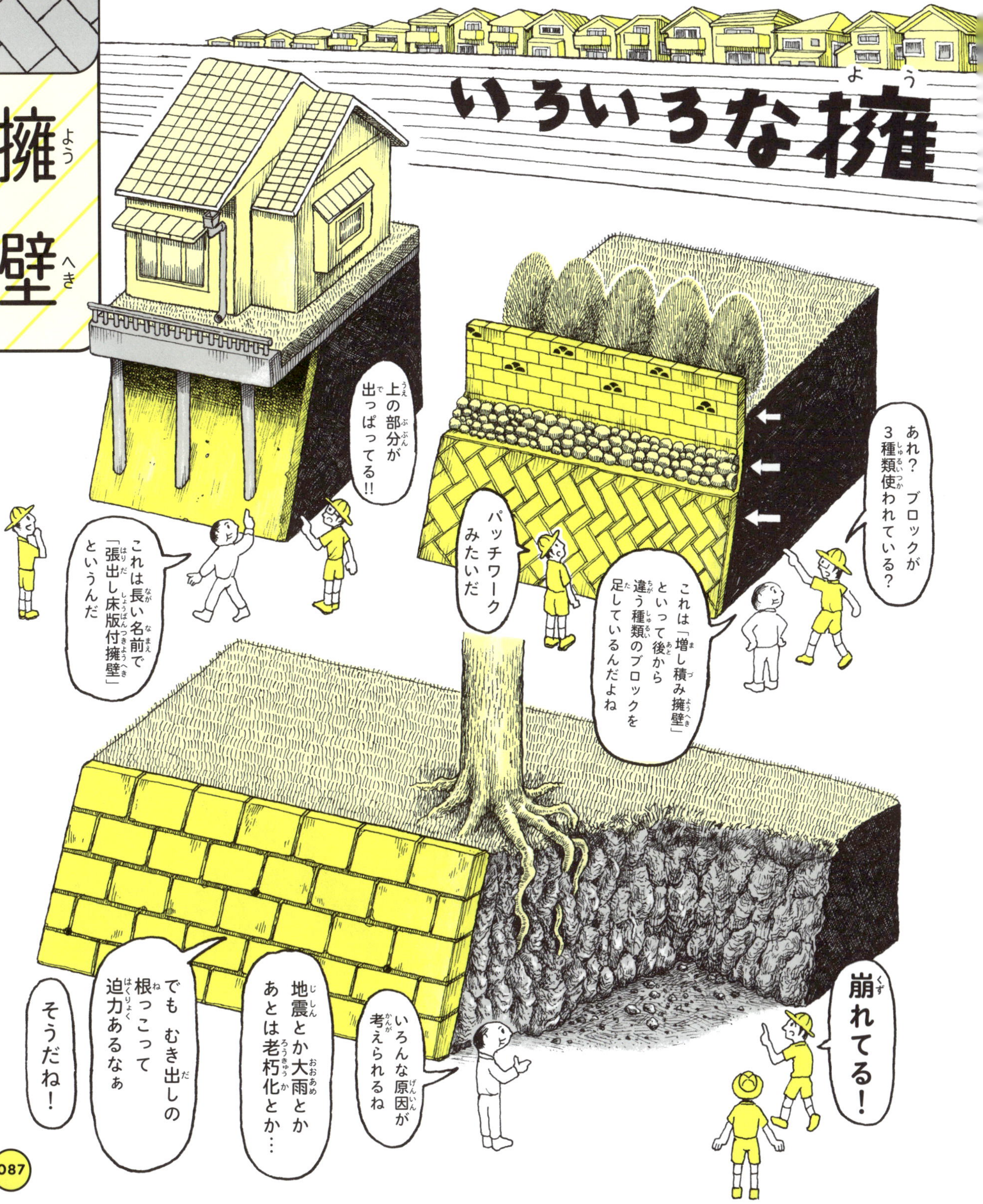
上《うえ》の部分《ぶぶん》が出《で》っぱってる!!
これは長《なが》い名前《なまえ》で「張出《はりだ》し床版付擁壁《しょうばんつきようへき》」というんだ
あれ? 3種類《しゅるい》のブロックが使《つか》われている?
これは「増《ま》し積《づ》み擁壁《ようへき》」といって後《あと》から違《ちが》う種類《しゅるい》のブロックを足《た》しているんだよね
パッチワークみたいだ
崩《くず》れてる!
いろんな原因《げんいん》が考《かん》えられるね
地震《じしん》とか大雨《おおあめ》とかあとは老朽化《ろうきゅうか》とか…
でも むき出《だ》しの根《ね》っこって迫力《はくりょく》あるなぁ
そうだね!

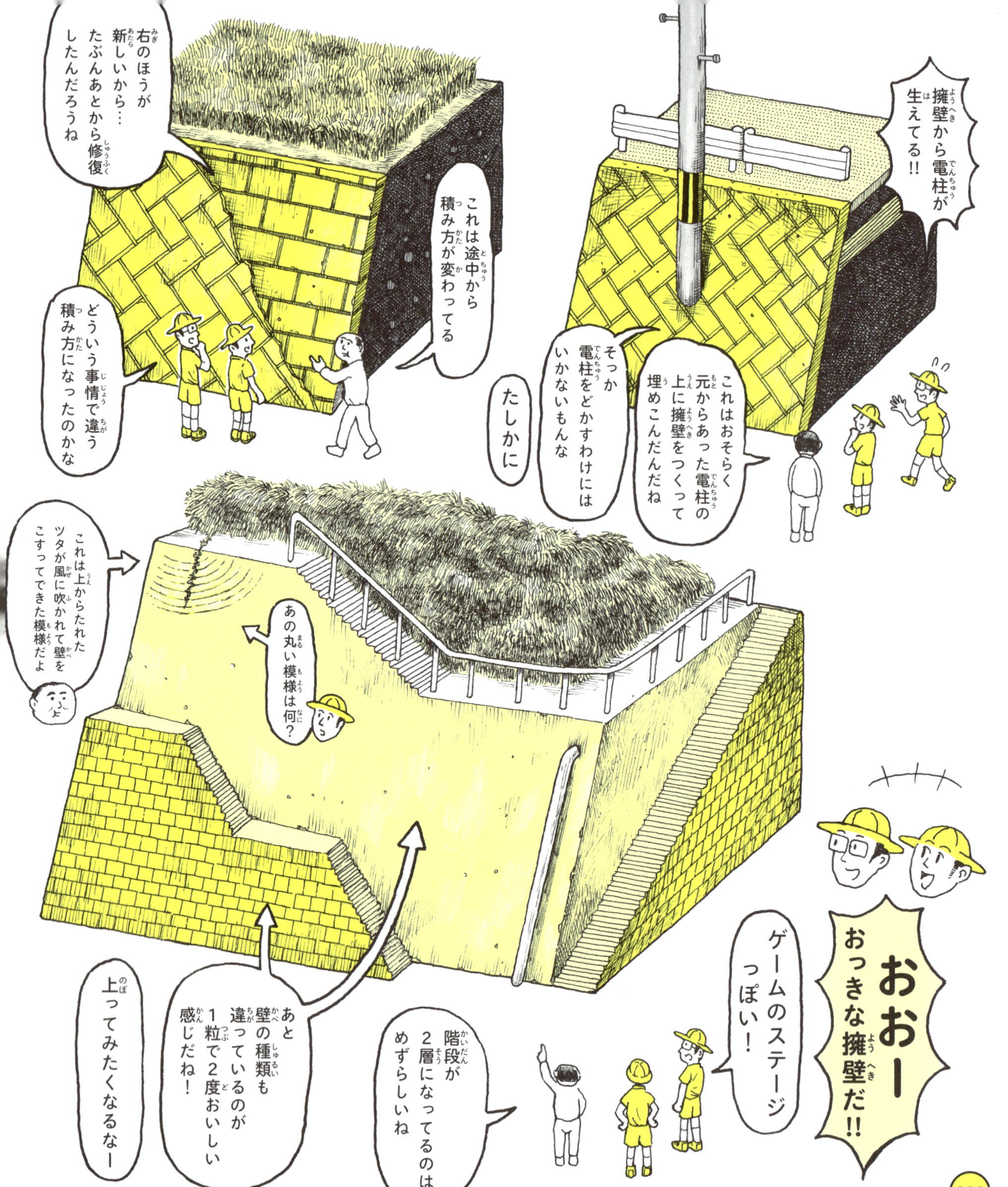

擁壁《ようへき》から電柱《でんちゅう》が生《は》えてる!!
これはおそらく元《もと》からあった電柱《でんちゅう》の上《うえ》に擁壁《ようへき》をつくって埋《う》めこんだんだね
そっか電柱《でんちゅう》をどかすわけにはいかないもんな
たしかに
これは途中《とちゅう》から積《つ》み方《かた》が変《か》わってる
右《みぎ》のほうが新《あたら》しいから…たぶんあとから修復《しゅうふく》したんだろうね
どういう事情《じじょう》で違《ちが》う積《つ》み方《かた》になったのかな
おおーおっきな擁壁《ようへき》だ!!
ゲームのステージっぽい!
階段《かいだん》が2層《そう》になってるのはめずらしいね
あと壁《かべ》の種類《しゅるい》も違《ちが》っているのが1粒《つぶ》で2度《ど》おいしい感《かん》じだね!
上《のぼ》ってみたくなるなー
あの丸《まる》い模様《もよう》は何《なに》?
これは上《うえ》からたれたツタが風《かぜ》に吹《ふ》かれて壁《かべ》をこすってできた模様《もよう》だよ

擁《よう》壁《へき》

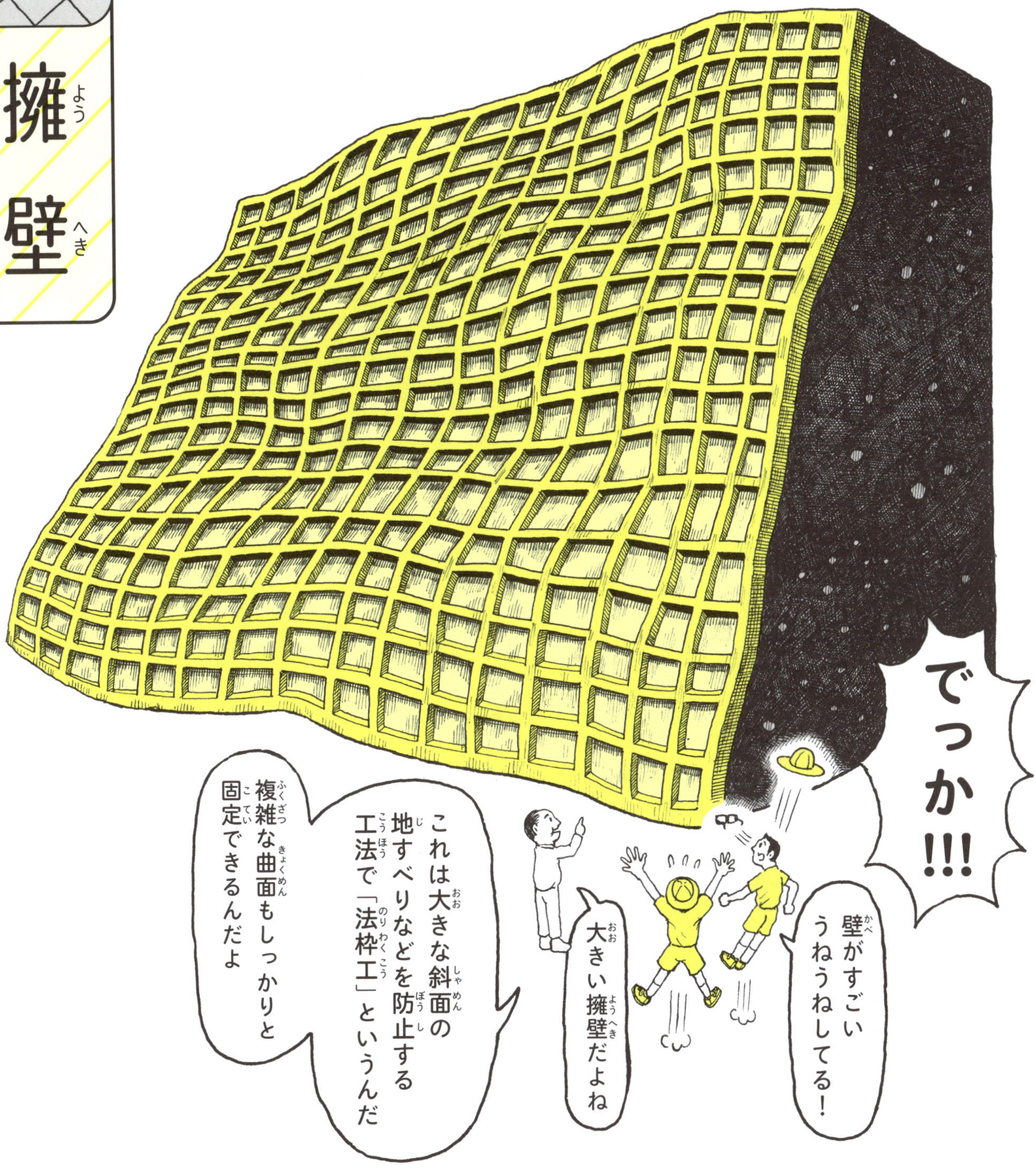
でっか!!!
壁《かべ》がすごいうねうねしてる!
大《おお》きい擁《よう》壁《へき》だよね
これは大《おお》きな斜面《しゃめん》の地《じ》すべりなどを防止《ぼうし》する工法《こうほう》で「法《のり》枠《わく》工《こう》」というんだ
複雑《ふくざつ》な曲面《きょくめん》もしっかりと固定《こてい》できるんだよ

ビルに隠《かく》された恐《きょう》竜《りゅう》の食《しょく》糧《りょう》!?

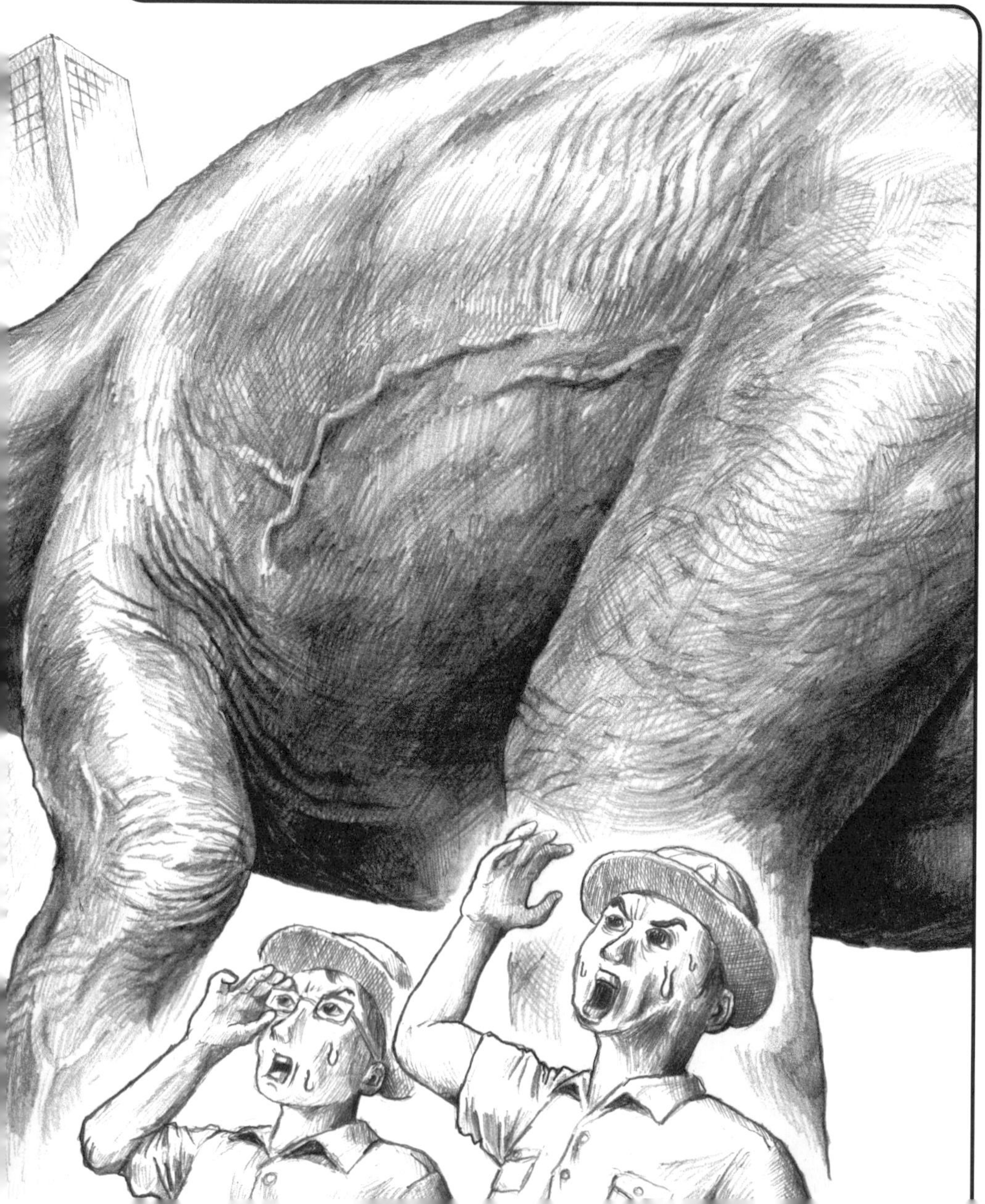

遠《とお》くのビルの上《うえ》にあんなに植物《しょくぶつ》が!
モサー…
なんで!?
モシャ
モシャ
恐竜《きょうりゅう》の食糧《しょくりょう》なんじゃ…
で、でも恐竜《きょうりゅう》は絶滅《ぜつめつ》したはずでは…
屋上《おくじょう》の植物《しょくぶつ》に興味《きょうみ》あるのかい?
君《きみ》たち
不動産業《ふどうさんぎょう》 上野《うえの》 緑《みどり》

うわ
屋上《おくじょう》が森《もり》だ！
せっかくだから屋上《おくじょう》を見《み》せてあげよう
ハハハすごいだろう
このビルは「屋上緑化《おくじょうりょくか》」をしているんだよ屋上《おくじょう》に植物《しょくぶつ》を植《う》えると気温《きおん》が下《さ》がり、ヒートアイランド現象《げんしょう》をおさえられるんだ
①植物《しょくぶつ》から水蒸気《すいじょうき》が出《で》る
水蒸気《すいじょうき》でヒンヤリ！
②建物《たてもの》や周《まわ》りの空《くう》気《き》が冷《ひ》やされて温度《おんど》が下《さ》がる
ヒートアイランド現象《げんしょう》？
うん アスファルトやコンクリートが熱《ねつ》をためこんだり自動車《じどうしゃ》やエアコンの室外機《しつがいき》から出《で》る排熱《はいねつ》などで都心《としん》の気温《きおん》が高《たか》くなることだよ
次《つぎ》はこっちだ！

屋上緑化《おくじょうりょくか》

街《まち》の中《なか》に猛獣《もうじゅう》が脱《だっ》走《そう》したか!?

これは何《なに》に使《つか》うものですかね?
これ…動物《どうぶつ》のオリじゃないか…?
キョロ
キョロ
でも中《なか》に何《なに》もいない…ということは…
猛獣《もうじゅう》が脱走《だっそう》してるかも!
ごみ捨《す》て場《ば》で何《なに》を騒《さわ》いでるの?
え?
ごみ収集職員《しゅうしゅうしょくいん》
五味《ごみ》 集太郎《しゅうたろう》

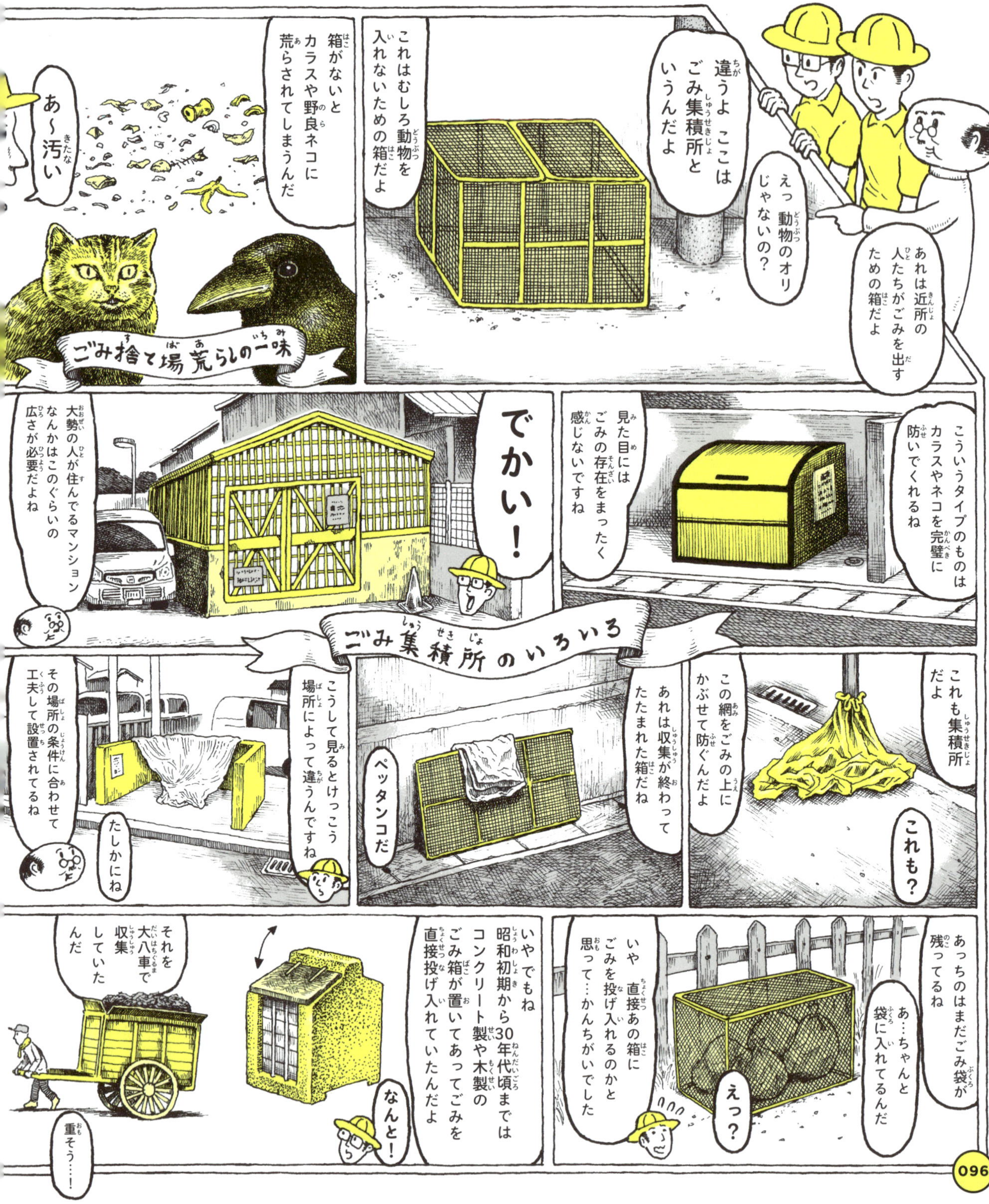

あれは近所《きんじょ》の人《ひと》たちがごみを出《だ》すための箱《はこ》だよ
えっ 動物《どうぶつ》のオリじゃないの？
違《ちが》うよ ここはごみ集積所《しゅうせきじょ》というんだよ
これはむしろ動物《どうぶつ》を入《い》れないための箱《はこ》だよ
箱《はこ》がないとカラスや野良《のら》ネコに荒《あ》らされてしまうんだ
あ〜汚《きたな》い
ごみ捨《す》て場《ば》荒《あ》らしの一味《いちみ》
こういうタイプのものはカラスやネコを完璧《かんぺき》に防《ふせ》いでくれるね
見《み》た目《め》にはごみの存在《そんざい》をまったく感《かん》じないですね
でかい！
大勢《おおぜい》の人《ひと》が住《す》んでるマンションなんかはこのぐらいの広《ひろ》さが必要《ひつよう》だよね
ごみ集積所《しゅうせきじょ》のいろいろ
これも集積所《しゅうせきじょ》だよ
これも？
この網《あみ》をごみの上《うえ》にかぶせて防《ふせ》ぐんだよ
あれは収集《しゅうしゅう》が終《お》わってたたまれた箱《はこ》だね
ペッタンコだ
こうして見《み》るとけっこう場所《ばしょ》によって違《ちが》うんですね
その場所《ばしょ》の条件《じょうけん》に合《あ》わせて工夫《くふう》して設置《せっち》されてるね
たしかにね
あっちのはまだごみ袋《ぶくろ》が残《のこ》ってるね
あ…ちゃんと袋《ふくろ》に入《い》れてるんだ
いや 直接《ちょくせつ》あの箱《はこ》にごみを投《な》げ入《い》れるのかと思《おも》って…かんちがいでした
えっ？
いやでもね昭和初期《しょうわしょき》から30年代頃《ねんだいごろ》まではコンクリート製《せい》や木製《もくせい》のごみ箱《ばこ》が置《お》いてあってごみを直接投《ちょくせつな》げ入《い》れていたんだよ
なんと！
それを大八車《だいはちぐるま》で収集《しゅうしゅう》していたんだ
重《おも》そう…！

今《いま》はごみ収集車《しゅうしゅうしゃ》で運《はこ》んでいるんだよ
大八車《だいはちぐるま》よりはるかに大《おお》きいですね
ちなみに私《わたし》もごみ収集《しゅうしゅう》の仕事《しごと》をしてるんだよ
そうだったんですね！
へえー!!
でも私《わたし》たちがごみを収集《しゅうしゅう》しなかったら街《まち》はあっという間《ま》にごみであふれてしまうから
大変《たいへん》だけどとても大事《だいじ》な仕事《しごと》だと思《おも》ってるよ
本当《ほんとう》にそうですね！
何《なに》が大変《たいへん》ですか？
生《なま》ごみの80%は水分《すいぶん》
そうだね ぬれた生《なま》ごみはものすごく重《おも》いし…
ごみの中《なか》に串《くし》や針《はり》があって手《て》にささりそうになったりもするね
こわい!!
だから私《わたし》ら作業員《さぎょういん》は破傷風《はしょうふう》の予防接種《よぼうせっしゅ》をしているんだ
ごみの中《なか》にスプレー缶《かん》やリチウム電池《でんち》が入《はい》っていると車両火災《しゃりょうかさい》になることも
危《あぶ》ない!!
ごみ収集車《しゅうしゅうしゃ》は1台《だい》約《やく》500万円《まんえん》するから大損害《だいそんがい》だよ
ブシャッ
ごみがつぶれて液体《えきたい》がとぶこともある
本当《ほんとう》に危険《きけん》と隣《とな》り合《あ》わせですね…
そうだね
ごみってすごくたくさん出《で》るんですか？
多《おお》いねー！
たとえばね……
ごみ

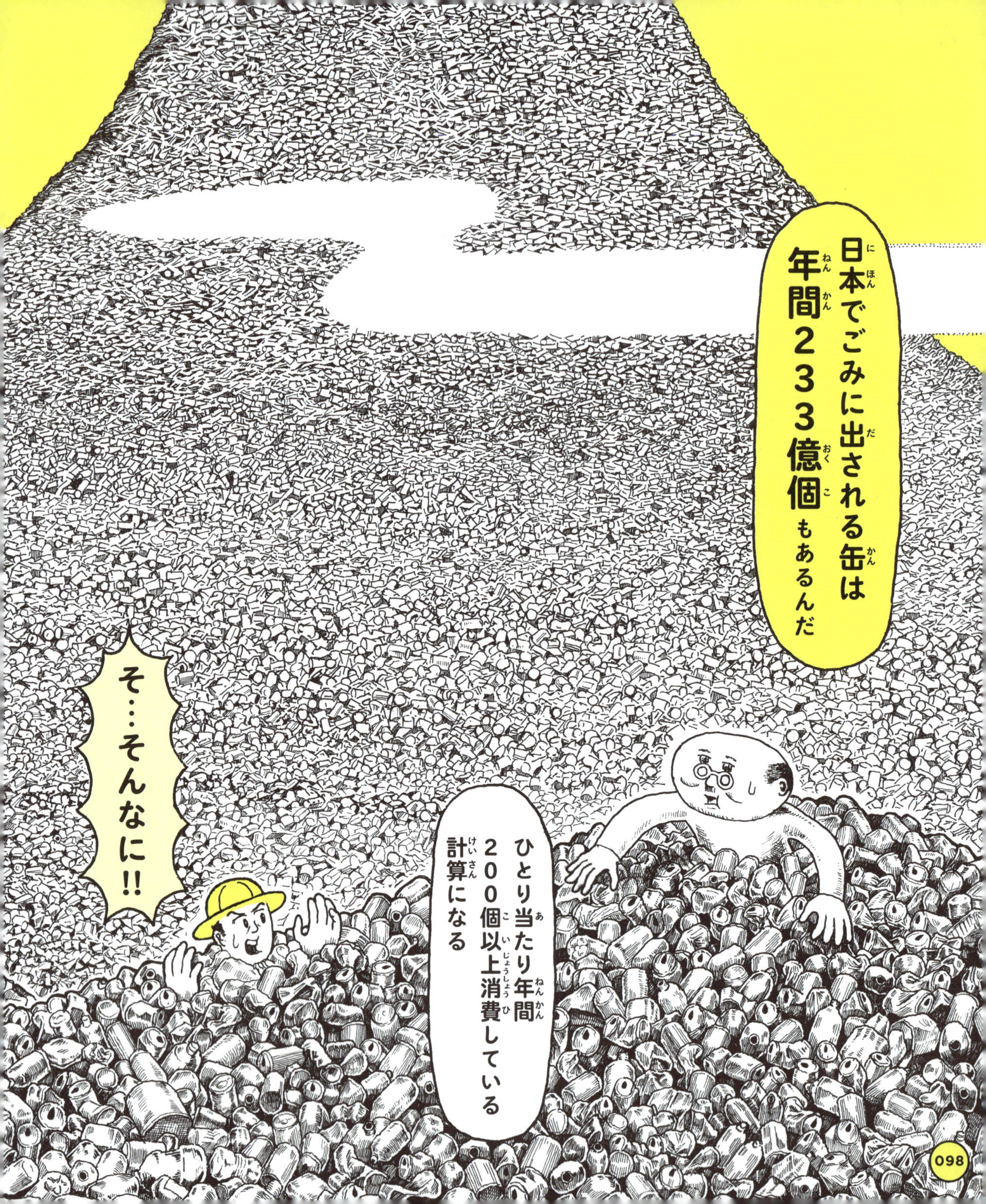
日本《にほん》でごみに出《だ》される缶《かん》は年間《ねんかん》233億《おく》個《こ》もあるんだ
ひとり当《あ》たり年間《ねんかん》200個《こ》以上《いじょう》消費《しょうひ》している計算《けいさん》になる
そ…そんなに!!

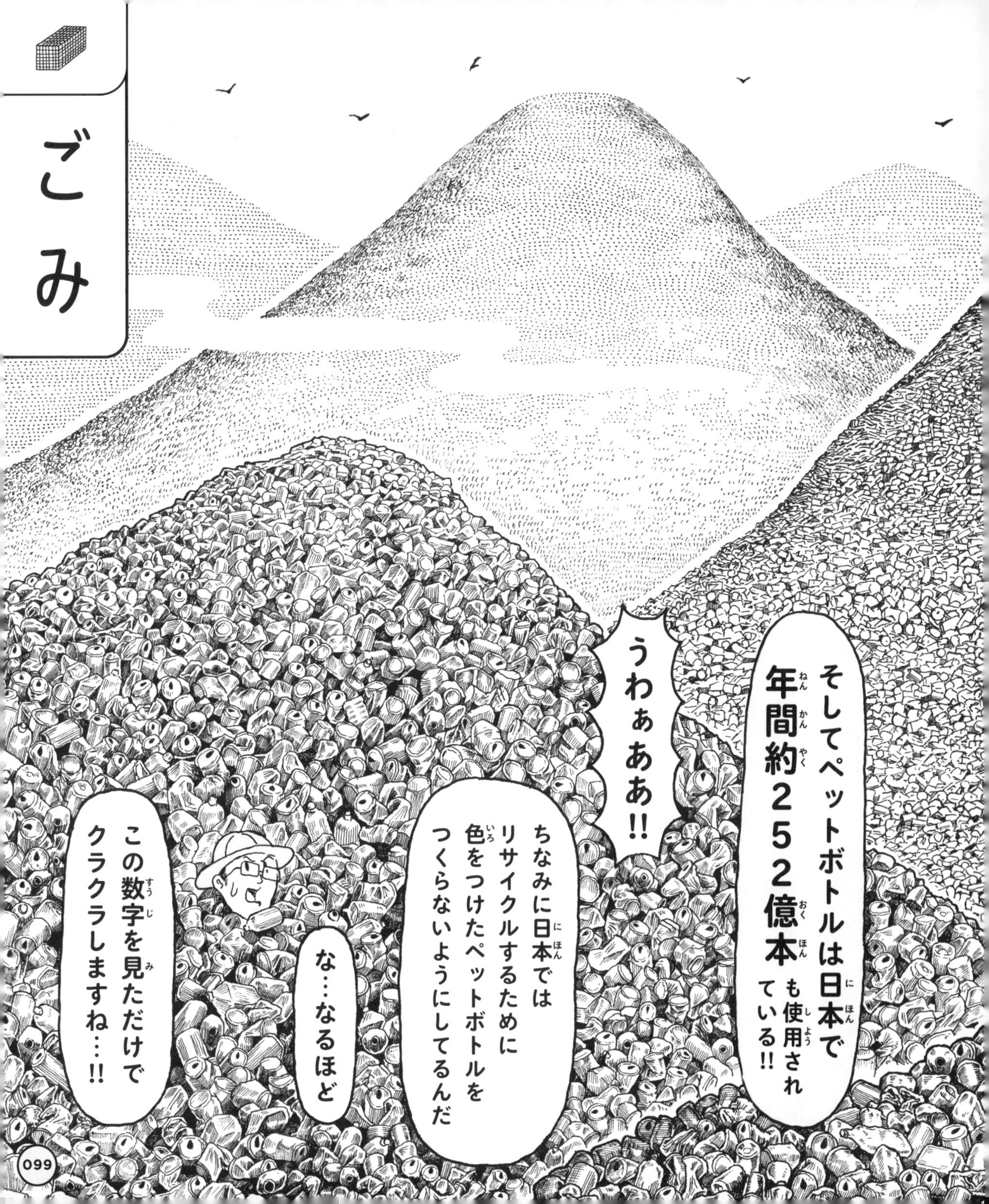
そして ペットボトルは日本《にほん》で年間《ねんかん》約《やく》252億《おく》本《ほん》も使用《しよう》されている!!
うわぁああ!!
ちなみに日本《にほん》ではリサイクルするために色《いろ》をつけたペットボトルをつくらないようにしてるんだ
な…なるほど
この数字《すうじ》を見《み》ただけでクラクラしますね…!!

「粗大《そだい》」とは…いったい何《なん》なんだ…？

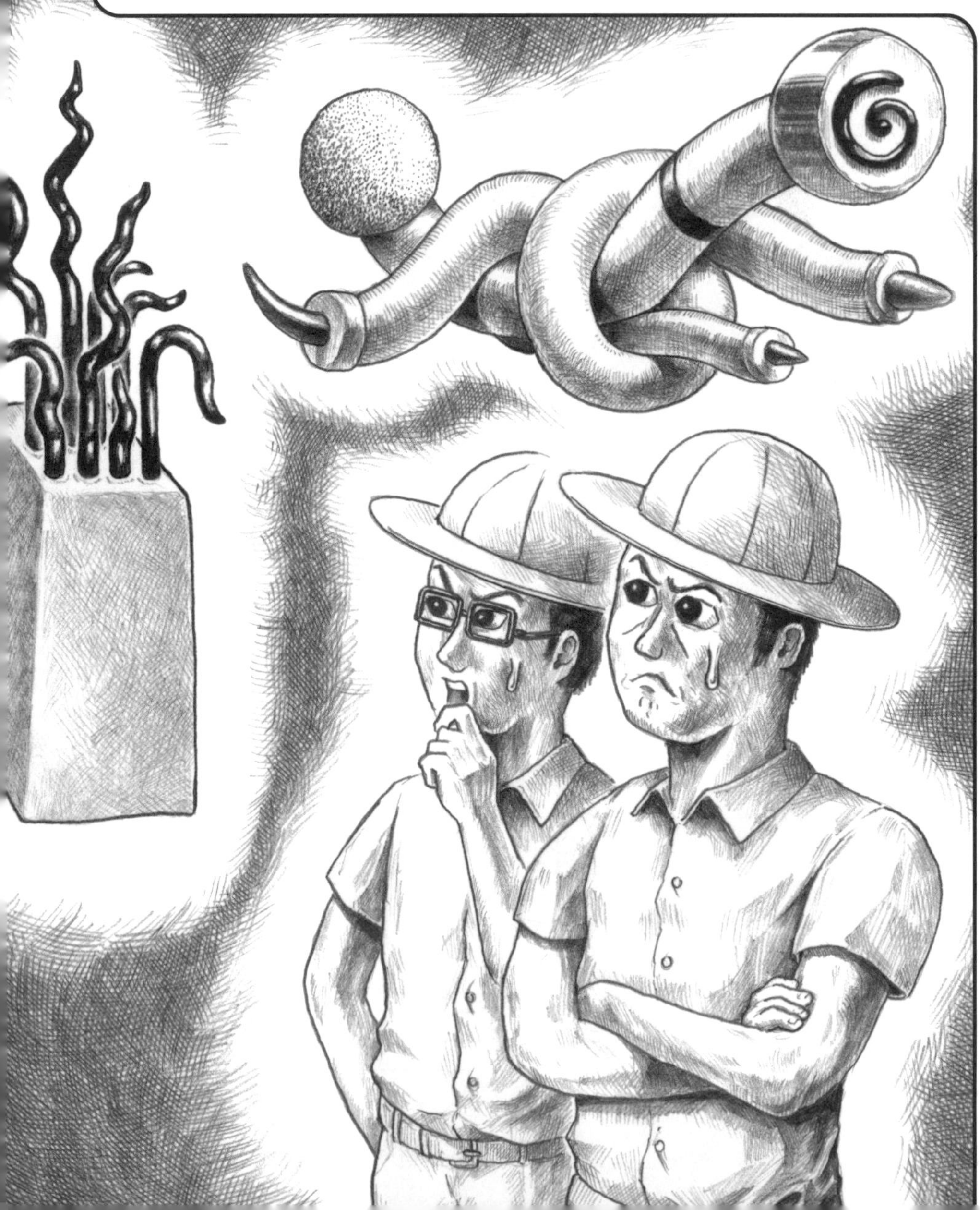

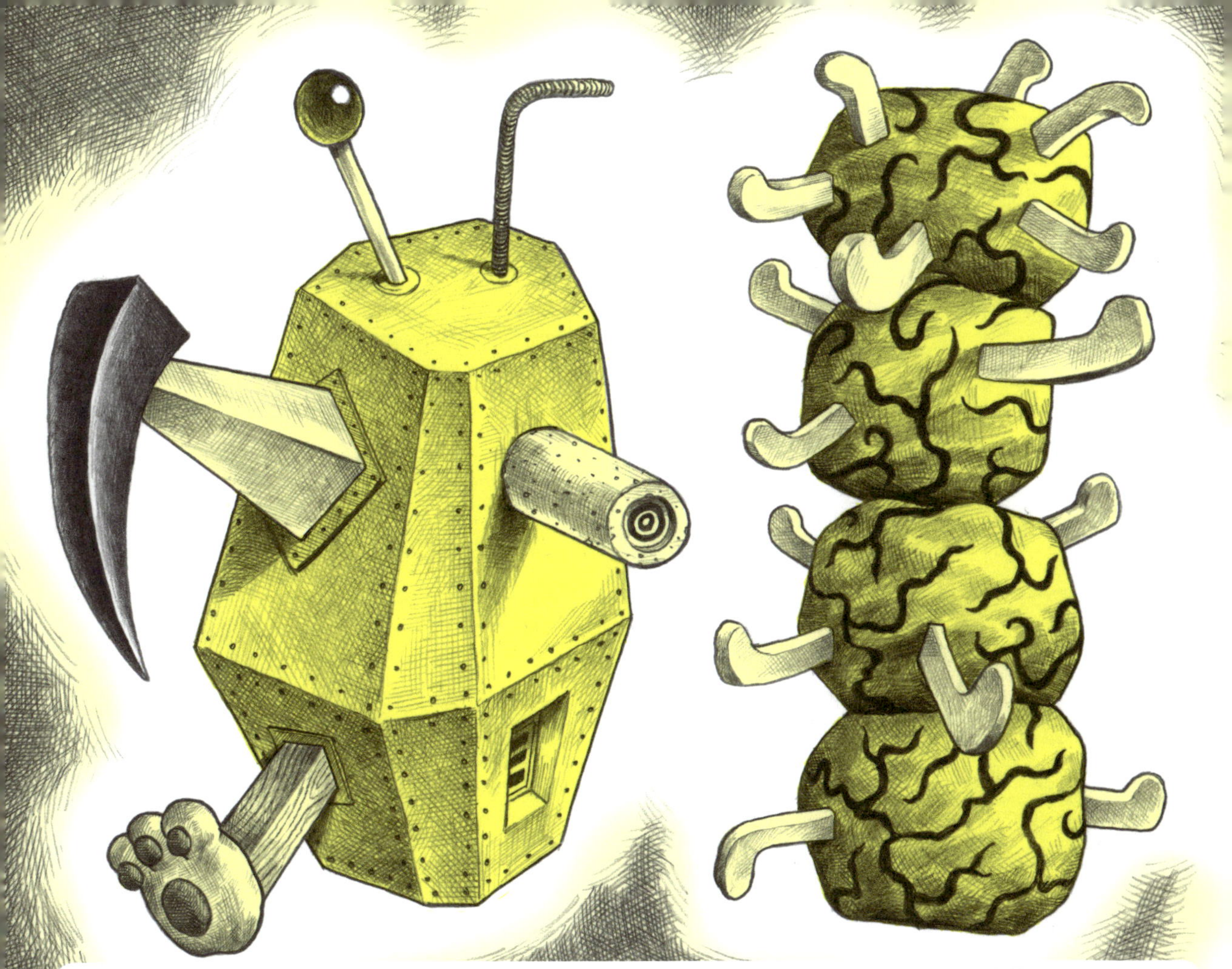

粗大ゴミは各自で処分をお願いします
この粗大《そだい》って何《なん》でしょうね？
うーん…
大《おお》きい＋粗《あら》い
こういうのかな？
何《なん》ですかコレは？
粗大《そだい》ごみならあっちに出《で》てるから見《み》てみる？
え 本当《ほんとう》ですか？

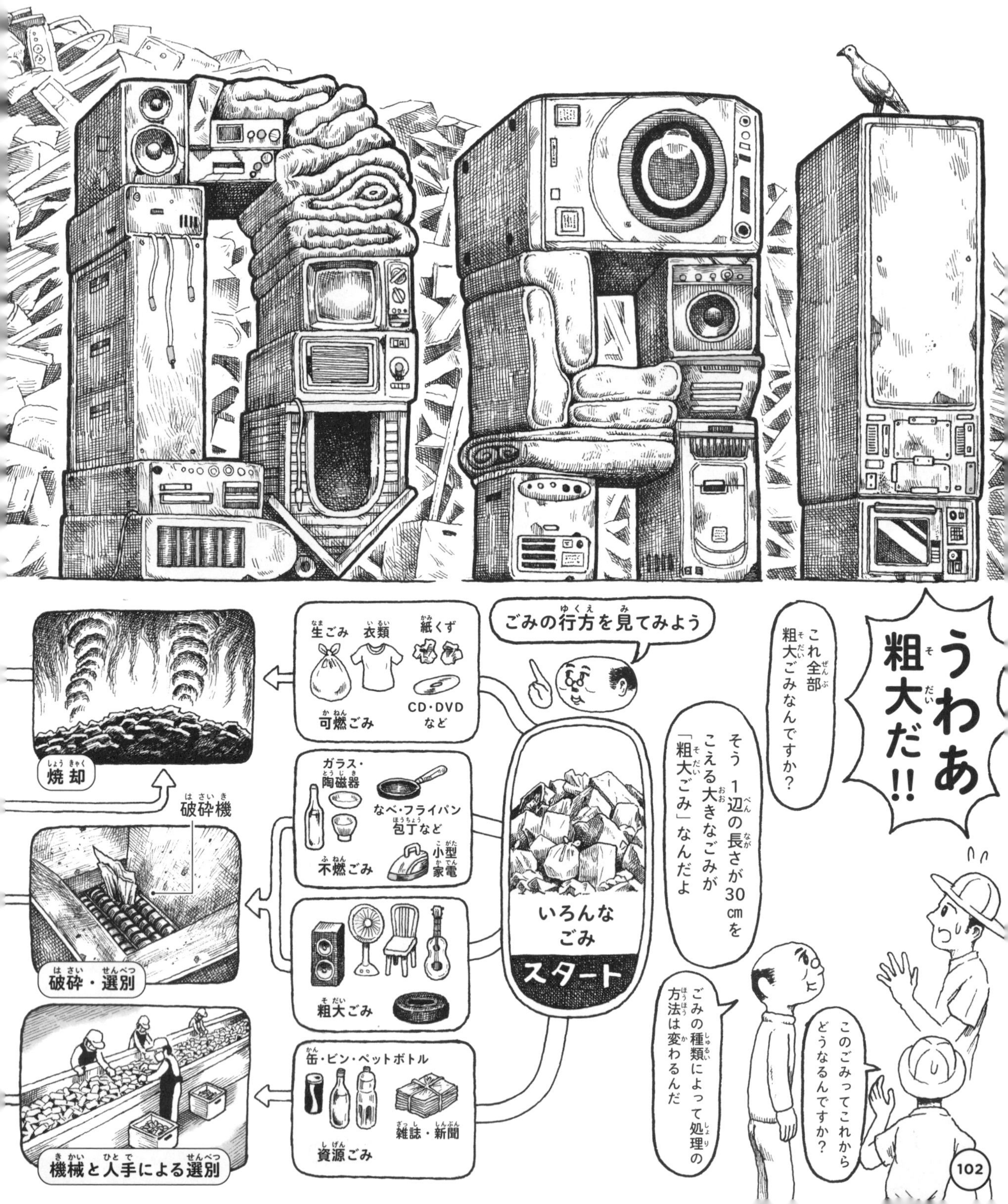

うわあ粗大《そだい》だ!!
これ全部《ぜんぶ》粗大《そだい》ごみなんですか?
そう 1辺《ぺん》の長《なが》さが30㎝をこえる大《おお》きなごみが「粗大《そだい》ごみ」なんだよ
このごみってこれからどうなるんですか?
ごみの種類《しゅるい》によって処理《しょり》の方法《ほうほう》は変《か》わるんだ
ごみの行方《ゆくえ》を見《み》てみよう
いろんなごみ
スタート
生《なま》ごみ
衣類《いるい》
紙《かみ》くず
CD・DVDなど
可燃《かねん》ごみ
焼却《しょうきゃく》
ガラス・陶磁器《とうじき》
なべ・フライパン包丁《ほうちょう》など
小型《こがた》家電《かでん》
不燃《ふねん》ごみ
粗大《そだい》ごみ
破砕機《はさいき》
破砕《はさい》・選別《せんべつ》
缶《かん》・ビン・ペットボトル
雑誌《ざっし》・新聞《しんぶん》
資源《しげん》ごみ
機械《きかい》と人手《ひとで》による選別《せんべつ》

粗《そ》大《だい》ごみ

最《さい》終《しゅう》処《しょ》分《ぶん》場《じょう》
残《のこ》り約《やく》20年《ねん》
最後《さいご》は埋《う》めるんですか？
そう だけど埋《う》め立《た》て地《ち》には限《かぎ》りがあって ※約《やく》20年後《ねんご》には全国《ぜんこく》の埋《う》め立《た》て場所《ばしょ》がいっぱいになるといわれてるんだ
ごみの量《りょう》を減《へ》らしていかないと…
そうだね！
埋《う》め立《た》て
焼却灰《しょうきゃくばい》
可燃残渣《かねんざんさ》
不燃残渣《ふねんざんさ》
※残渣《ざんさ》：残《のこ》りかす
カレット（ガラス）
フレーク（プラスチック）
アルミニウム地金《じがね》（アルミ）
資源《しげん》
※2020年《ねん》のデータ

UFO《ユーフォー》に半《はん》分《ぶん》だけさらわれた車《くるま》？

うわっ
半分《はんぶん》しかない車《くるま》があるぞ!!
ん?
異星人《いせいじん》に持《も》っていかれたのか?
こ、この車《くるま》はいったい何《なん》ですか?
これは軽《けい》トラだけど?
トラック運転手《うんてんしゅ》
軽野《けいの》　寅夫《とらお》

軽《けい》トラック

軽《けい》トラというのは 軽《けい》トラックの略《りゃく》 軽自動車《けいじどうしゃ》の小型《こがた》 トラックのことさ
トラックっていうとデカい 車《くるま》のイメージがありました
そうかい？ けっこう いろんなところで使《つか》われているよ
当選太郎
選挙《せんきょ》カー
石焼《いしや》きいも販売《はんばい》
タンクローリー
標識車《ひょうしきしゃ》
バキュームカー
ガラス運搬《うんぱん》
値段《ねだん》も手頃《てごろ》で 個人《こじん》で仕事《しごと》に使《つか》うには ちょうどいいんだよ
便利《べんり》なんですねー
ああ サイズが小《ちい》さめだから 狭《せま》い道《みち》や住宅街《じゅうたくがい》でも 小回《こまわ》りがきいて便利《べんり》なんだよ

まだ車中心《くるまちゅうしん》の社会《しゃかい》ではなかったため、道《みち》は舗装《ほそう》されておらず、でこぼこしていた。
戦前《せんぜん》
エンジン
輸入《ゆにゅう》された三輪自動車《さんりんじどうしゃ》にアメリカ製《せい》のエンジンをつけたものが1917年《ねん》に発売《はつばい》された。名称《めいしょう》は……
自《じ》動《どう》下《げ》駄《た》
アメリカ ミルウォーキー出身《しゅっしん》
大阪《おおさか》で大流行《だいりゅうこう》!!
自動下駄
太平洋戦争《たいへいようせんそう》(1941〜1945)
戦争《せんそう》でガソリンが入手《にゅうしゅ》しづらくなり、石炭《せきたん》や薪《まき》を燃料《ねんりょう》にする三輪車《さんりんしゃ》が登場《とうじょう》。
ちなみにこの頃《ころ》にはすでに電気自動車《でんきじどうしゃ》もあった!
1960年代《ねんだい》まではオート三輪《さんりん》とよばれる三輪自動車《さんりんじどうしゃ》が主流《しゅりゅう》だったんだ
三輪《さんりん》!?
昔《むかし》は四輪車《よんりんしゃ》が高《たか》くて一部《いちぶ》の人《ひと》や企業《きぎょう》しか買《か》えなかったのさ
戦後《せんご》
1950年代後半《ねんだいこうはん》から安価《あんか》な四輪小型《よんりんこがた》トラックが登場《とうじょう》し、三輪車《さんりんしゃ》の人気《にんき》が低下《ていか》していく。
俺《おれ》の時代《じだい》は終《お》わった…
1957年《ねん》
オート三輪《さんりん》の販売数《はんばいすう》が四輪小型《よんりんこがた》トラックに逆転《ぎゃくてん》される。買《か》いかえで四輪車《よんりんしゃ》に乗《の》る人《ひと》が増《ふ》えた。
軽《けい》トラックが市場《しじょう》の主流《しゅりゅう》

屋上《おくじょう》に小型《こがた》宇宙船《うちゅうせん》が襲来《しゅうらい》!?

もしかしてあれは宇宙船《うちゅうせん》じゃないか？
えっ!?
まる見《み》えじゃないですか!!
あっちに撮影《さつえい》してる人《ひと》がいますよ！
地球人《ちきゅうじん》に異星人《いせいじん》の存在《そんざい》がバレちゃう！
おや
君《きみ》たちも給水《きゅうすい》タンク好《す》き？
カメラマン
水《みず》上《かみ》　溜《る》美《み》

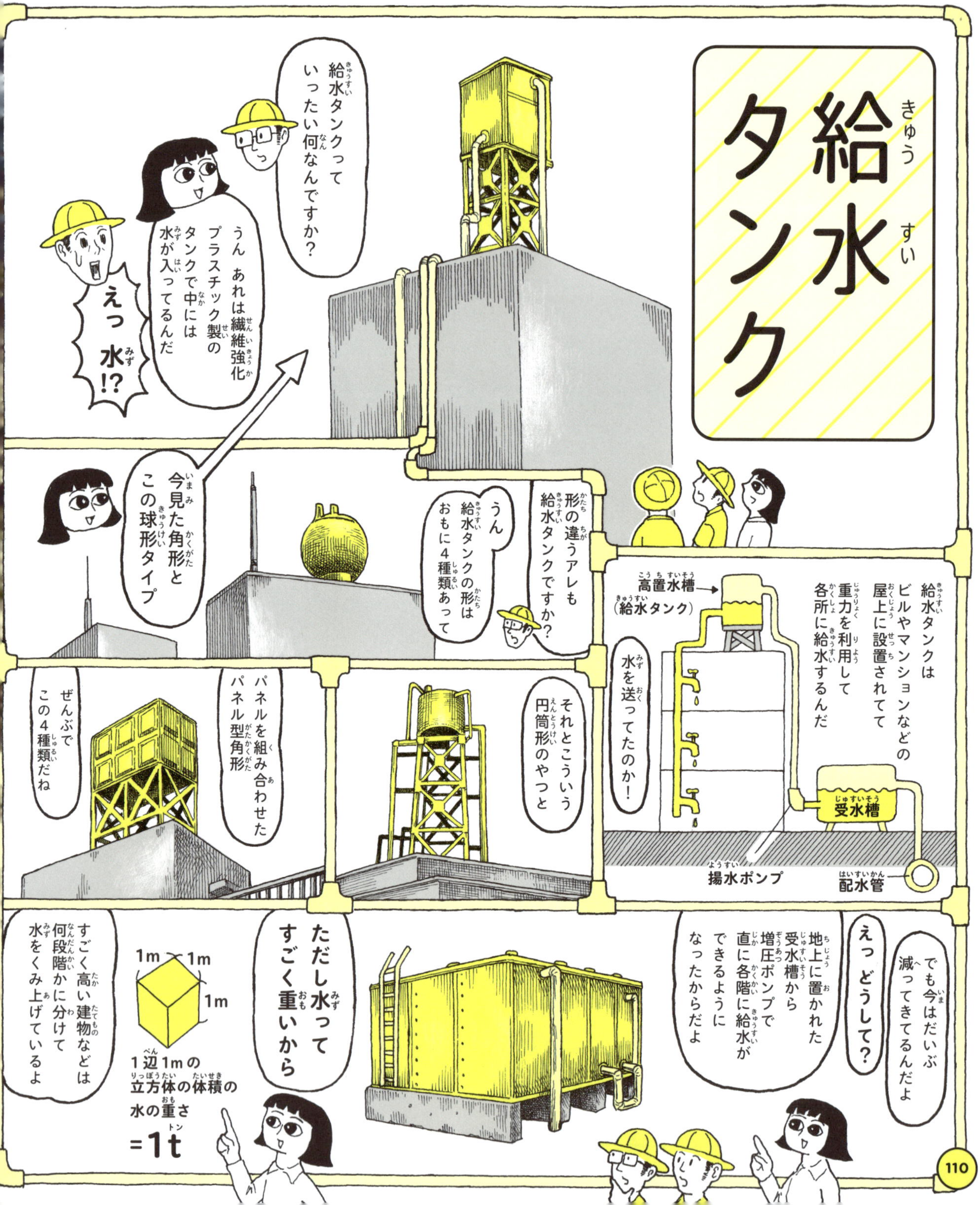

給水《きゅうすい》タンク
給水《きゅうすい》タンクっていったい何《なん》なんですか？
うん あれは繊維強化《せんいきょうか》プラスチック製《せい》のタンクで中《なか》には水《みず》が入《はい》ってるんだ
えっ 水《みず》!?
形《かたち》の違《ちが》うアレも給水《きゅうすい》タンクですか？
うん 給水《きゅうすい》タンクの形《かたち》はおもに4種類《しゅるい》あって
今《いま》見《み》た角形《かくがた》とこの球形《きゅうけい》タイプ
給水《きゅうすい》タンクはビルやマンションなどの屋上《おくじょう》に設置《せっち》されてて重力《じゅうりょく》を利用《りよう》して各所《かくしょ》に給水《きゅうすい》するんだ
高置水槽《こうちすいそう》
(給水《きゅうすい》タンク)
受水槽《じゅすいそう》
揚水《ようすい》ポンプ
配水管《はいすいかん》
水《みず》を送《おく》ってたのか！
それとこういう円筒形《えんとうけい》のやつと
パネルを組《く》み合《あ》わせたパネル型角形《がたかくがた》
ぜんぶでこの4種類《しゅるい》だね
でも今《いま》はだいぶ減《へ》ってきてるんだよ
えっ どうして？
地上《ちじょう》に置《お》かれた受水槽《じゅすいそう》から増圧《ぞうあつ》ポンプで直《じか》に各階《かくかい》に給水《きゅうすい》ができるようになったからだよ
ただし水《みず》ってすごく重《おも》いから
1m 1m 1m
1辺《ぺん》1mの立方体《りっぽうたい》の体積《たいせき》の水《みず》の重《おも》さ
=1t《トン》
すごく高《たか》い建物《たてもの》などは何段階《なんだんかい》かに分《わ》けて水《みず》をくみ上《あ》げているよ

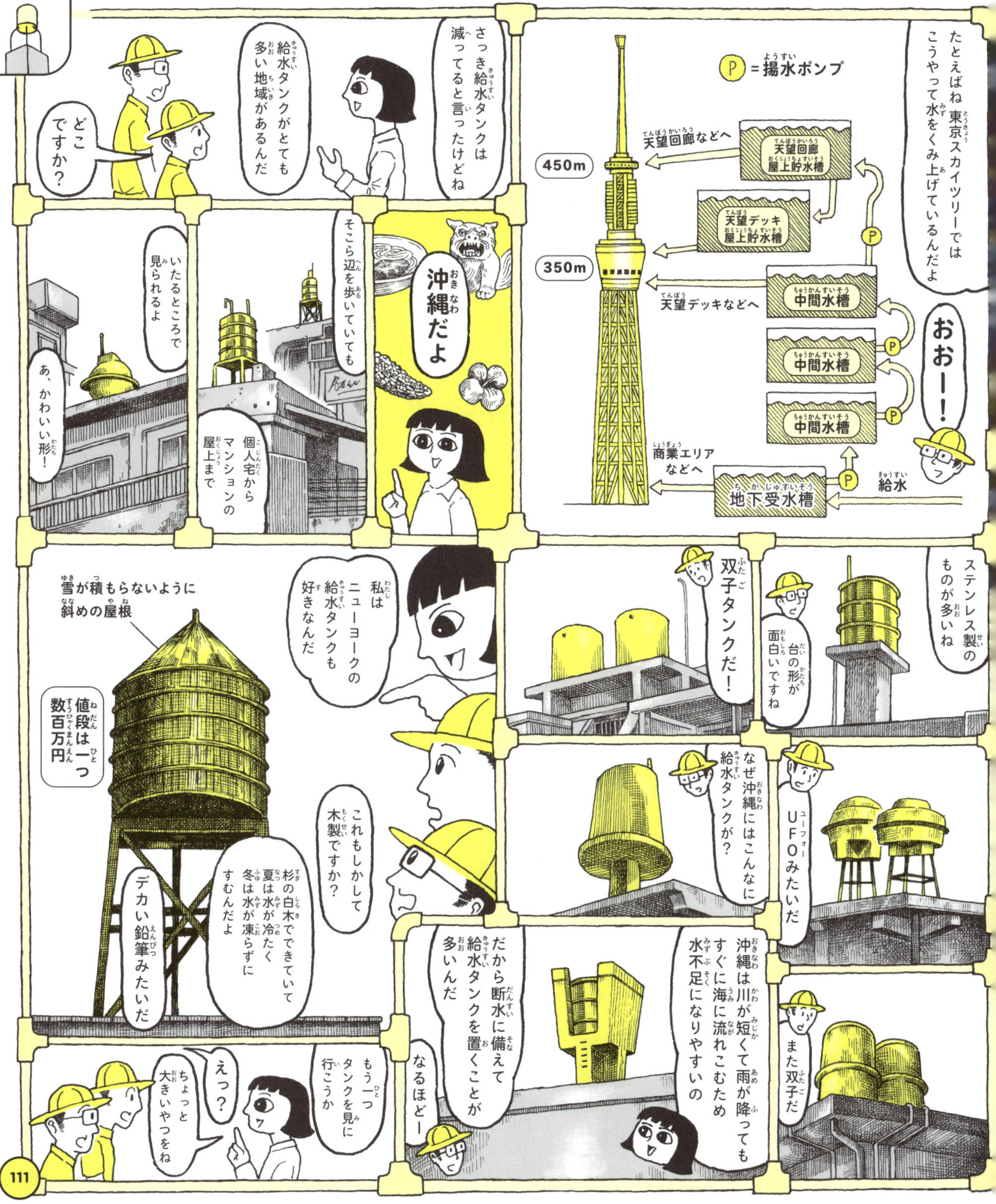
たとえばね 東京《とうきょう》スカイツリーでは こうやって水《みず》をくみ上《あ》げているんだよ
おおー!
P = 揚水《ようすい》ポンプ
天望回廊《てんぼうかいろう》などへ
天望回廊《てんぼうかいろう》 屋上貯水槽《おくじょうちょすいそう》
天望《てんぼう》デッキ 屋上貯水槽《おくじょうちょすいそう》
450m
350m
天望《てんぼう》デッキなどへ
中間水槽《ちゅうかんすいそう》
中間水槽《ちゅうかんすいそう》
中間水槽《ちゅうかんすいそう》
商業《しょうぎょう》エリアなどへ
地下受水槽《ちかじゅすいそう》
給水《きゅうすい》
さっき給水《きゅうすい》タンクは減《へ》ってると言《い》ったけどね
給水《きゅうすい》タンクがとても多《おお》い地域《ちいき》があるんだ
どこですか?
沖縄《おきなわ》だよ
そこら辺《へん》を歩《ある》いていても
個人宅《こじんたく》からマンションの屋上《おくじょう》まで
いたるところで見《み》られるよ
あ、かわいい形《かたち》!
ステンレス製《せい》のものが多《おお》いね
台《だい》の形《かたち》が面白《おもしろ》いですね
双子《ふたご》タンクだ!
UFO《ユーフォー》みたいだ
なぜ沖縄《おきなわ》にはこんなに給水《きゅうすい》タンクが?
また双子《ふたご》だ
沖縄《おきなわ》は川《かわ》が短《みじか》くて雨《あめ》が降《ふ》ってもすぐに海《うみ》に流《なが》れこむため水不足《みずぶそく》になりやすいの
だから断水《だんすい》に備《そな》えて給水《きゅうすい》タンクを置《お》くことが多《おお》いんだ
なるほどー
私《わたし》はニューヨークの給水《きゅうすい》タンクも好《す》きなんだ
雪《ゆき》が積《つ》もらないように斜《なな》めの屋根《やね》
値段《ねだん》は一《ひと》つ数百万円《すうひゃくまんえん》
これもしかして木製《もくせい》ですか?
杉《すぎ》の白木《しらき》でできていて夏《なつ》は水《みず》が冷《つめ》たく冬《ふゆ》は水《みず》が凍《こお》らずにすむんだよ
デカい鉛筆《えんぴつ》みたいだ
もう一《ひと》つタンクを見《み》に行《い》こうか
ちょっと大《おお》きいやつをね
えっ?

大仏《だいぶつ》が団地《だんち》でゴルフを!?

わ!
給水《きゅうすい》タンクより もっと大《おお》きな 設備《せつび》があるよ
ほら あれ
あれは… ゴルフの ティー!?
大仏《だいぶつ》がゴルフ するところ!?
ハハハ おもしろいねそれ
でもあれは 給水塔《きゅうすいとう》っていうんだ

給水塔《きゅうすいとう》のひみつ

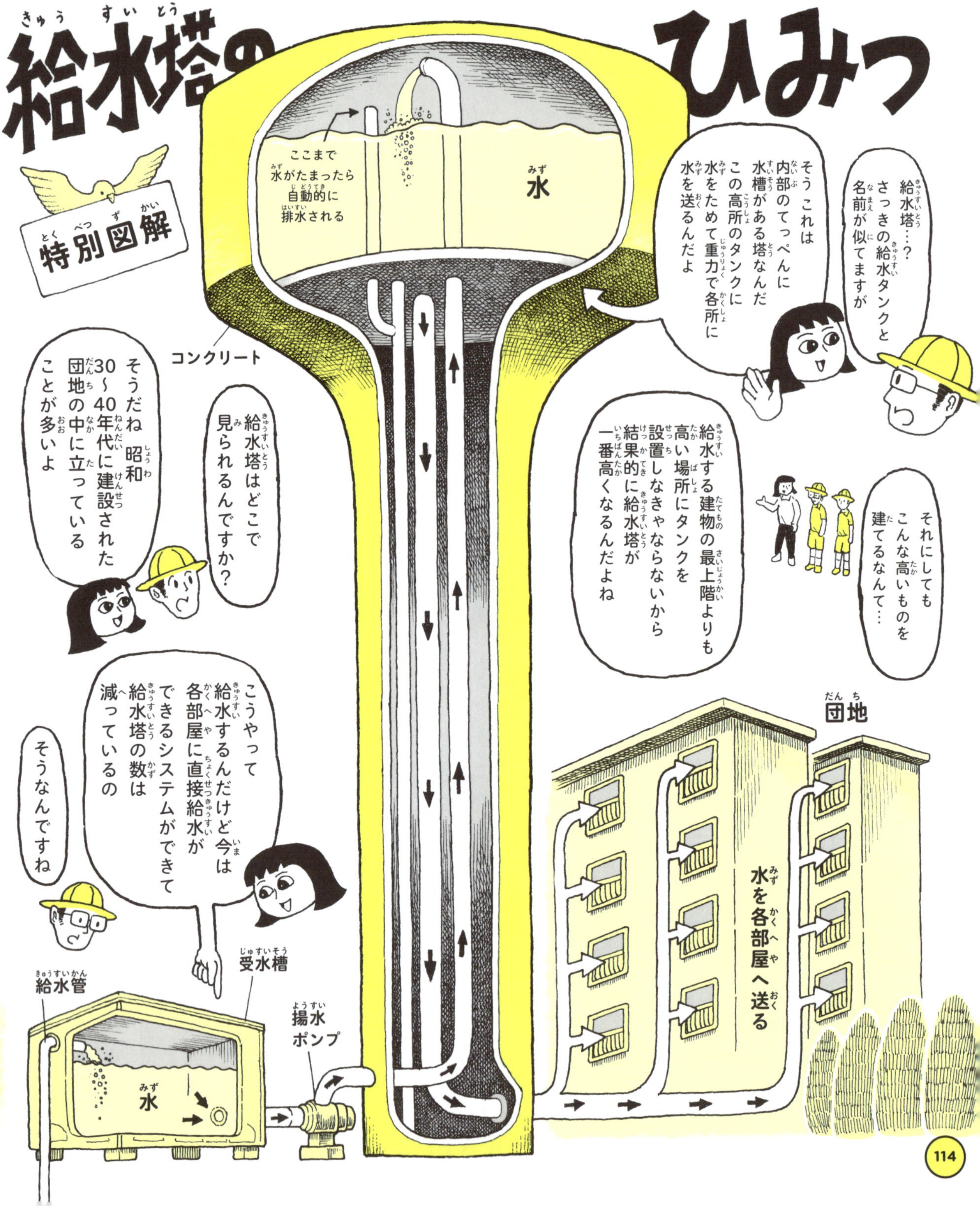

日本各地《にほんかくち》で目撃《もくげき》された給水塔《きゅうすいとう》!!

給《きゅう》水《すい》塔《とう》

道《みち》ばたで宝《たから》の山《やま》を発見《はっけん》！

ドン!
うお!
これはもしや!
金貨《きんか》のつまった袋《ふくろ》では!?
さっそく開《あ》けてみよう!
あせあせ
これで買《か》い物《もの》し放題《ほうだい》ですね!
おい その土《ど》のうを開《あ》けてどうするんだ
工事《こうじ》で使《つか》うんだが…
土木作業員《どぼくさぎょういん》
砂田《すなだ》 重三《じゅうぞう》

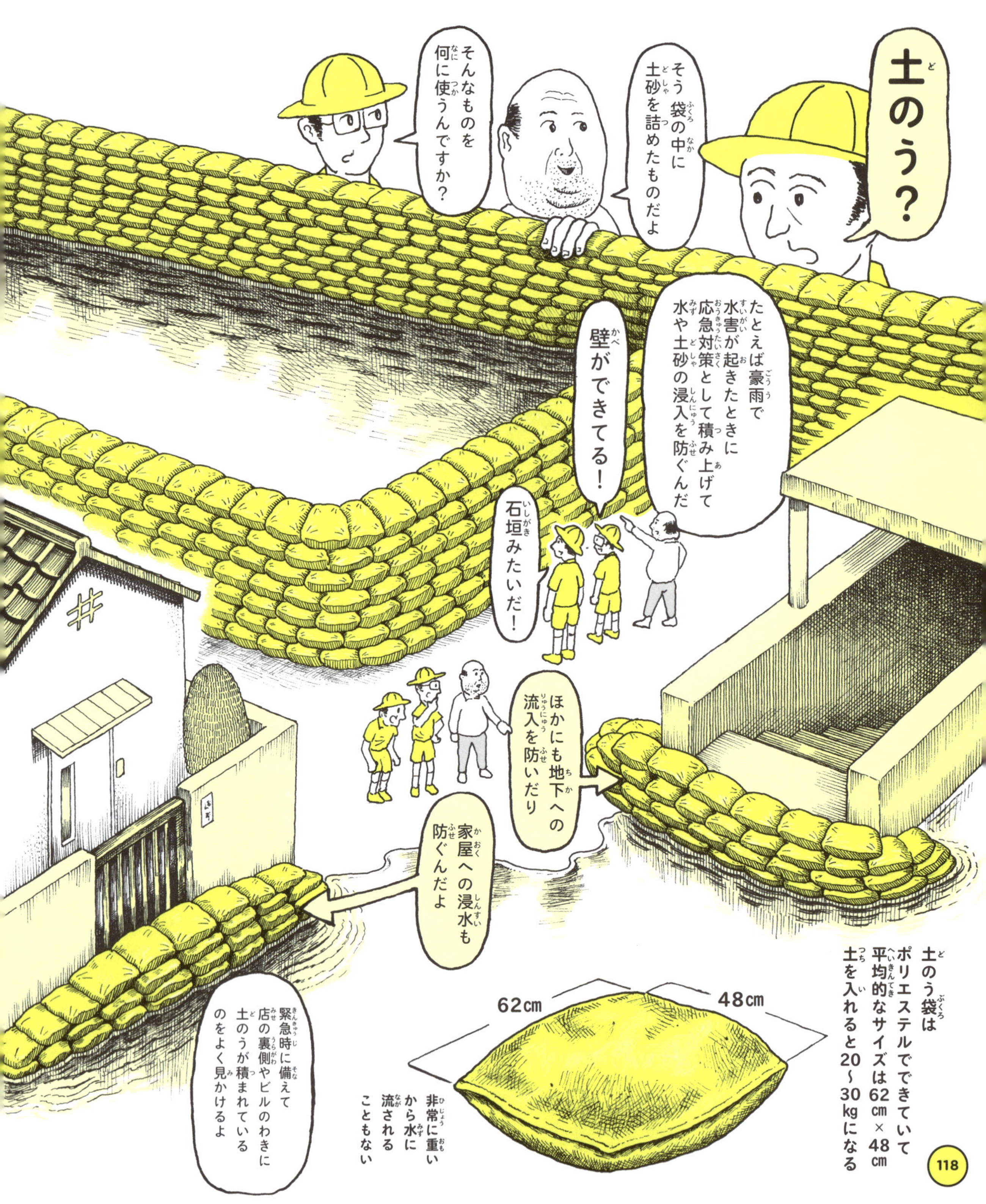

土《ど》のう？
そう 袋《ふくろ》の中《なか》に土砂《どしゃ》を詰《つ》めたものだよ
そんなものを何《なに》に使《つか》うんですか？
たとえば豪雨《ごうう》で水害《すいがい》が起《お》きたときに応急対策《おうきゅうたいさく》として積《つ》み上《あ》げて水《みず》や土砂《どしゃ》の浸入《しんにゅう》を防《ふせ》ぐんだ
壁《かべ》ができてる！
石垣《いしがき》みたいだ！
ほかにも地下《ちか》への流入《りゅうにゅう》を防《ふせ》いだり
家屋《かおく》への浸水《しんすい》も防《ふせ》ぐんだよ
緊急時《きんきゅうじ》に備《そな》えて店《みせ》の裏側《うらがわ》やビルのわきに土《ど》のうが積《つ》まれているのをよく見《み》かけるよ
土《ど》のう袋《ぶくろ》はポリエステルでできていて平均的《へいきんてき》なサイズは62㎝×48㎝ 土《つち》を入《い》れると20～30kgになる
62㎝
48㎝
非常《ひじょう》に重《おも》いから水《みず》に流《なが》されることもない

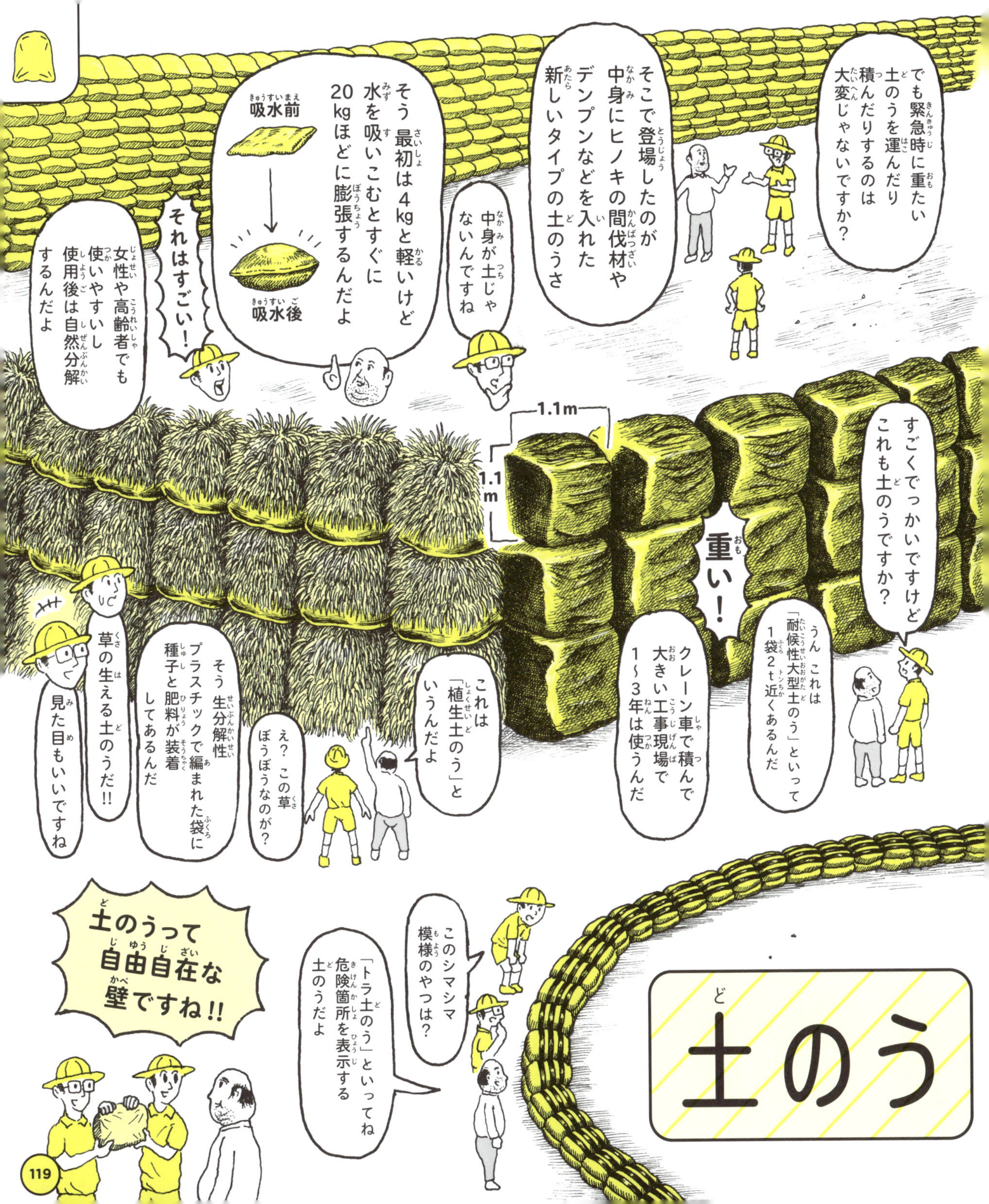

でも緊急時《きんきゅうじ》に重《おも》たい土《ど》のうを運《はこ》んだり積《つ》んだりするのは大変《たいへん》じゃないですか？
そこで登場《とうじょう》したのが中身《なかみ》にヒノキの間伐材《かんばつざい》やデンプンなどを入《い》れた新《あたら》しいタイプの土《ど》のうさ
中身《なかみ》が土《つち》じゃないんですね
そう 最初《さいしょ》は4kgと軽《かる》いけど水《みず》を吸《す》いこむとすぐに20kgほどに膨張《ぼうちょう》するんだよ
吸水前《きゅうすいまえ》
吸水後《きゅうすいご》
それはすごい！
女性《じょせい》や高齢者《こうれいしゃ》でも使《つか》いやすいし使用後《しようご》は自然分解《しぜんぶんかい》するんだよ
すごくでっかいですけどこれも土《ど》のうですか？
うん これは「耐候性大型土《たいこうせいおおがたど》のう」といって1袋《ふくろ》2t近《トンちか》くあるんだ
重《おも》い！
1.1m
1.1m
クレーン車《しゃ》で積《つ》んで大《おお》きい工事現場《こうじげんば》で1～3年《ねん》は使《つか》うんだ
これは「植生土《しょくせいど》のう」というんだよ
え？ この草《くさ》ぼうぼうなのが？
そう 生分解性《せいぶんかいせい》プラスチックで編《あ》まれた袋《ふくろ》に種子《しゅし》と肥料《ひりょう》が装着《そうちゃく》してあるんだ
草《くさ》の生《は》える土《ど》のうだ!!
見《み》た目《め》もいいですね
このシマシマ模様《もよう》のやつは？
「トラ土《ど》のう」といってね危険箇所《きけんかしょ》を表示《ひょうじ》する土《ど》のうだよ
土《ど》のうって自由自在《じゆうじざい》な壁《かべ》ですね!!
土《ど》のう

このドアは何《なん》のためにある!?

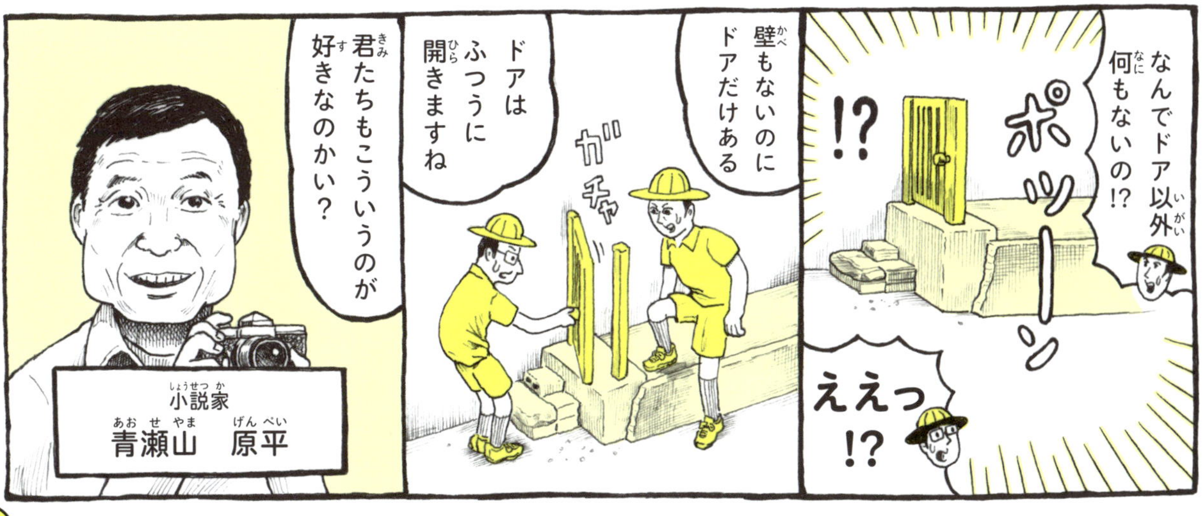
なんでドア以外《いがい》何《なに》もないの!?
ポツーン
!?
ええっ!?
壁《かべ》もないのにドアだけある
ドアはふつうに開《ひら》きますね
ガチャ
君《きみ》たちもこういうのが好《す》きなのかい?
小説《しょうせつ》家《か》
青《あお》瀬《せ》山《やま》　原《げん》平《ぺい》

好《す》きっていうかコレが何《なに》か気《き》になって…
へえ〜
元々《もともと》あそこには壁《かべ》があったんじゃない?
こういう何《なに》かが存在《そんざい》した痕跡《こんせき》はたくさんあるよ
それ何《なん》ですか!?
街路樹《がいろじゅ》を支《ささ》える支柱《しちゅう》だね今《いま》はもう木《き》がないけど
区
ああ これは貼《は》り紙《がみ》を貼《は》ったときの のりの跡《あと》だよ
「内《うち》」の一文字《いちもじ》だけしかない
内
たぶん「内科《ないか》」とか書《か》いてあったのかもほかの文字《もじ》は落《お》ちちゃったのかな
内科
文字《もじ》がバラバラになっちゃってる!
小児科
小児科
もとは「小児科《しょうにか》」って書《か》いてあったことがなんとなくわかりますね

何《なに》かが存在《そんざい》した痕跡《こんせき》

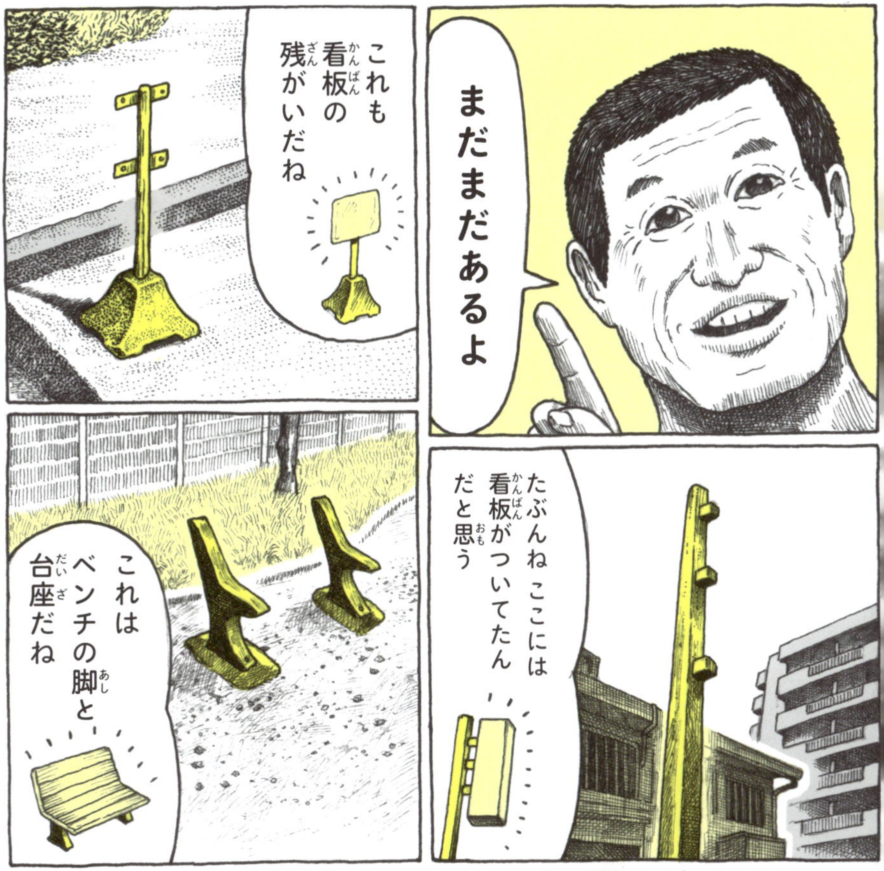

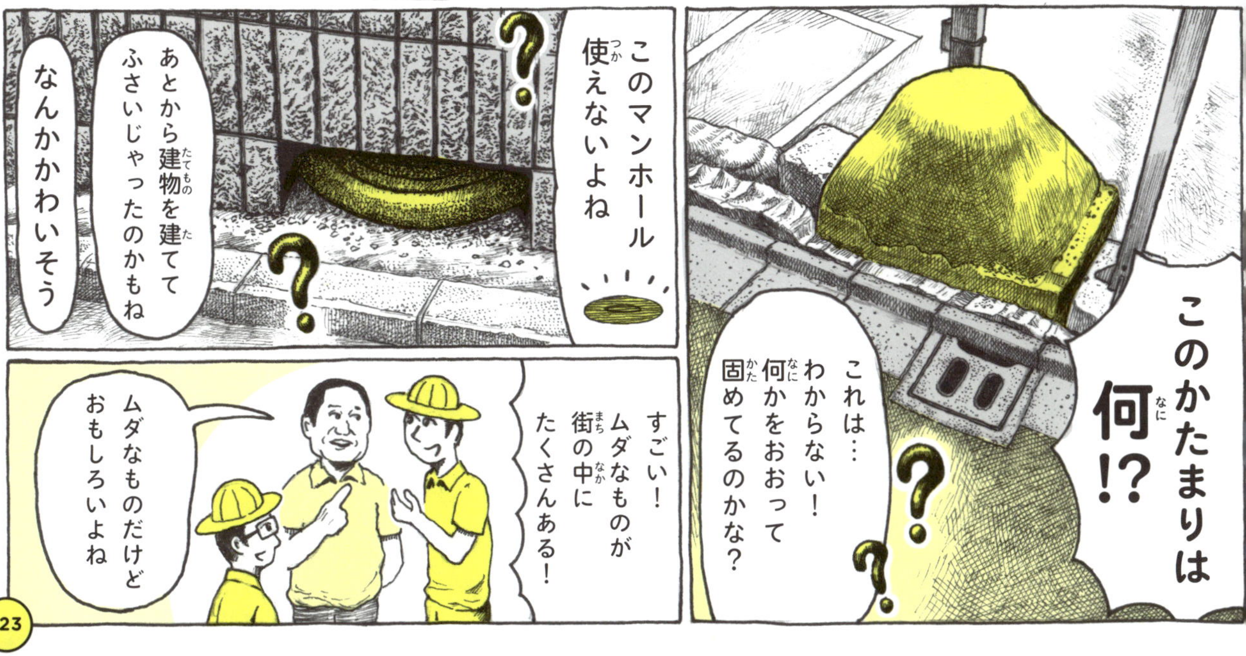

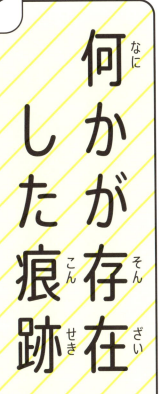

鳥《とり》型《がた》ロボットに監《かん》視《し》されている…

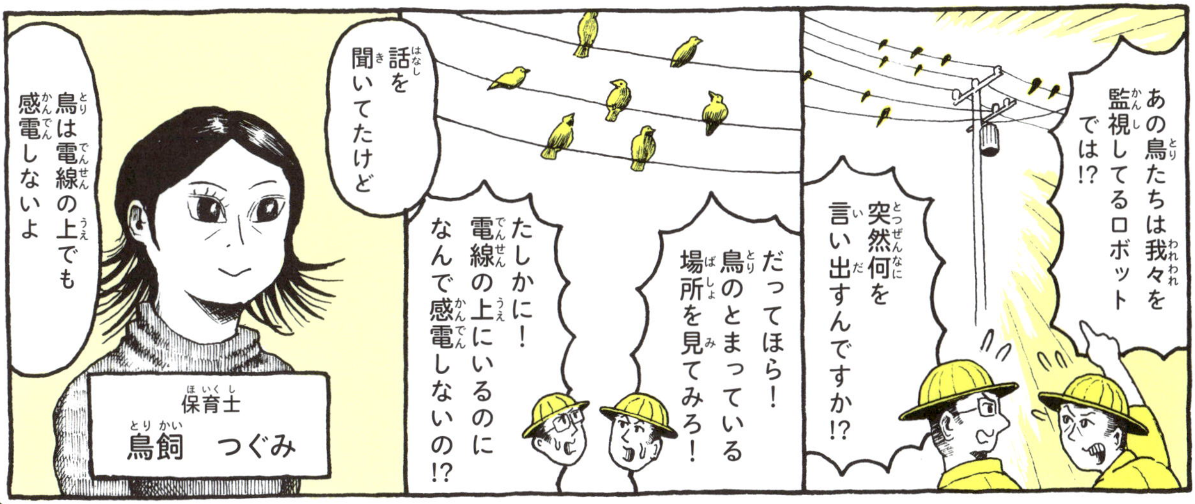

あの鳥《とり》たちは我々《われわれ》を監視《かんし》してるロボットでは!?
突然何《とつぜんなに》を言《い》い出《だ》すんですか!?
だってほら! 鳥《とり》のとまっている場所《ばしょ》を見《み》てみろ!
たしかに! 電線《でんせん》の上《うえ》にいるのになんで感電《かんでん》しないの!?
話《はなし》を聞《き》いてたけど
鳥《とり》は電線《でんせん》の上《うえ》でも感電《かんでん》しないよ
保育士《ほいくし》
鳥飼《とりかい》 つぐみ

電線《でんせん》の鳥《とり》

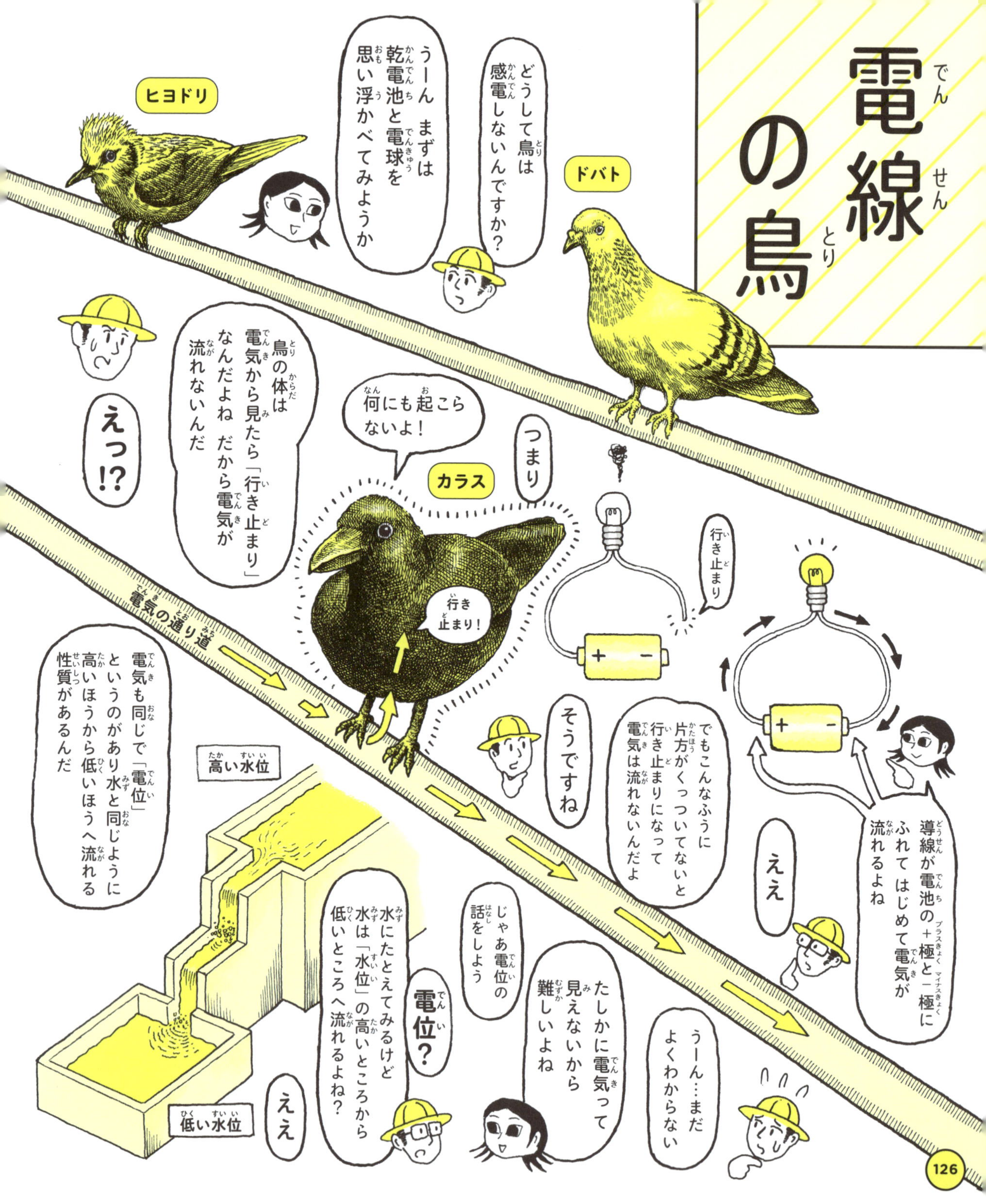

どうして鳥《とり》は感電《かんでん》しないんですか?
うーん まずは乾電池《かんでんち》と電球《でんきゅう》を思《おも》い浮《う》かべてみようか
ヒヨドリ
ドバト
鳥《とり》の体《からだ》は電気《でんき》から見《み》たら「行《い》き止《ど》まり」なんだよね だから電気《でんき》が流《なが》れないんだ
えっ!?
何《なん》にも起《お》こらないよ!
カラス
行《い》き止《ど》まり!
電気《でんき》の通《とお》り道《みち》
つまり
行《い》き止《ど》まり
でもこんなふうに片方《かたほう》がくっついてないと行《い》き止《ど》まりになって電気《でんき》は流《なが》れないんだよ
そうですね
導線《どうせん》が電池《でんち》の+極《プラスきょく》と−極《マイナスきょく》にふれてはじめて電気《でんき》が流《なが》れるよね
ええ
電気《でんき》も同《おな》じで「電位《でんい》」というのがあり水《みず》と同《おな》じように高《たか》いほうから低《ひく》いほうへ流《なが》れる性質《せいしつ》があるんだ
高《たか》い水位《すいい》
低《ひく》い水位《すいい》
じゃあ電位《でんい》の話《はなし》をしよう
電位《でんい》?
水《みず》にたとえてみるけど水《みず》は「水位《すいい》」の高《たか》いところから低《ひく》いところへ流《なが》れるよね?
ええ
たしかに電気《でんき》って見《み》えないから難《むずか》しいよね
うーん…まだよくわからない

へぇー!!
スズメ
でも 鳥《とり》が1本《ぽん》の電線《でんせん》の上《うえ》に
脚《あし》を置《お》いている場合《ばあい》、
右脚《みぎあし》と左脚《ひだりあし》の間《あいだ》に「電位差《でんいさ》」はない
だから電気《でんき》が流《なが》れず感電《かんでん》しないんだ
6600V《ボルト》
6600V《ボルト》
電位差《でんいさ》がない
危《あぶ》ない!
あともし大型《おおがた》の鳥《とり》が翼《つばさ》を広《ひろ》げてほかの電線《でんせん》や電柱《でんちゅう》にふれたら感電《かんでん》してしまうね
6600V《ボルト》
高《こう》
電位差《でんいさ》
低《てい》
0V《ボルト》
もし巨大《きょだい》な鳥《とり》がこうやって地面《じめん》と電線《でんせん》に同時《どうじ》にふれれば 地面《じめん》と電線《でんせん》の間《あいだ》に「電位差《でんいさ》」があるから電気《でんき》が体《からだ》を通《とお》って地面《じめん》に向《む》かって流《なが》れ感電《かんでん》してしまう
ふだん電線《でんせん》にふれることなんてないけど凧揚《たこあ》げなんかをするときは気《き》をつけてね
はい!
電気《でんき》って不思議《ふしぎ》だし鳥《とり》ってすごいな
ですね
キリッ

地《じ》面《めん》のあちこちにハリネズミが!!

ハリネズミだ！
前《まえ》に図鑑《ずかん》で見《み》て かわいいと 思《おも》ったんだ！
え？
でもこれ顔《かお》が ないですよ？
さす さす
恥《は》ずかしいから 顔《かお》をかくしてるんだよ！
コケ植物《しょくぶつ》に興味《きょうみ》 あるのかい？
僕《ぼく》も調《しら》べてるんだけどね
植物学者《しょくぶつがくしゃ》
緑山《みどりやま》 千《せん》

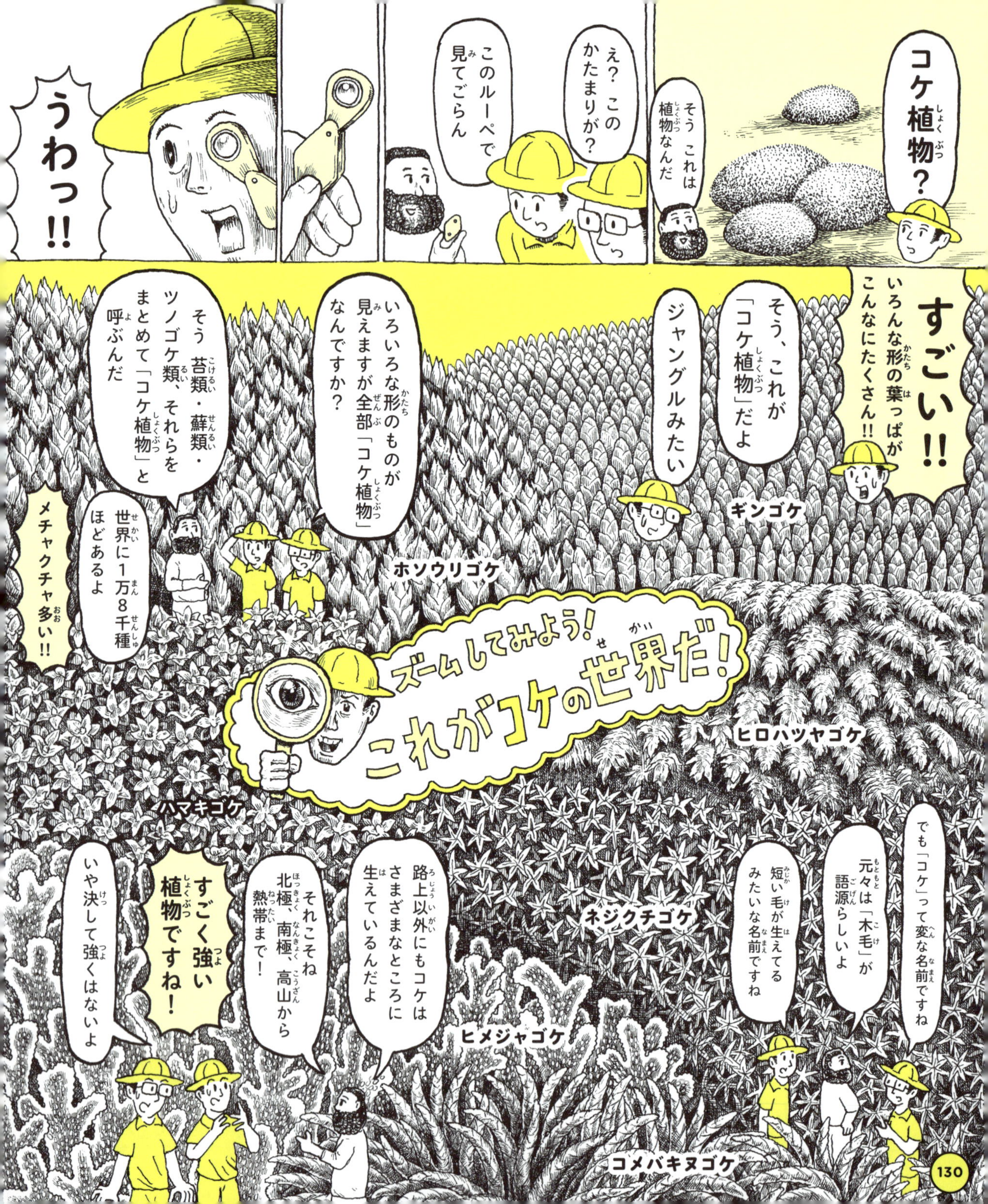
コケ植物《しょくぶつ》？
そう これは植物《しょくぶつ》なんだ
え？ このかたまりが？
このルーペで見《み》てごらん
うわっ!!
すごい!!
いろんな形《かたち》の葉《は》っぱがこんなにたくさん!!
そう、これが「コケ植物《しょくぶつ》」だよ
ジャングルみたい
ギンゴケ
いろいろな形《かたち》のものが見《み》えますが全部《ぜんぶ》「コケ植物《しょくぶつ》」なんですか？
そう 苔類《たいるい》・蘚類《せんるい》・ツノゴケ類《るい》、それらをまとめて「コケ植物《しょくぶつ》」と呼《よ》ぶんだ
世界《せかい》に1万《まん》8千種《せんしゅ》ほどあるよ
メチャクチャ多《おお》い!!
ホソウリゴケ
ズームしてみよう！
これがコケの世界《せかい》だ！
ヒロハツヤゴケ
ハマキゴケ
でも「コケ」って変《へん》な名前《なまえ》ですね
元々《もともと》は「木毛《こけ》」が語源《ごげん》らしいよ
短《みじか》い毛《け》が生《は》えてるみたいな名前《なまえ》ですね
ネジクチゴケ
路上以外《ろじょういがい》にもコケはさまざまなところに生《は》えているんだよ
それこそね 北極《ほっきょく》、南極《なんきょく》、高山《こうざん》から熱帯《ねったい》まで！
すごく強《つよ》い植物《しょくぶつ》ですね！
いや決《けっ》して強《つよ》くはないよ
ヒメジャゴケ
コメバキヌゴケ

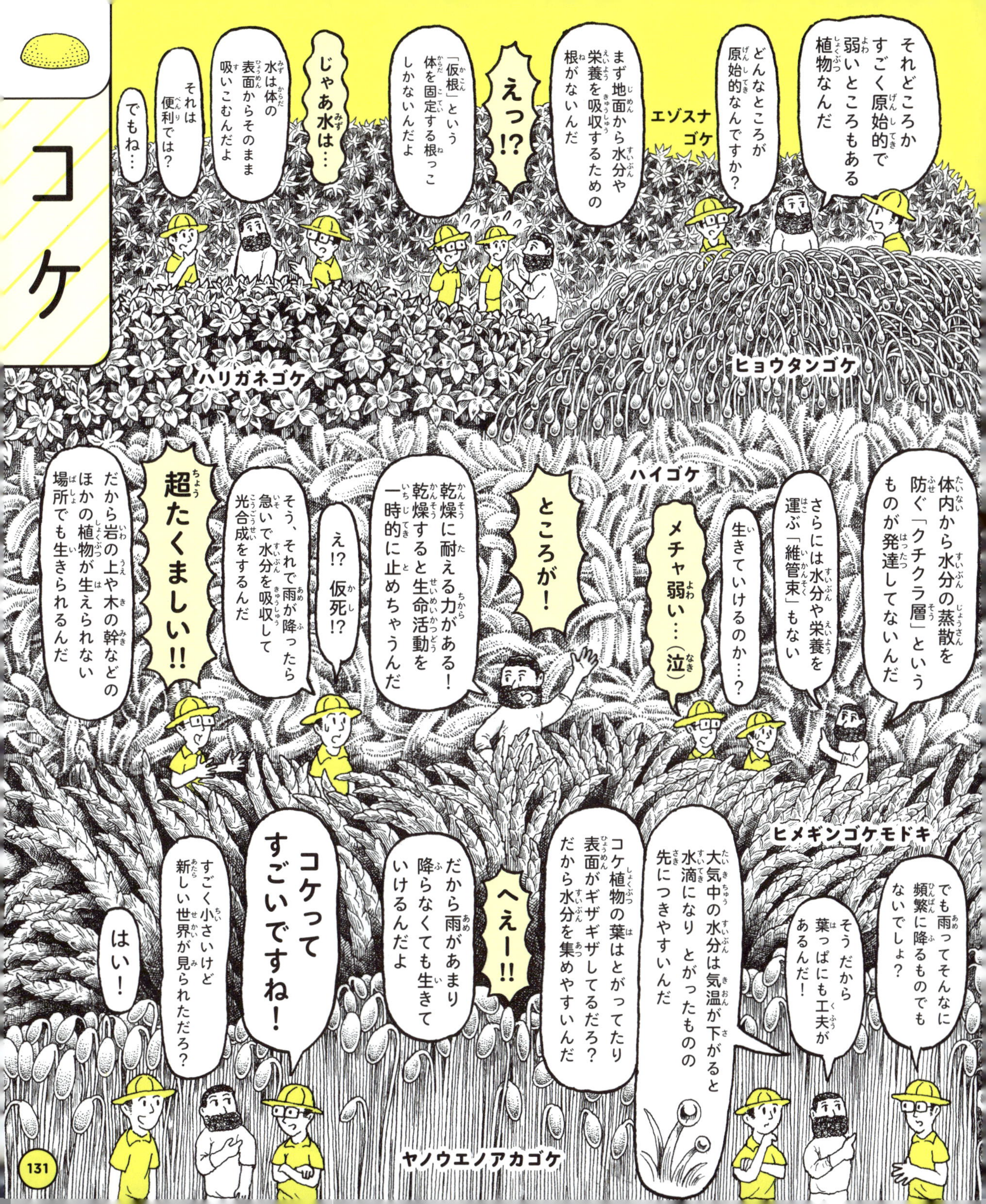
それどころかすごく原始的《げんしてき》で弱《よわ》いところもある植物《しょくぶつ》なんだ
どんなところが原始的《げんしてき》なんですか？
エゾスナゴケ
まず地面《じめん》から水分《すいぶん》や栄養《えいよう》を吸収《きゅうしゅう》するための根《ね》がないんだ
えっ!?
「仮根《かこん》」という体《からだ》を固定《こてい》する根《ね》っこしかないんだよ
じゃあ水《みず》は…
水《みず》は体《からだ》の表面《ひょうめん》からそのまま吸《す》いこむんだよ
それは便利《べんり》では？
でもね…
ハリガネゴケ
ヒョウタンゴケ
ハイゴケ
体内《たいない》から水分《すいぶん》の蒸散《じょうさん》を防《ふせ》ぐ「クチクラ層《そう》」というものが発達《はったつ》してないんだ
さらには水分《すいぶん》や栄養《えいよう》を運《はこ》ぶ「維管束《いかんそく》」もない
生《い》きていけるのか…？
メチャ弱《よわ》い…（泣《なき》）
ところが！
乾燥《かんそう》に耐《た》える力《ちから》がある！乾燥《かんそう》すると生命活動《せいめいかつどう》を一時的《いちじてき》に止《と》めちゃうんだ
え!? 仮死《かし》!?
そう、それで雨《あめ》が降《ふ》ったら急《いそ》いで水分《すいぶん》を吸収《きゅうしゅう》して光合成《こうごうせい》をするんだ
超《ちょう》たくましい!!
だから岩《いわ》の上《うえ》や木《き》の幹《みき》などのほかの植物《しょくぶつ》が生《は》えられない場所《ばしょ》でも生《い》きられるんだ
ヒメギンゴケモドキ
でも雨《あめ》ってそんなに頻繁《ひんぱん》に降《ふ》るものでもないでしょ？
そう だから葉《は》っぱにも工夫《くふう》があるんだ！
大気中《たいきちゅう》の水分《すいぶん》は気温《きおん》が下《さ》がると水滴《すいてき》になり とがったものの先《さき》につきやすいんだ
コケ植物《しょくぶつ》の葉《は》はとがってたり表面《ひょうめん》がギザギザしてるだろ？だから水分《すいぶん》を集《あつ》めやすいんだ
へえー!!
だから雨《あめ》があまり降《ふ》らなくても生《い》きていけるんだよ
コケってすごいですね！
すごく小《ちい》さいけど新《あたら》しい世界《せかい》が見《み》られただろ？
はい！
ヤノウエノアカゴケ

街《まち》で見《み》つけた謎《なぞ》なもの写《しゃ》真《しん》館《かん》

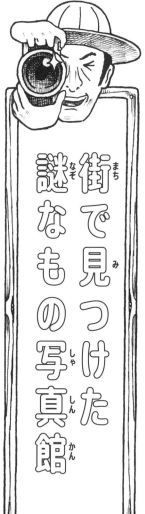

この家《いえ》のテーマソング？

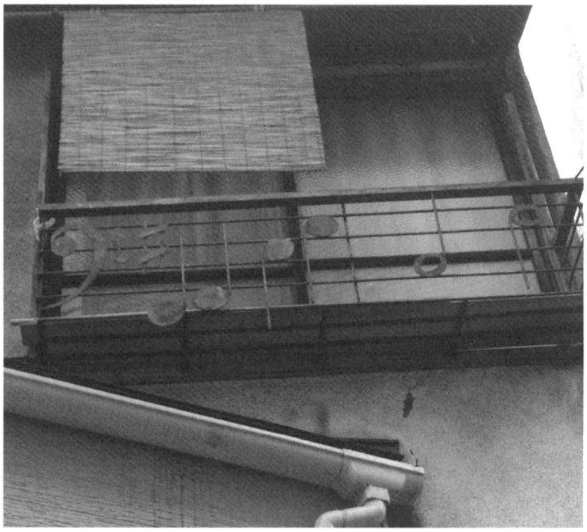

どんなメロディだろう？

なんかおしゃれな手《て》すりですよね！

カラスのフードデリバリー？

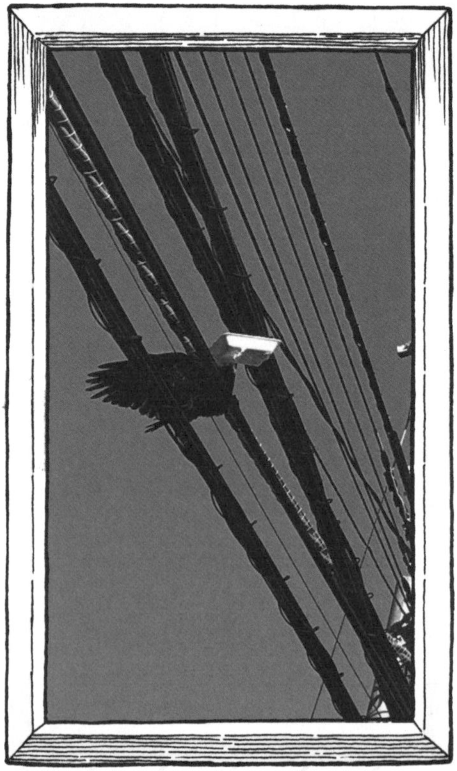

お弁当《べんとう》を運《はこ》んでいるのかな？

こぼさずに運《はこ》ぶの難《むずか》しそうですね！

木《き》を大事《だいじ》にしてる家《いえ》

すごい！屋根《やね》に穴《あな》をあけて木《き》を通《とお》してる！

この木《き》がとても大事《だいじ》なんでしょうね！

暗号文《あんごうぶん》？

大事《だいじ》なところだけ消《き》えちゃってる…

日《ひ》に焼《や》けて文字《もじ》が消《き》えちゃってますねぇ…

謎《なぞ》なもの発見《はっけん》のコツ

ふだん見《み》ない方向《ほうこう》（上《うえ》とか横《よこ》とか）を見《み》てみよう

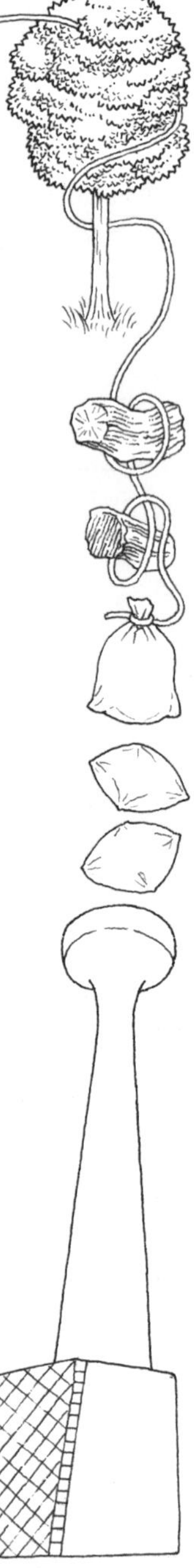

地球《ちきゅう》のおもいで

第《だい》3章《しょう》

商《しょう》店《てん》街《がい》の謎《なぞ》

壁《かべ》にもたれる暗《あん》黒《こく》の人《ひと》影《かげ》・・・

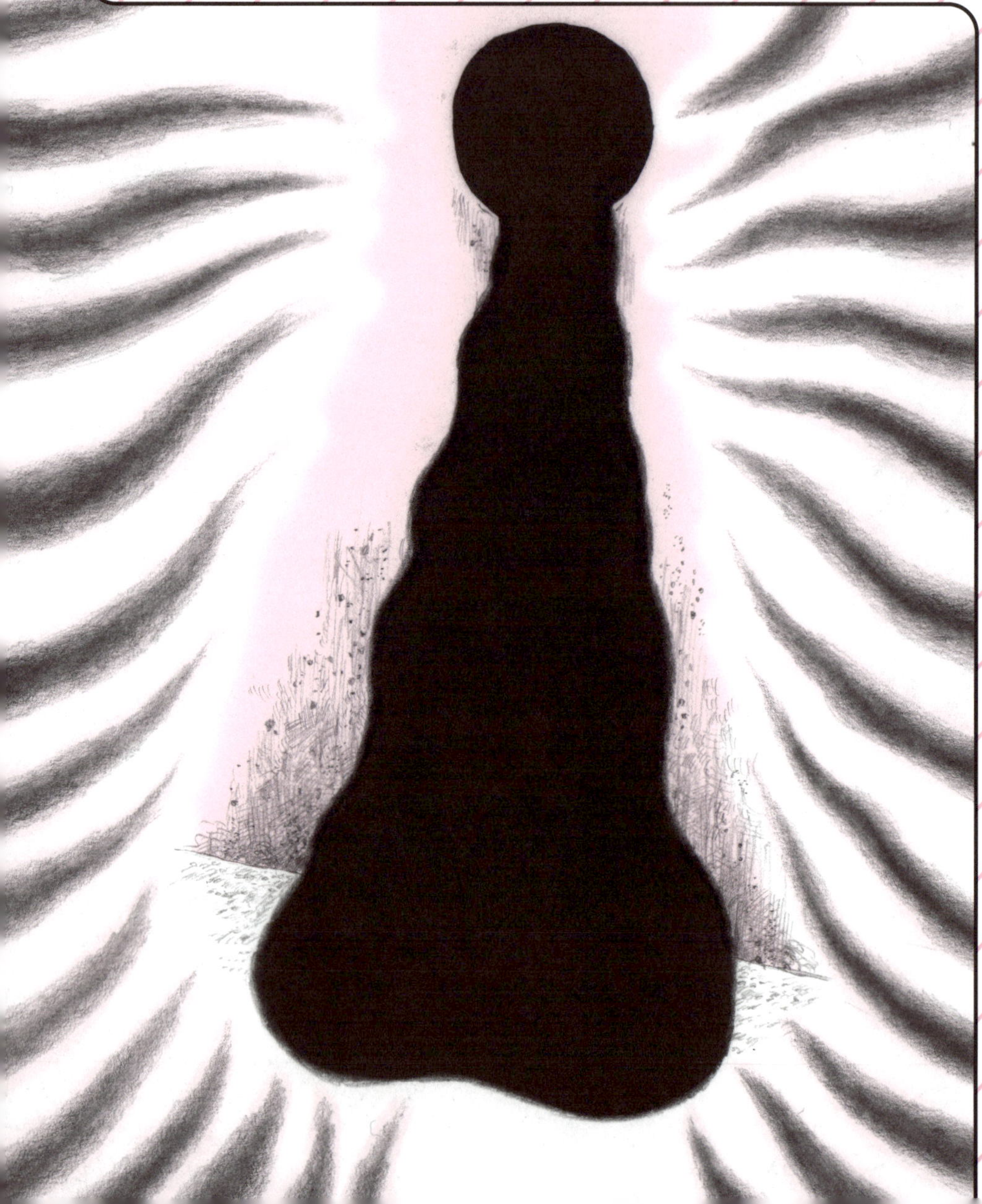

おおい…あれは人影《ひとかげ》だよな？
まっ黒《くろ》で不気味《ぶきみ》ですね…
あれ でも平《ひら》べったいな
人影《ひとかげ》じゃないですね
それは水抜《みずぬ》き穴《あな》というんだよ
僧侶《そうりょ》
温水《ぬくみず》 通《とおる》

「水抜《みずぬ》き穴《あな》」は 土《つち》の中《なか》の水《みず》を外《そと》に 流《なが》し出《だ》す穴《あな》なんだ
えっ あの穴《あな》から 水《みず》が出《で》るん ですか？
あ そういえば さっき見《み》た擁壁《※ようへき》にも こういう穴《あな》があった！
これ 水《みず》が流《なが》れた あとだったんですね
※84～89ページ
どういうしくみで ここから水《みず》が 流《なが》れ出《で》るんですか？
この穴《あな》は壁《かべ》に さしたパイプで 中《なか》の 「裏込《うらご》め」につながって いるんだ
裏込《うらご》めって？
フィルター（土砂流出《どしゃりゅうしゅつ》を 防止《ぼうし》するもの）
裏込《うらご》め
水抜《みずぬ》きパイプ
水受《みずう》け コンクリート打《う》ち
裏込《うらご》めっていうのは 小《ちい》さい石《いし》や砂利《じゃり》を混《ま》ぜたもので 水《みず》はけをよくして擁壁《ようへき》にかかる 圧力《あつりょく》を減《へ》らすためのものなんだ
擁壁《ようへき》の内側《うちがわ》には そんなものが！
パイプの内径《ないけい》は 7.5cm以上《いじょう》。 耐水性《たいすいせい》のもの
区域《くいき》にもよるけど 高《たか》さが2m以上《いじょう》の擁壁《ようへき》には かならず水抜《みずぬ》き穴《あな》を つけないといけないんだ
そもそも なんで壁《かべ》から 水《みず》が出《で》るんですか？
えとね 土《つち》の中《なか》にしみこんだ雨《あめ》など がしみ出《だ》してくるんだよ
もし水抜《みずぬ》き穴《あな》が なかったら…？
ヤバいよ
えっ
圧《あつ》力《りょく》
ドロドロ
たとえばゲリラ豪雨《ごうう》があると 地中《ちちゅう》の水分量《すいぶんりょう》が多《おお》くなる
そこに 水抜《みずぬ》き穴《あな》がなかったら 行《い》き場《ば》を失《うしな》った水《みず》が 壁《かべ》を押《お》し倒《たお》すかも しれないんだ
危《あぶ》ない！

水《みず》抜《ぬ》き穴《あな》

ところでなんでパイプから植物《しょくぶつ》が生《は》えてるんです？
ああ これはね 擁壁《ようへき》の内部《ないぶ》の土《つち》がパイプの中《なか》に少《すこ》しずつたまってそこに植物《しょくぶつ》が生《は》えたんだ
たくましいですね！
こっちの穴《あな》は森《もり》みたいだ！
あの穴《あな》からは枝《えだ》まで生《は》えてる！
穴《あな》からスズメが出《で》てきた！
本当《ほんとう》だ！
水抜《みずぬ》き穴《あな》には小動物《しょうどうぶつ》がいることもけっこうあるんだよ
マンションみたい！
水抜《みずぬ》き穴《あな》にいる生《い》き物《もの》
スズメ
虫《むし》
カエル
トカゲ
ヘビ
あとね 水抜《みずぬ》き穴《あな》がなくヒビ割《わ》れている擁壁《ようへき》は危険《きけん》だから近《ちか》づかないようにね
わかりました！ありがとうございます

商店街《しょうてんがい》に巨人《きょじん》の寝《ね》床《どこ》？

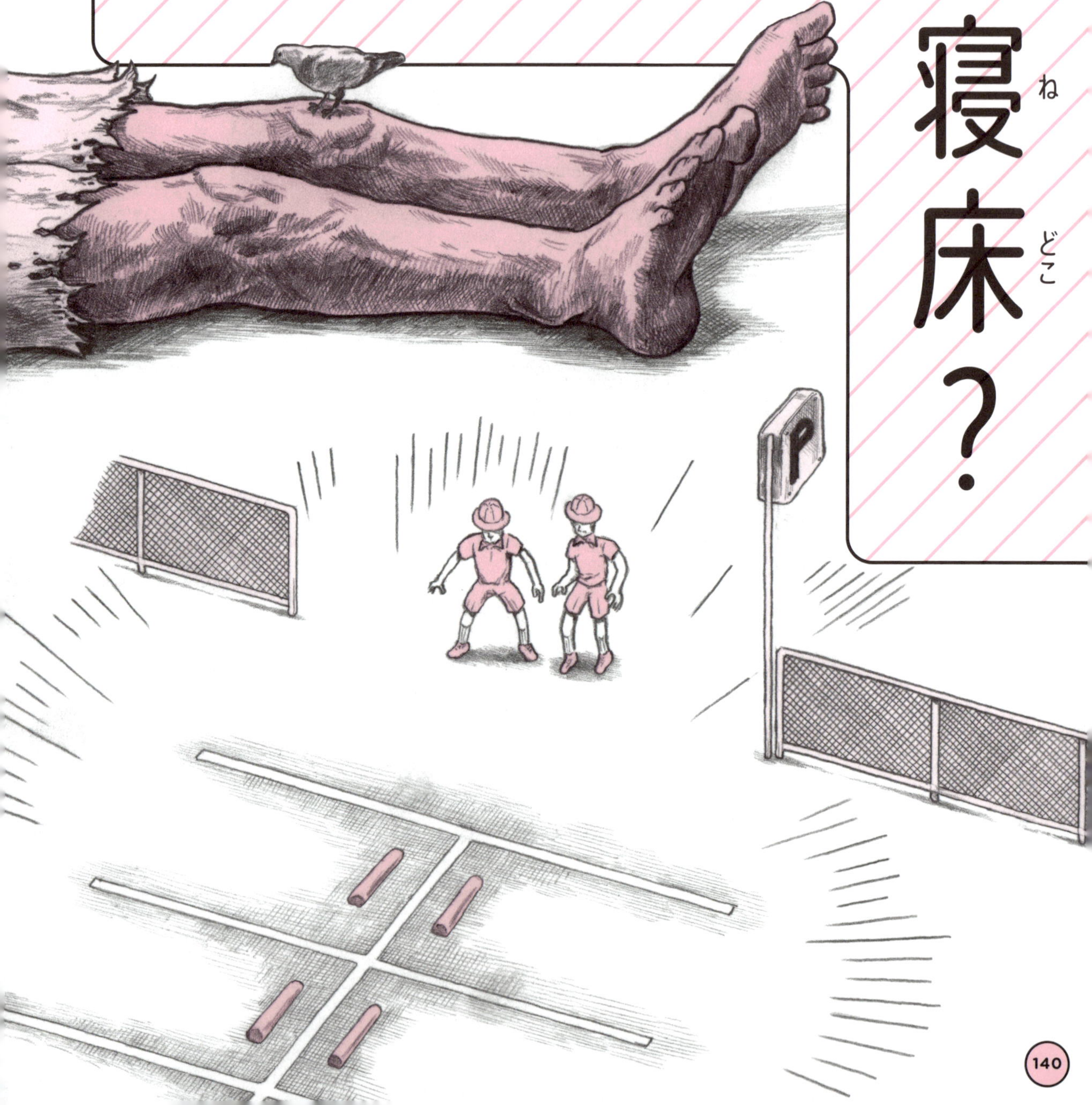

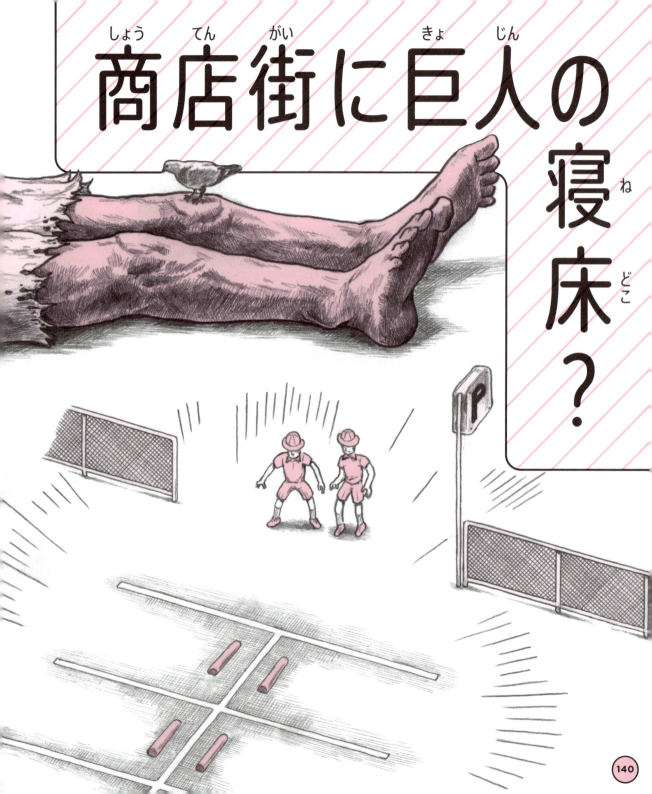

郵便はがき

料金受取人払郵便

渋谷局承認

2196

差出有効期間
2026年12月
31日まで
※切手を貼らずに
お出しください

150-8790

130

〈受取人〉
東京都渋谷区
神宮前 6-12-17
株式会社ダイヤモンド社
「愛読者クラブ」行

本書をご購入くださり、誠にありがとうございます。
今後の企画の参考とさせていただきますので、表裏面の項目について選択・ご記入いただければ幸いです。

ご感想等はウェブでも受付中です（抽選で書籍プレゼントあり）▶

年齢	（　　　）歳	性別	男性 ／ 女性 ／ その他
お住まいの地域	（　　　）都道府県 （　　　）市区町村		
職業	会社員　経営者　公務員　教員・研究者　学生　主婦 自営業　無職　その他（　　　）		
業種	製造　インフラ関連　金融・保険　不動産・ゼネコン　商社・卸売 小売・外食・サービス　運輸　情報通信　マスコミ　教育 医療・福祉　公務　その他（　　　）		

DIAMOND 愛読者クラブ　メルマガ無料登録はこちら▶

書籍をもっと楽しむための情報をいち早くお届けします。ぜひご登録ください！
- 「読みたい本」と出合える厳選記事のご紹介
- 「学びを体験するイベント」のご案内・割引情報
- 会員限定「特典・プレゼント」のお知らせ

①本書をお買い上げいただいた理由は？
（新聞や雑誌で知って・タイトルにひかれて・著者や内容に興味がある　など）

②本書についての感想、ご意見などをお聞かせください
（よかったところ、悪かったところ・タイトル・著者・カバーデザイン・価格　など）

③本書のなかで一番よかったところ、心に残ったひと言など

④最近読んで、よかった本・雑誌・記事・HPなどを教えてください

⑤「こんな本があったら絶対に買う」というものがありましたら（解決したい悩みや、解消したい問題など）

⑥あなたのご意見・ご感想を、広告などの書籍のPRに使用してもよろしいですか？

1　可　　　　2　不可

※ご協力ありがとうございました。

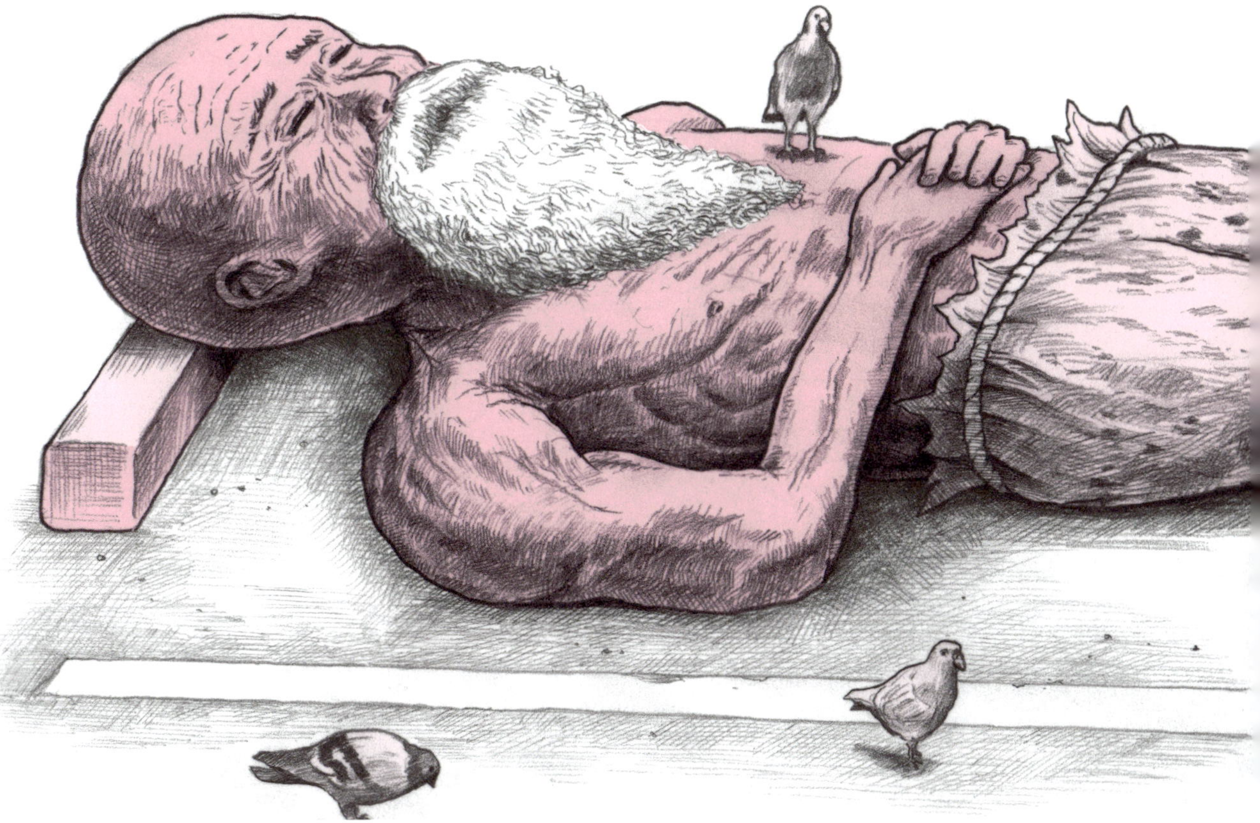

ここは巨人《きょじん》の寝床《ねどこ》に違《ちが》いない！
本当《ほんとう》だ！枕《まくら》もある！
えっと 駐車場《ちゅうしゃじょう》に何《なに》か用《よう》かな？
駐車場《ちゅうしゃじょう》!?
車《くるま》をとめる所《ところ》ってことですか…？
何《なに》か問題《もんだい》が？
駐車場管理人《ちゅうしゃじょうかんりにん》
石留《いしどめ》 保《たもつ》

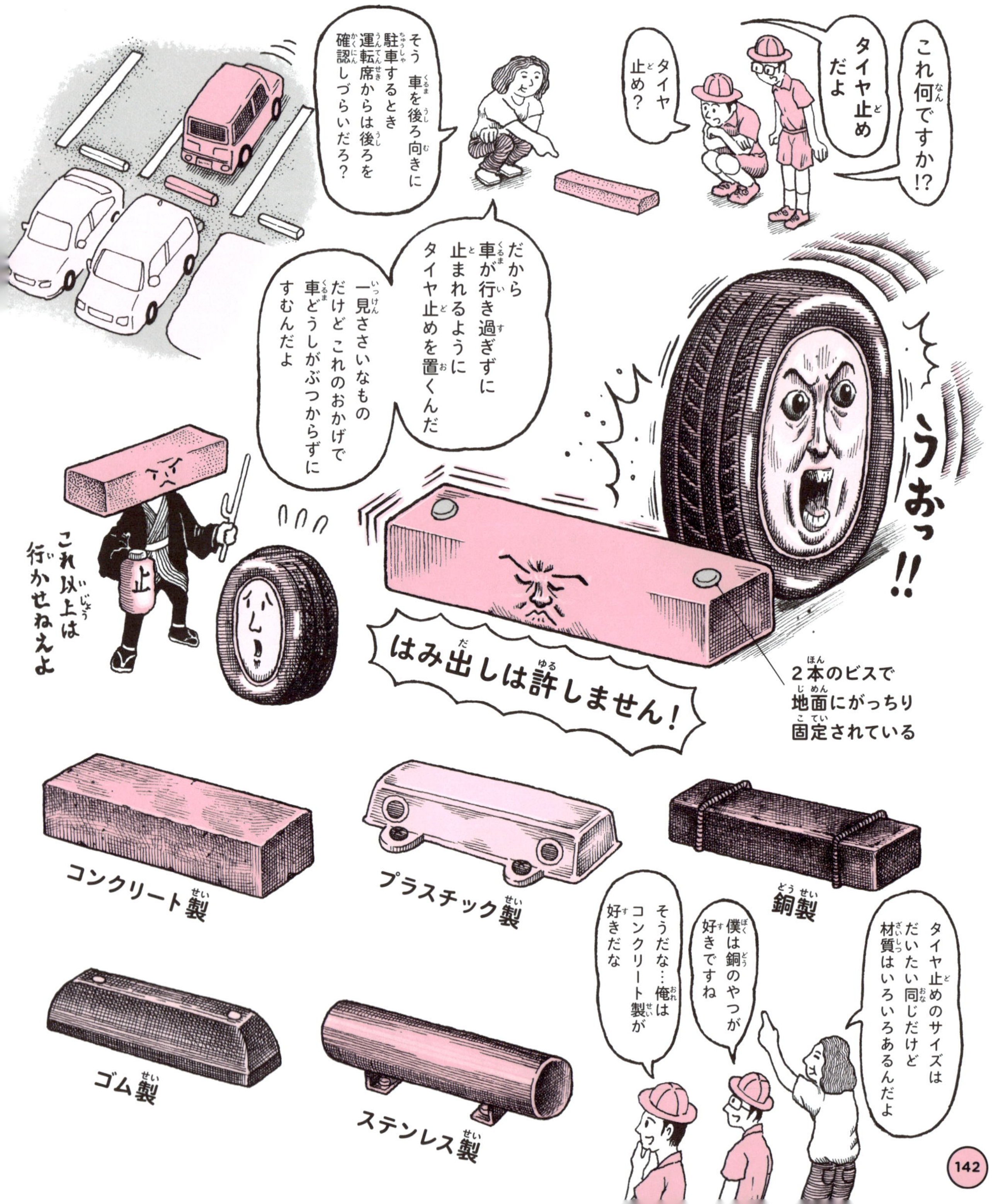

これ何《なん》ですか!?
タイヤ止《ど》めだよ
タイヤ止《ど》め?
そう 車《くるま》を後《うし》ろ向《む》きに駐車《ちゅうしゃ》するとき運転席《うんてんせき》からは後《うし》ろを確認《かくにん》しづらいだろ?
だから車《くるま》が行《い》き過《す》ぎずに止《と》まれるようにタイヤ止《ど》めを置《お》くんだ
一見《いっけん》ささいなものだけど これのおかげで車《くるま》どうしがぶつからずにすむんだよ
うおっ!!
止
これ以上《いじょう》は行《い》かせねえよ
はみ出《だ》しは許《ゆる》しません!
2本《ほん》のビスで地面《じめん》にがっちり固定《こてい》されている
コンクリート製《せい》
プラスチック製《せい》
銅製《どうせい》
ゴム製《せい》
ステンレス製《せい》
タイヤ止《ど》めのサイズはだいたい同《おな》じだけど材質《ざいしつ》はいろいろあるんだよ
僕《ぼく》は銅《どう》のやつが好《す》きですね
そうだな…俺《おれ》はコンクリート製《せい》が好《す》きだな

タイヤ止《ど》め

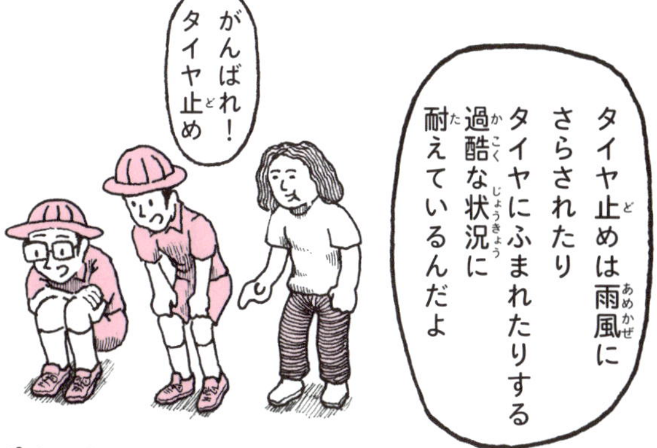
タイヤ止《ど》めは雨風《あめかぜ》にさらされたり
タイヤにふまれたりする
過酷《かこく》な状況《じょうきょう》に
耐《た》えているんだよ
がんばれ！
タイヤ止《ど》め

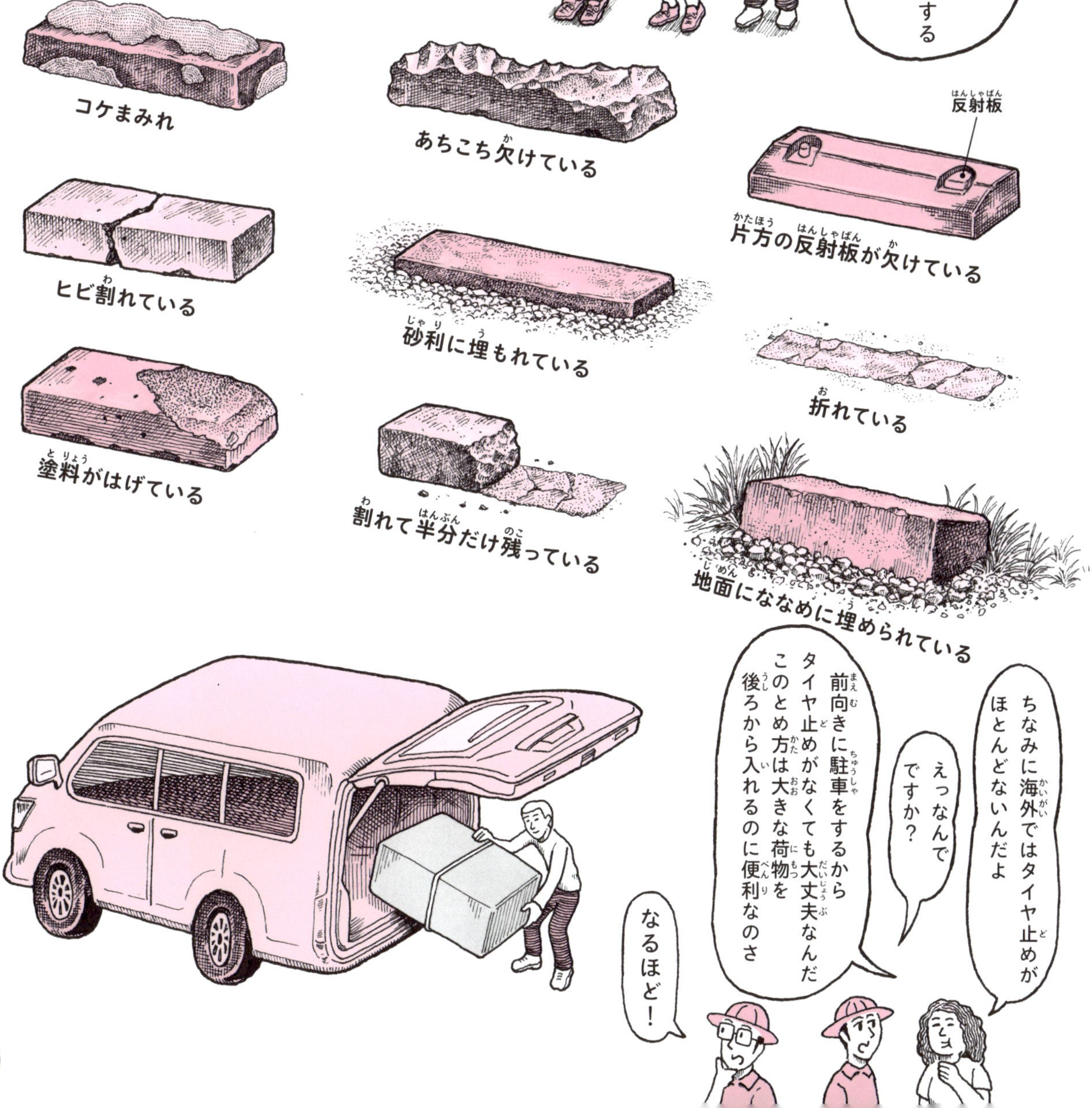
コケまみれ
あちこち欠《か》けている
反射板《はんしゃばん》
片方《かたほう》の反射板《はんしゃばん》が欠《か》けている
ヒビ割《わ》れている
砂利《じゃり》に埋《う》もれている
折《お》れている
塗料《とりょう》がはげている
割《わ》れて半分《はんぶん》だけ残《のこ》っている
地面《じめん》にななめに埋《う》められている
ちなみに海外《かいがい》ではタイヤ止《ど》めがほとんどないんだよ
えっなんでですか？
前向《まえむ》きに駐車《ちゅうしゃ》をするからタイヤ止《ど》めがなくても大丈夫《だいじょうぶ》なんだ このとめ方《かた》は大《おお》きな荷物《にもつ》を後《うし》ろから入《い》れるのに便利《べんり》なのさ
なるほど！

大量《たいりょう》の小型《こがた》UFO《ユーフォー》が出現《しゅつげん》！

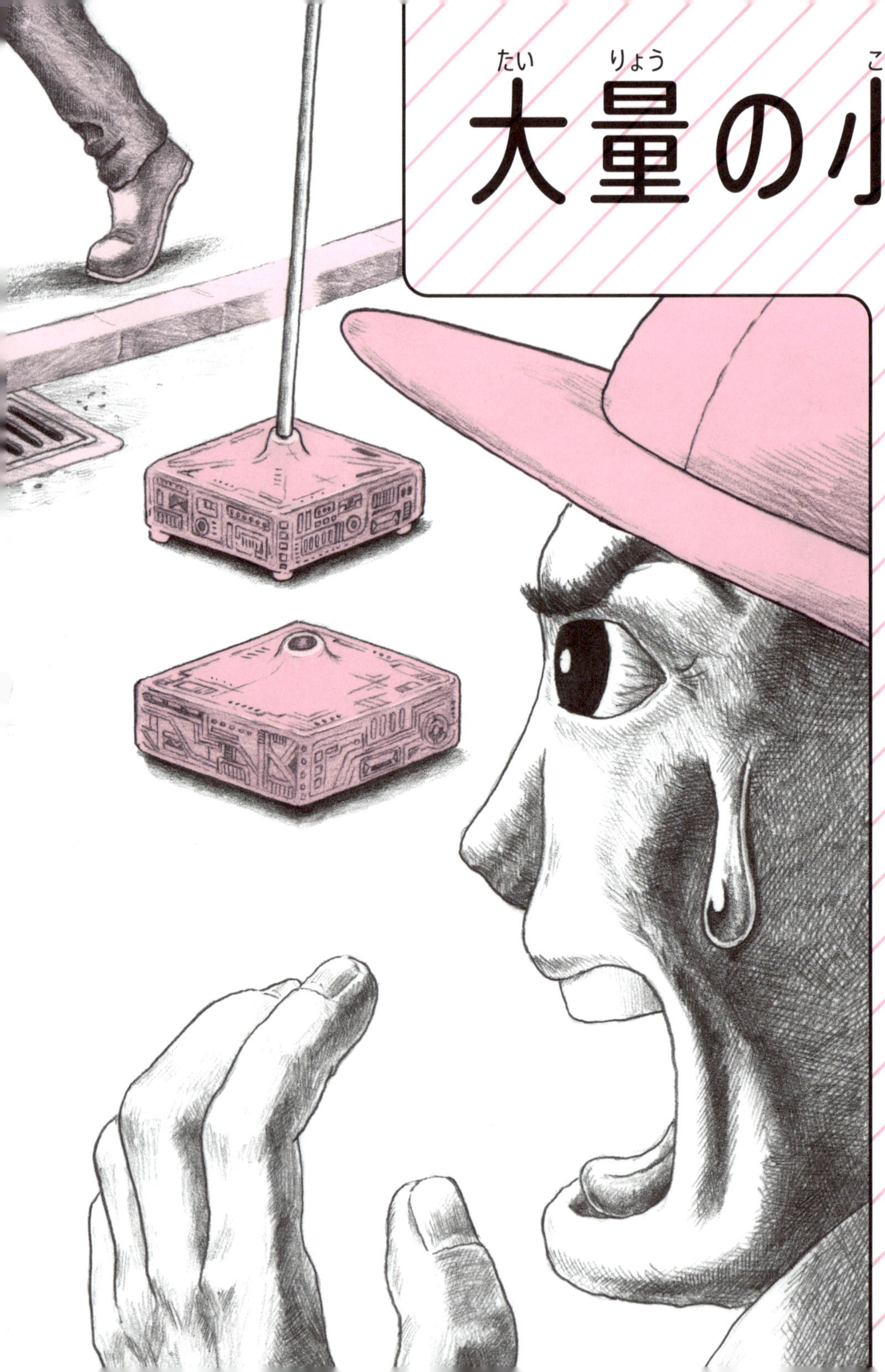

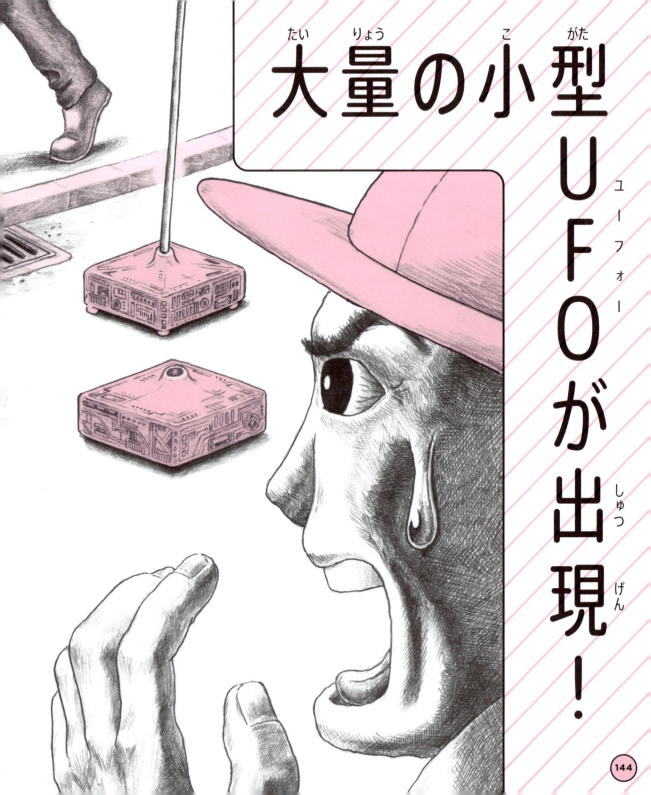

セット円
ALL 800円
ややっ！これは小型《こがた》UFO《ユーフォー》か!?
まさか地球《ちきゅう》の侵略《しんりゃく》に!?
あれ？
よく見《み》るとUFO《ユーフォー》じゃないいな…
ええっ？
君《きみ》たち
のぼりベース見《み》てるなんて イカスね！
ミュージシャン
米須《よねす》 登《のぼる》
(芸名《げいめい》・志田宅郎《しだたくろう》)

愛《いと》しののぼりベース

曲《きょく》・詞《し》 志田《しだ》 宅郎《たくろう》

1

そう いつからだろう
のぼりベース お前《まえ》は商店街《しょうてんがい》に
当《あ》たり前《まえ》のように 居《い》たね

そう いつからか
お前《まえ》のことが気《き》になって
仕方《しかた》なくなっちまったんだ

街《まち》をいろどる 華《はな》やかな のぼり旗《ばた》
それを倒《たお》しちゃならないと
じっと支《ささ》える お前《まえ》の夢《ゆめ》
派手《はで》さはない しゃしゃり出《で》ない
だけど俺《おれ》だけは見《み》てるぜ
(みんな)
気《き》づいてあげてよ のぼりベース
(みんな)
見《み》てあげてよ のぼりベース
みんなへのお願《ねが》いさ

のぼりベース

2

そう　いつからだろう
のぼりベース　お前《まえ》の
種類《しゅるい》がこんなに増《ふ》えたのは
ほら見《み》てくれ　色《いろ》も形《かたち》も材質《ざいしつ》も
こんなに違《ちが》っているんだぜ
コンクリートにスチール
さらにプラスチック
もう地味《じみ》なんて言《い》わないで
言《い》わせないぜ
さあ
このフタを開《あ》けてごらん
ここに水《みず》をそそぐんだ
そら　たちどころに重《おも》くなる
雨《あめ》の日《ひ》も風《かぜ》の日《ひ》も
のぼりを支《ささ》えるお前《まえ》こそ
最高《さいこう》のスターだぜ
だから
（みんな）気《き》づいてあげてよ　のぼりベース
（みんな）見《み》つめてあげてよ　のぼりベース
みんなへのお願《ねが》いさ

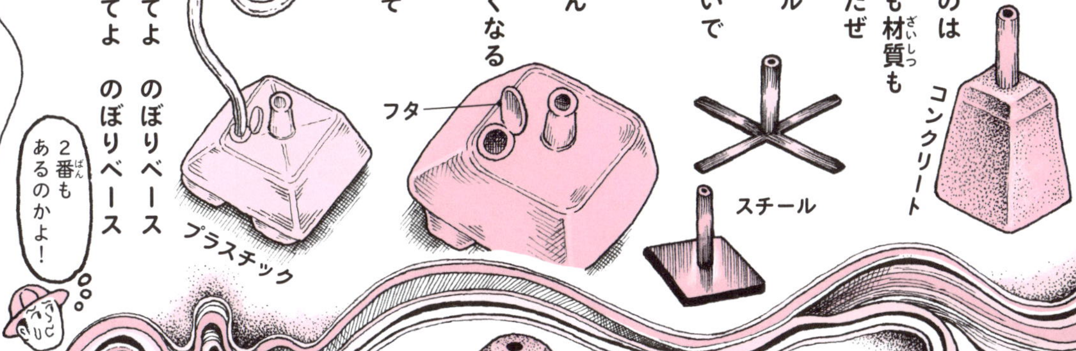

3

そう　いつからだろう
のぼりベース　お前《まえ》が
こんなにもけなげに
がんばりだしたのは
のぼりは大事《だいじ》にしまわれるのに
お前《まえ》は外《そと》に置《お》かれたままだ
そう　ときには　積《つ》まれたり
へこんだり　割《わ》られてたり
いることすら　忘《わす》れられたり
語《かた》りつがれることもない
だけど
俺《おれ》は見《み》てるぜ　のぼりベース
君《きみ》も見《み》てくれ　のぼりベース
みんなも見《み》てくれよ

酒屋《さかや》に巨大《きょだい》ハチの巣《す》現《あらわ》る！

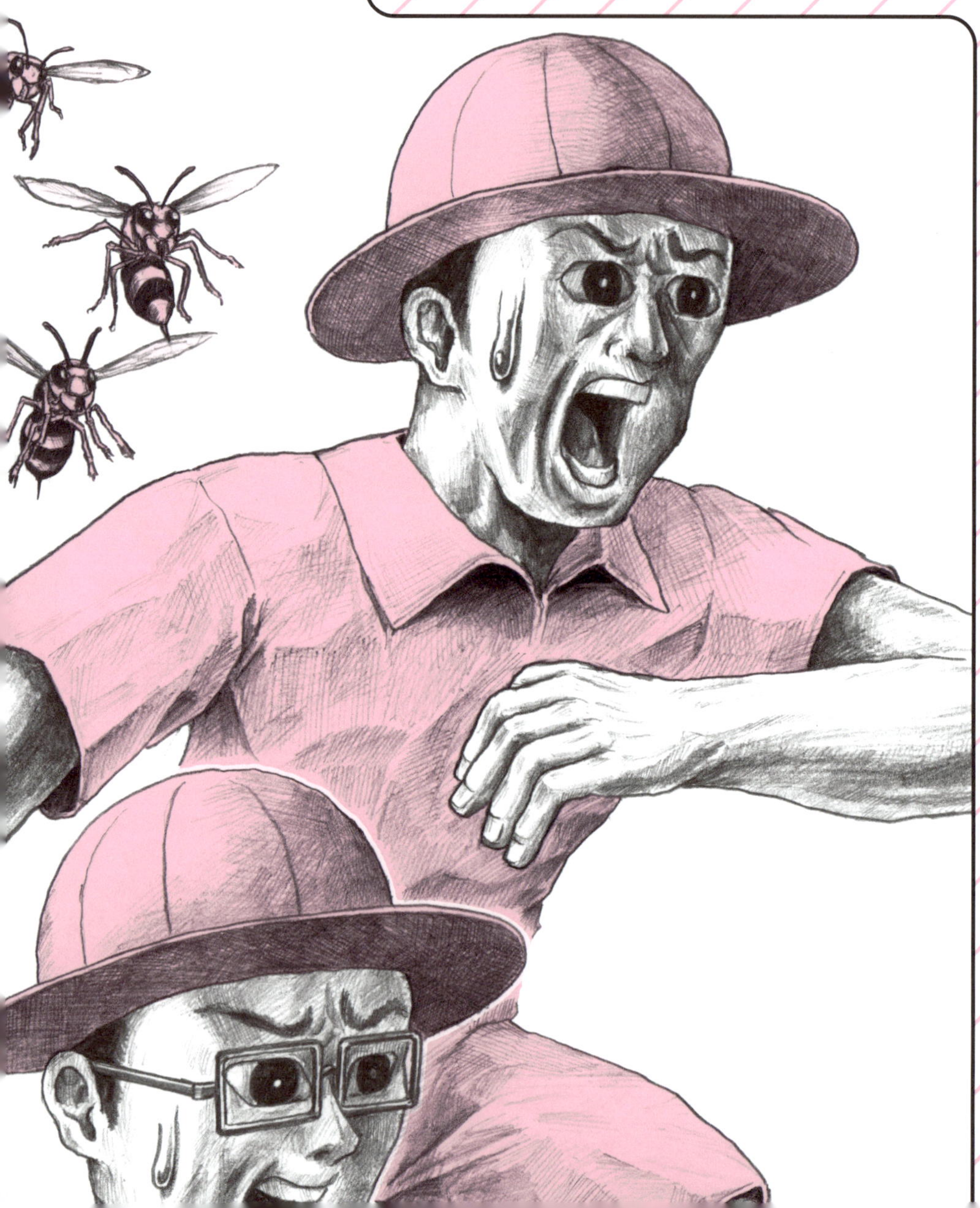

うわーー!!
巨大《きょだい》なハチの巣《す》だーー!!
酒屋
と とにかく逃《に》げないと!
ガラ
ガラガラ
ガラ
あ 店《みせ》の戸《と》が開《ひら》きましたよ!
うちの酒屋《さかや》の杉玉《すぎだま》が気《き》になるの?
ぬうっ
もっと巨大《きょだい》なハチの巣《す》だ
酒店店主《さけてんてんしゅ》 玉井《たまい》 奏琉《そうる》

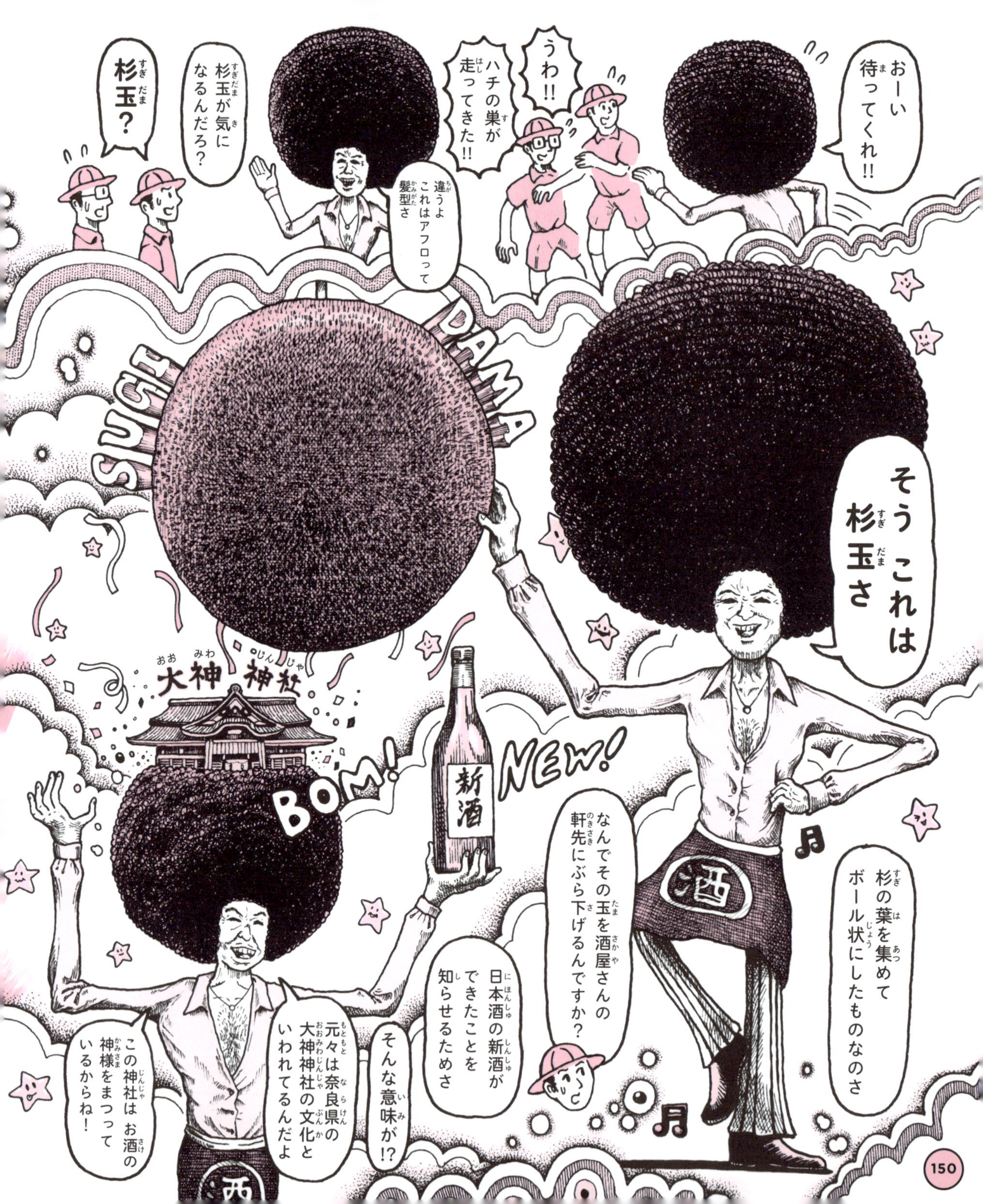

おーい 待《ま》ってくれ!!
うわ!!
ハチの巣《す》が 走《はし》ってきた!!
違《ちが》うよ これはアフロって 髪型《かみがた》さ
杉玉《すぎだま》が気《き》に なるんだろ?
杉《すぎ》玉《だま》?
SUGI DAMA
そう これは 杉《すぎ》玉《だま》さ
大神《おおみわ》 神社《じんじゃ》
新酒
BOM!
NEW!
酒
杉《すぎ》の葉《は》を集《あつ》めて ボール状《じょう》にしたものなのさ
なんでその玉《たま》を酒屋《さかや》さんの 軒先《のきさき》にぶら下《さ》げるんですか?
日本酒《にほんしゅ》の新酒《しんしゅ》が できたことを 知《し》らせるためさ
そんな意味《いみ》が!?
元々《もともと》は奈良県《ならけん》の 大神神社《おおみわじんじゃ》の文化《ぶんか》と いわれてるんだよ
この神社《じんじゃ》はお酒《さけ》の 神様《かみさま》をまつって いるからね!

杉《すぎ》玉《だま》

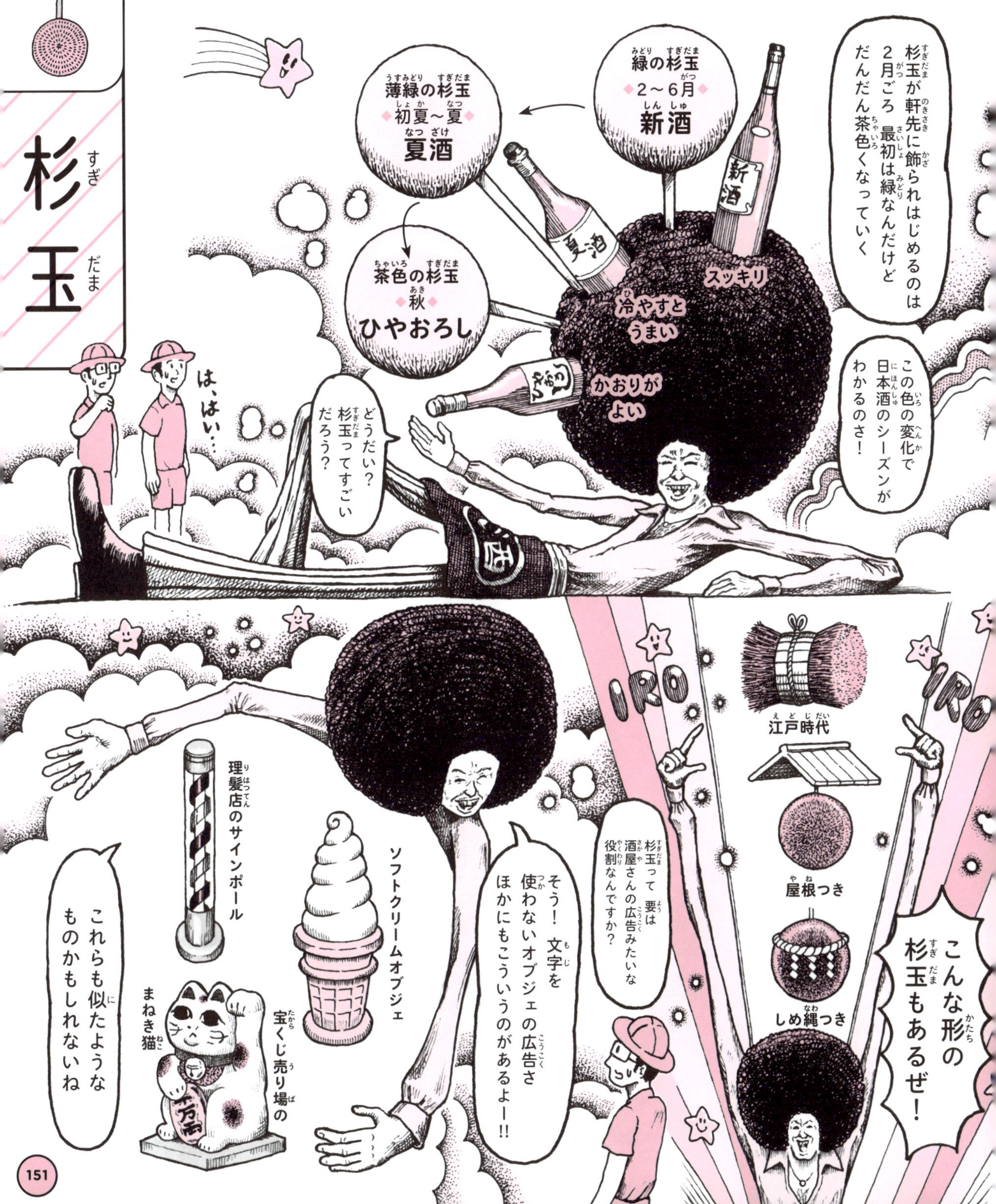

杉玉《すぎだま》が軒先《のきさき》に飾《かざ》られはじめるのは2月《がつ》ごろ 最初《さいしょ》は緑《みどり》なんだけどだんだん茶色《ちゃいろ》くなっていく
緑《みどり》の杉玉《すぎだま》
2〜6月《がつ》
新酒《しんしゅ》
薄緑《うすみどり》の杉玉《すぎだま》
初夏《しょか》〜夏《なつ》
夏酒《なつざけ》
茶色《ちゃいろ》の杉玉《すぎだま》
秋《あき》
ひやおろし
新酒
夏酒
スッキリ
冷《ひ》やすとうまい
かおりがよい
この色《いろ》の変化《へんか》で日本酒《にほんしゅ》のシーズンがわかるのさ!
どうだい? 杉玉《すぎだま》ってすごいだろう?
は、はい…
IRO
IRO
こんな形《かたち》の杉玉《すぎだま》もあるぜ!
江戸時代《えどじだい》
屋根《やね》つき
しめ縄《なわ》つき
杉玉《すぎだま》って要《よう》は酒屋《さかや》さんの広告《こうこく》みたいな役割《やくわり》なんですか?
そう! 文字《もじ》を使《つか》わないオブジェの広告《こうこく》さ ほかにもこういうのがあるよー!!
ソフトクリームオブジェ
理髪店《りはつてん》のサインポール
宝《たから》くじ売《う》り場《ば》のまねき猫《ねこ》
これらも似《に》たようなものかもしれないね

街《まち》の中《なか》に直線《ちょくせん》だらけの空間《くうかん》が・・・

急《きゅう》に静《しず》かな場《ば》所《しょ》に来《き》たな…
がらん…
壁《かべ》が直線《ちょくせん》だらけですね…
奇妙《きみょう》なところだなー
ん?
すみません この壁《かべ》っていったい 何《なん》ですか?
シャッターだけど?
生花店店主《せいかてんてんしゅ》
仕切《しきり》 線一《せんいち》

シャッターは「鎧戸《よろいど》」ともよばれる防犯《ぼうはん》・防火《ぼうか》のための巻上《まきあ》げ戸《ど》だよ
これ戸《と》なのか！
防《ぼう》
犯《はん》
火《か》
入《はい》れない……
入《はい》れない…
そう！スラットとよばれる細長《ほそなが》い部材《ぶざい》を何枚《なんまい》もつなげてできていて収納《しゅうのう》もできるんだ
シャッターのいろいろ
材質《ざいしつ》
アルミ製《せい》
同《おな》じようでよく見《み》ると材質《ざいしつ》が違《ちが》いますね
スチール製《せい》
アルミ・スチール・ステンレス製《せい》が多《おお》いね
燃《も》えづらい材質《ざいしつ》を使《つか》ってるんですね
木製《もくせい》
そう でも木製《もくせい》のシャッターもあるよ
そうなんですか！
世界初《せかいはつ》のシャッターはイギリスの木製《もくせい》シャッターなんだよ
へえー！
種類《しゅるい》
これは一番《いちばん》よく見《み》るスラットシャッターだね
スラットシャッター
これは？
透明《とうめい》パネルシャッター
透明《とうめい》パネルシャッターだね
ガラスとかアクリル板《ばん》でできていて
閉《し》まってても中《なか》の商品《しょうひん》を見《み》てもらえる効果《こうか》があるね
パイプシャッター
これも同《おな》じようなもの？
これはパイプシャッター ガラスもアクリル板《ばん》もない素通《すどお》しのシャッターだよ
開《ひら》き方《かた》
巻《ま》きとり式《しき》
オーバースライダー式《しき》
横開閉型《よこかいへいがた》
これは巻《ま》きとり式《しき》 上《うえ》のシャッターボックスに巻《ま》きとられるんだ
そしてこっちがオーバースライダー式《しき》
内側《うちがわ》の天井《てんじょう》にスライドして格納《かくのう》するんだ
おお！
これは横開閉型《よこかいへいがた》で上下開閉型《じょうげかいへいがた》と違《ちが》い曲線《きょくせん》の形《かたち》にできるんだよ

シャッター

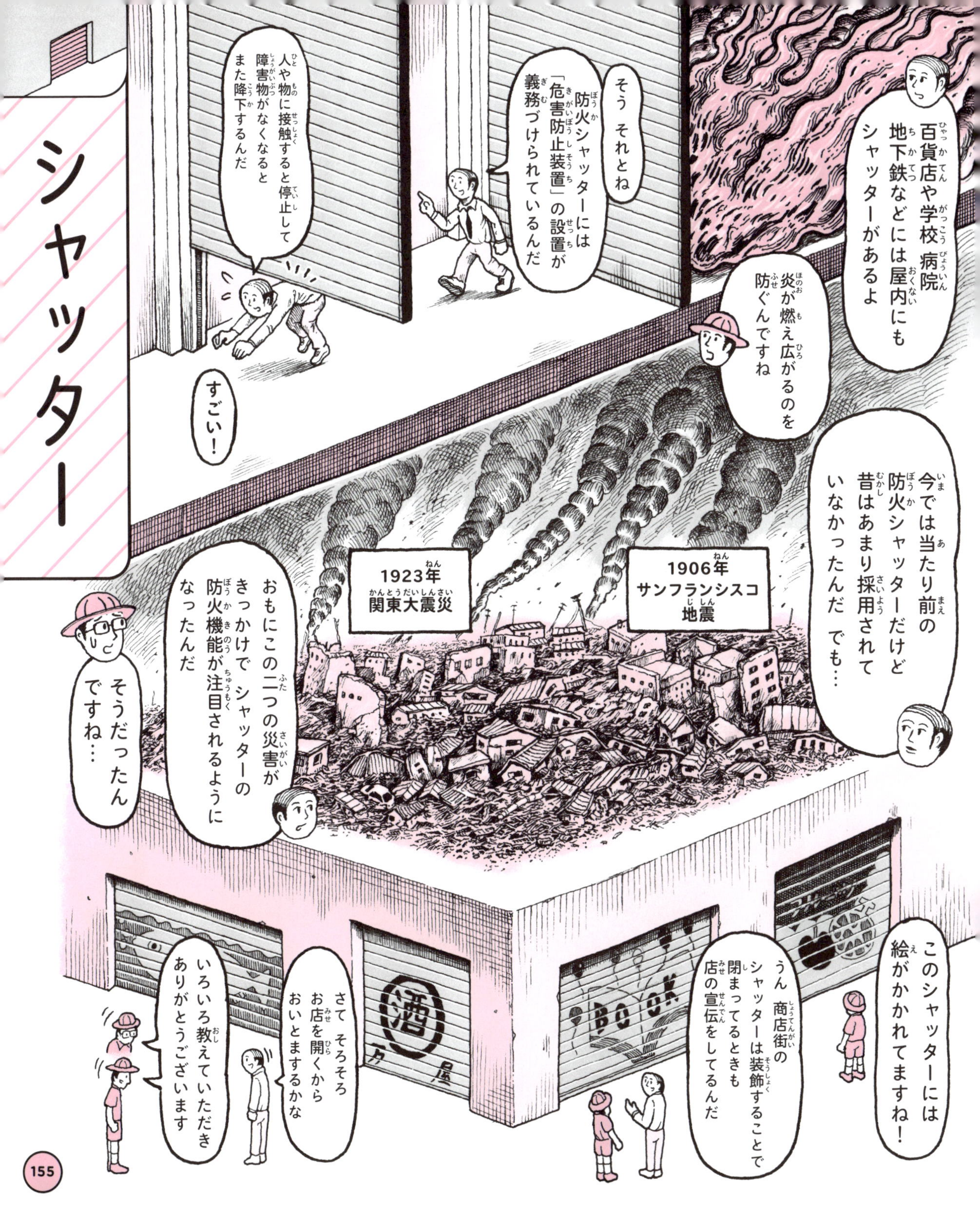

百貨店《ひゃっかてん》や学校《がっこう》 病院《びょういん》 地下鉄《ちかてつ》などには屋内《おくない》にも シャッターがあるよ
そう それとね 防火《ぼうか》シャッターには「危害防止装置《きがいぼうしそうち》」の設置《せっち》が義務《ぎむ》づけられているんだ
人《ひと》や物《もの》に接触《せっしょく》すると停止《ていし》して 障害物《しょうがいぶつ》がなくなると また降下《こうか》するんだ
すごい!
炎《ほのお》が燃《も》え広《ひろ》がるのを防《ふせ》ぐんですね
今《いま》では当《あ》たり前《まえ》の防火《ぼうか》シャッターだけど 昔《むかし》はあまり採用《さいよう》されていなかったんだ でも…
1906年《ねん》 サンフランシスコ地震《じしん》
1923年《ねん》 関東大震災《かんとうだいしんさい》
おもにこの二《ふた》つの災害《さいがい》がきっかけで シャッターの防火機能《ぼうかきのう》が注目《ちゅうもく》されるようになったんだ
そうだったんですね…
このシャッターには絵《え》がかかれてますね!
うん 商店街《しょうてんがい》のシャッターは装飾《そうしょく》することで閉《し》まってるときも店《みせ》の宣伝《せんでん》をしてるんだ
酒
屋
BOOK
さて そろそろお店《みせ》を開《ひら》くから おいとまするかな
いろいろ教《おし》えていただきありがとうございます

あの真《ま》っ赤《か》な鳥《とり》はなんだ!?

クワーッ
真《ま》っ赤《か》な鳥《とり》がいるぞ!!
鳥《とり》なんですかアレ!?
あ…あの! それは何《なん》ですか?
あ! あの人《ひと》持《も》ち上《あ》げた!
えっ 消火器《しょうかき》だけど?
古《ふる》くなったから取《と》りかえるんだ
警備員《けいびいん》
赤地《あかち》 筒哉《つつや》

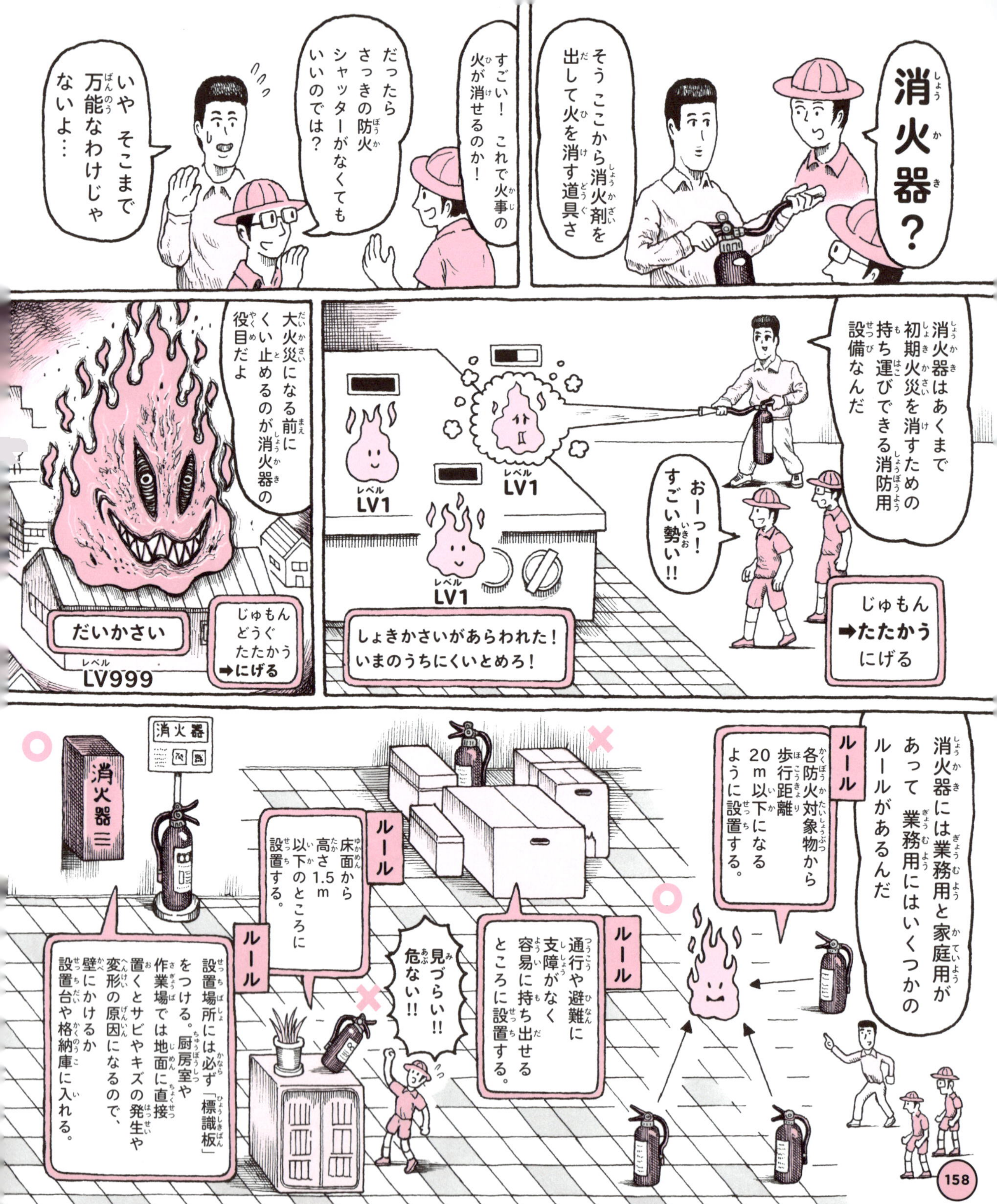
消火器《しょうかき》？
そう ここから消火剤《しょうかざい》を出《だ》して火《ひ》を消《け》す道具《どうぐ》さ
すごい！ これで火事《かじ》の火《ひ》が消《け》せるのか！
だったらさっきの防火《ぼうか》シャッターがなくてもいいのでは？
いや そこまで万能《ばんのう》なわけじゃないよ…
消火器《しょうかき》はあくまで初期火災《しょきかさい》を消《け》すための持《も》ち運《はこ》びできる消防用《しょうぼうよう》設備《せつび》なんだ
おーっ！すごい勢《いきお》い!!
じゅもん
➡たたかう
にげる
LV《レベル》1
LV《レベル》1
LV《レベル》1
しょきかさいがあらわれた！
いまのうちにくいとめろ！
大火災《だいかさい》になる前《まえ》にくい止《と》めるのが消火器《しょうかき》の役目《やくめ》だよ
だいかさい
LV《レベル》999
じゅもん
どうぐ
たたかう
➡にげる
消火器《しょうかき》には業務用《ぎょうむよう》と家庭用《かていよう》があって 業務用《ぎょうむよう》にはいくつかのルールがあるんだ
ルール
各防火対象物《かくぼうかたいしょうぶつ》から歩行距離《ほこうきょり》20m以下《いか》になるように設置《せっち》する。
ルール
通行《つうこう》や避難《ひなん》に支障《ししょう》がなく容易《ようい》に持《も》ち出《だ》せるところに設置《せっち》する。
見《み》づらい!! 危《あぶ》ない!!
ルール
床面《ゆかめん》から高《たか》さ1.5m以下《いか》のところに設置《せっち》する。
ルール
設置場所《せっちばしょ》には必《かなら》ず「標識板《ひょうしきばん》」をつける。厨房室《ちゅうぼうしつ》や作業場《さぎょうば》では地面《じめん》に直接《ちょくせつ》置《お》くとサビやキズの発生《はっせい》や変形《へんけい》の原因《げんいん》になるので、壁《かべ》にかけるか設置台《せっちだい》や格納庫《かくのうこ》に入《い》れる。
消火器
消火器

消《しょう》火《か》器《き》

ラベルの読《よ》み方《かた》

A　普通火災用《ふつうかさいよう》

紙《かみ》・木材《もくざい》・繊維《せんい》・樹脂《じゅし》など
固形物《こけいぶつ》が燃《も》える一般的《いっぱんてき》な火災《かさい》

B　油火災用《あぶらかさいよう》

油《あぶら》・ガソリンなどによる
火災《かさい》

C　電気火災用《でんきかさいよう》

電気設備《でんきせつび》の
火災《かさい》

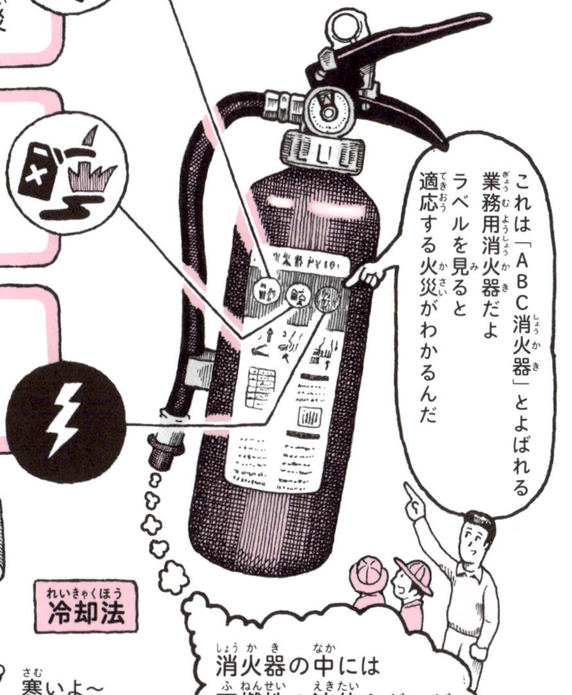

消《しょう》火《か》法《ほう》　火《ひ》を退治《たいじ》する方法《ほうほう》

窒息法《ちっそくほう》

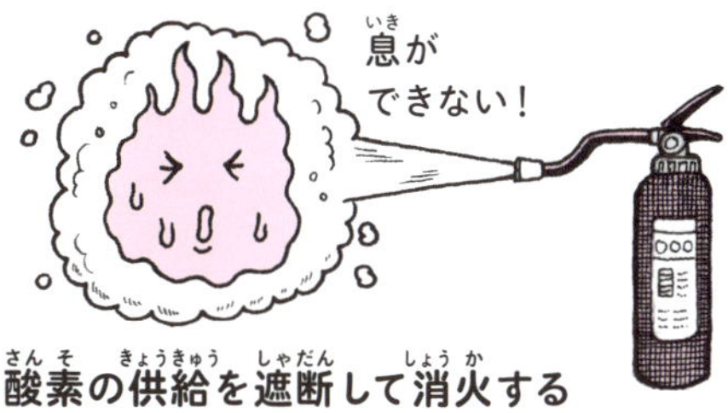

酸素《さんそ》の供給《きょうきゅう》を遮断《しゃだん》して消火《しょうか》する

冷却法《れいきゃくほう》

燃焼物体《ねんしょうぶったい》を冷《ひ》やして消火《しょうか》する

消火器《しょうかき》の中《なか》には
不燃性《ふねんせい》の液体《えきたい》やガスが
入《はい》っている。
これを燃焼物《ねんしょうぶつ》に
ふきかけて
包《つつ》みこむことで
火《ひ》を消《け》せる。

時《じ》空《くう》のゆがみが起《お》きる場《ば》所《しょ》…？

ん～
どうしたんですか?
ゴシゴシ
いや目がおかしいのかな…
なんか風景《ふうけい》の一部《いちぶ》がドット絵《え》に見《み》えるんだよ…
もしかして時空《じくう》がゆがんでいる…?
タイルってきれいでいいよね
えっ?
プログラマー
角田《かくた》　見張《みはる》

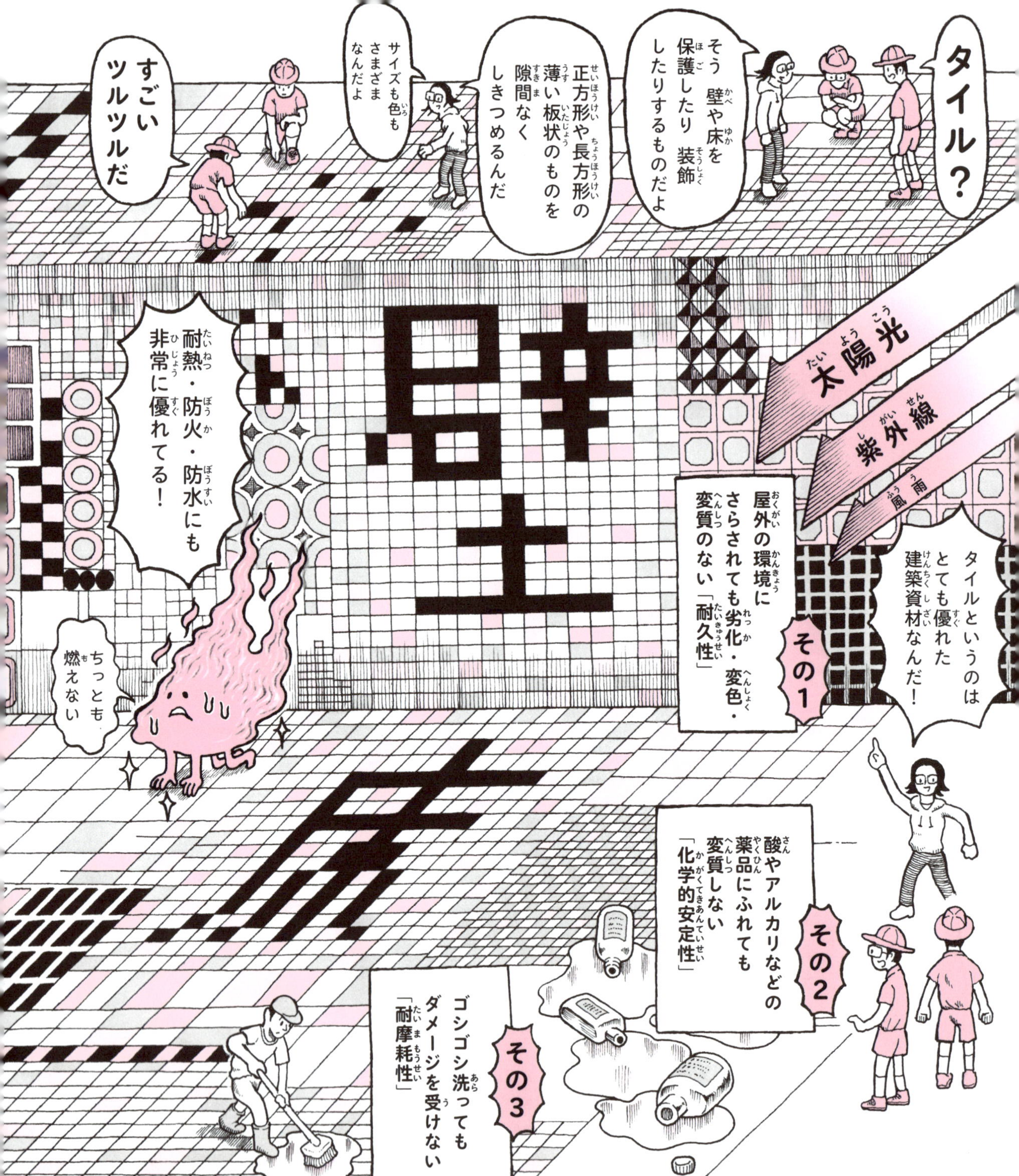

タイル？
そう 壁《かべ》や床《ゆか》を 保護《ほご》したり 装飾《そうしょく》したりするものだよ
正方形《せいほうけい》や長方形《ちょうほうけい》の 薄《うす》い板状《いたじょう》のものを 隙間《すきま》なく しきつめるんだ
サイズも色《いろ》も さまざま なんだよ
すごい ツルツルだ
壁
太陽光《たいようこう》
紫外線《しがいせん》
風雨《ふうう》
タイルというのは とても優《すぐ》れた 建築資材《けんちくしざい》なんだ！
その1
屋外《おくがい》の環境《かんきょう》に さらされても劣化《れっか》・変色《へんしょく》・ 変質《へんしつ》のない「耐久性《たいきゅうせい》」
耐熱《たいねつ》・防火《ぼうか》・防水《ぼうすい》にも 非常《ひじょう》に優《すぐ》れてる！
ちっとも 燃《も》えない
床
その2
酸《さん》やアルカリなどの 薬品《やくひん》にふれても 変質《へんしつ》しない 「化学的安定性《かがくてきあんていせい》」
その3
ゴシゴシ洗《あら》っても ダメージを受《う》けない 「耐摩耗性《たいまもうせい》」

タイル
教室《きょうしつ》やオフィスの床《ゆか》はPタイルというプラスチック製《せい》のものが多《おお》いんだよ
これはとてもシンプルで地味《じみ》ですね
カラフルだと仕事《しごと》や勉強《べんきょう》に集中《しゅうちゅう》できないからね
タイルの呼《よ》び方《かた》
敷《しき》瓦《がわら》
陶《とう》板《ばん》
張《はり》付《つき》化《け》粧《しょう》煉《れん》瓦《が》
貼《はり》瓦《がわら》
タイル
大正《たいしょう》11年《ねん》（1922年《ねん》）に「タイル」という名前《なまえ》に統一《とういつ》されるまではいろんな呼《よ》び方《かた》があったんだ
どの名前《なまえ》もなんか強《つよ》そう…
浴室《よくしつ》や洗面所《せんめんじょ》建物《たてもの》の外《そと》などのタイルは陶磁器《とうじき》でできているんだ
タイルの材質《ざいしつ》いろいろ
下《した》のタイルがカラフルな丸《まる》だ！
そう 不規則《ふきそく》な形《かたち》のタイルもあるんだよ
こういう歩道《ほどう》のタイルはコンクリート製《せい》だね
陶磁器《とうじき》と違《ちが》ってザラザラしてる
タイルって壁《かべ》や床《ゆか》をびっしりおおってるんですね
ラテン語《ご》の「おおう」が語源《ごげん》だからね
へぇ～！

屋上《おくじょう》のクレーンはだれが運《はこ》んだ？

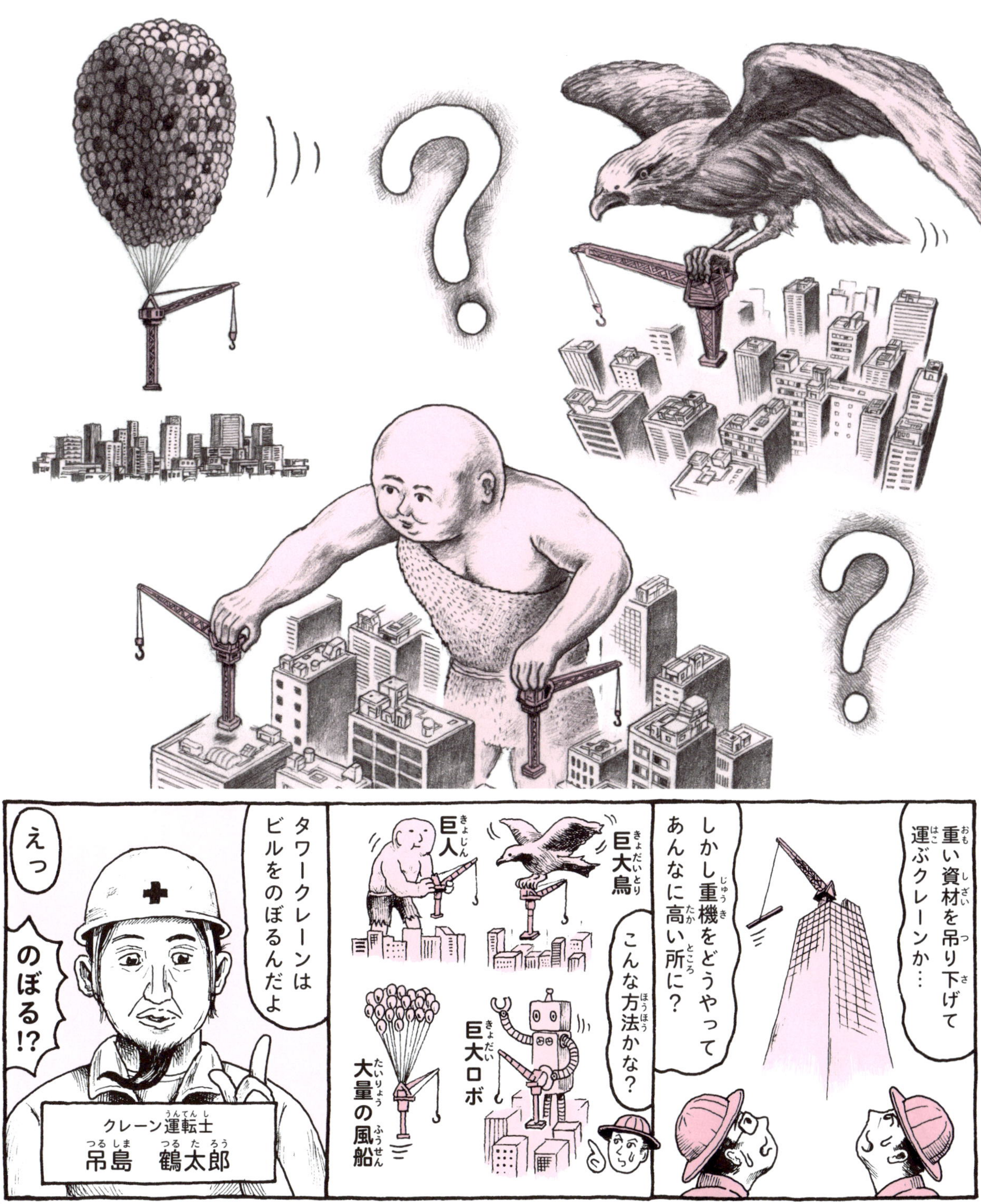
重《おも》い資材《しざい》を吊《つ》り下《さ》げて運《はこ》ぶクレーンか…
しかし重機《じゅうき》をどうやってあんなに高《たか》い所《ところ》に？
こんな方法《ほうほう》かな？
巨大鳥《きょだいとり》
巨人《きょじん》
巨大《きょだい》ロボ
大量《たいりょう》の風船《ふうせん》
タワークレーンはビルをのぼるんだよ
えっ
のぼる!?
クレーン運転士《うんてんし》
吊島《つるしま》　鶴太郎《つるたろう》

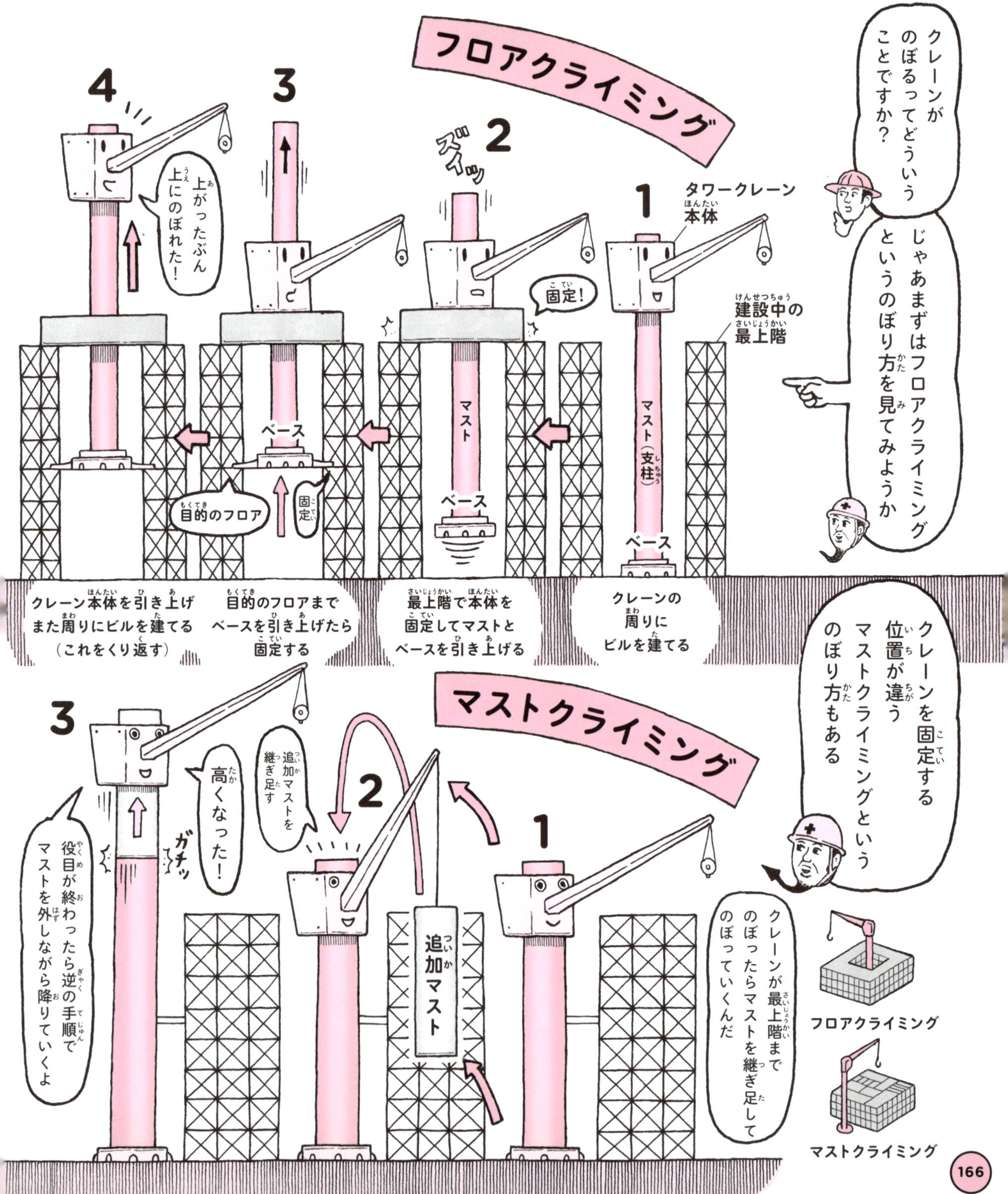

クレーンがのぼるってどういうことですか？
じゃあまずはフロアクライミングというのぼり方《かた》を見《み》てみようか
フロアクライミング
1
タワークレーン本体《ほんたい》
建設中《けんせつちゅう》の最上階《さいじょうかい》
マスト（支柱《しちゅう》）
ベース
クレーンの周《まわ》りにビルを建《た》てる
2
ズイッ
固定《こてい》！
マスト
ベース
最上階《さいじょうかい》で本体《ほんたい》を固定《こてい》してマストとベースを引《ひ》き上《あ》げる
3
ベース
固定《こてい》
目的《もくてき》のフロア
目的《もくてき》のフロアまでベースを引《ひ》き上《あ》げたら固定《こてい》する
4
上《あ》がったぶん上《うえ》にのぼれた！
クレーン本体《ほんたい》を引《ひ》き上《あ》げまた周《まわ》りにビルを建《た》てる（これをくり返《かえ》す）
クレーンを固定《こてい》する位置《いち》が違《ちが》うマストクライミングというのぼり方《かた》もある
マストクライミング
1
クレーンが最上階《さいじょうかい》までのぼったらマストを継《つ》ぎ足《た》してのぼっていくんだ
2
追加《ついか》マストを継《つ》ぎ足《た》す
追加《ついか》マスト
3
ガチッ
高《たか》くなった！
役目《やくめ》が終《お》わったら逆《ぎゃく》の手順《てじゅん》でマストを外《はず》しながら降《お》りていくよ
フロアクライミング
マストクライミング

タワークレーン

タワークレーンの解体《かいたい》手順《てじゅん》

1

大《おお》きいクレーンで中《ちゅう》くらいのクレーンのパーツを屋上《おくじょう》に運《はこ》ぶ。

2

大《おお》きいクレーンを解体《かいたい》し、中《ちゅう》くらいのクレーンで屋上《おくじょう》から降《お》ろす。

3

中《ちゅう》くらいのクレーンで小《ちい》さいクレーンのパーツを屋上《おくじょう》に運《はこ》ぶ。

4

中《ちゅう》くらいのクレーンを解体《かいたい》し、小《ちい》さいクレーンで屋上《おくじょう》から降《お》ろす。

5

小《ちい》さいクレーンを解体《かいたい》し、人《ひと》の手《て》で持《も》ち帰《かえ》って完了《かんりょう》!

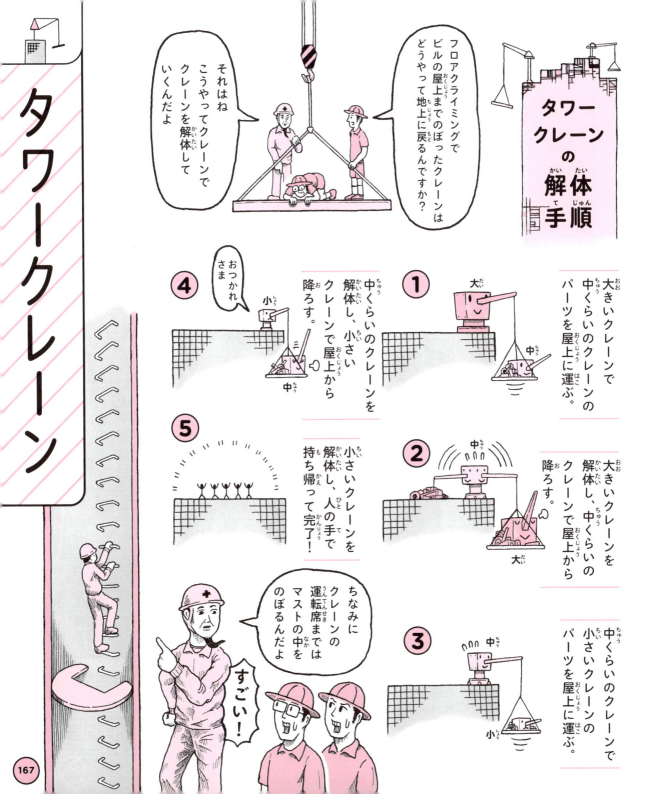

地面《じめん》から生《は》える赤《あか》い爪《つめ》

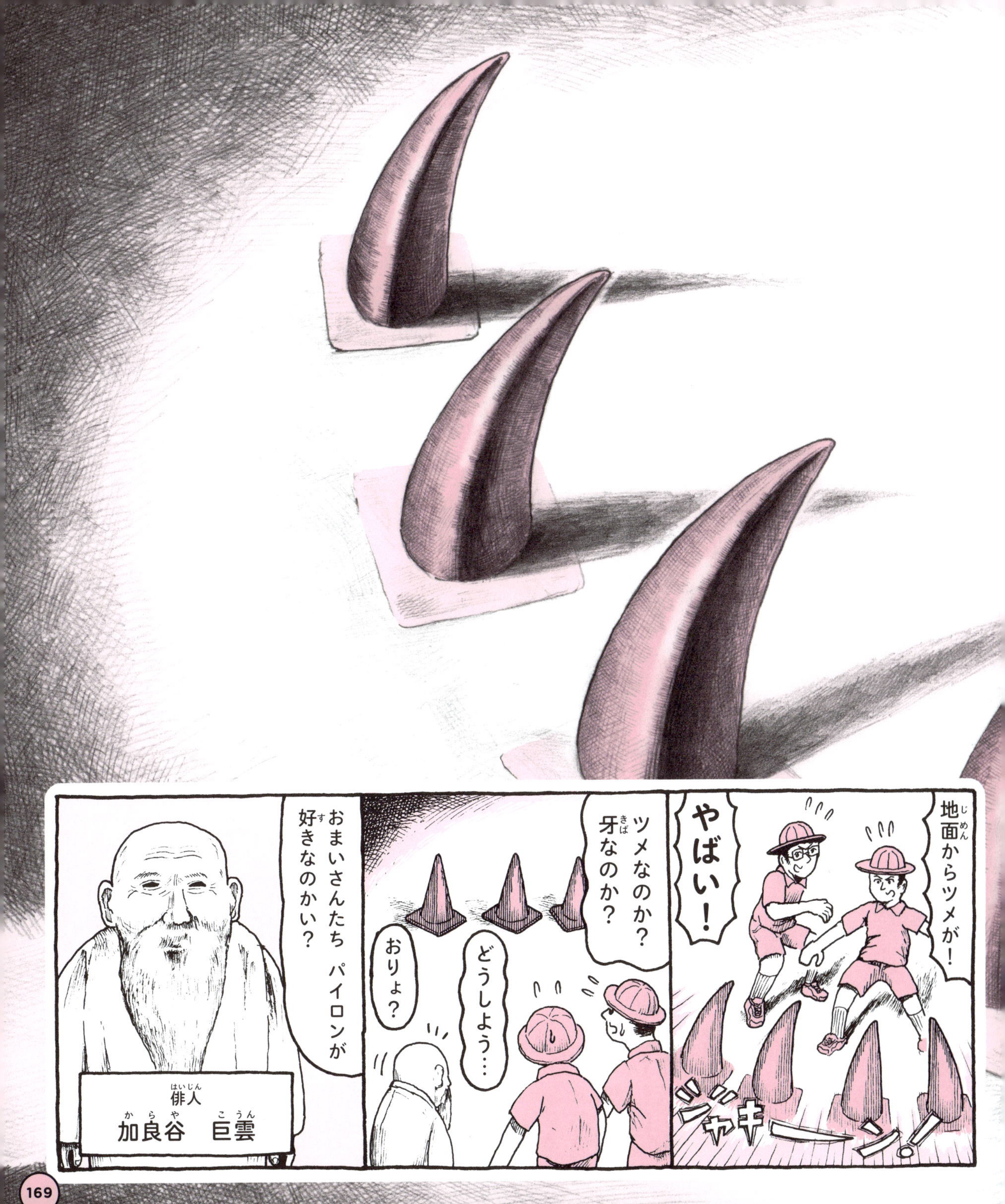

地面《じめん》からツメが！
やばい！
ジャキーーン！
ツメなのか？
牙《きば》なのか？
どうしよう…
おりょ？
おまいさんたち パイロンが
好《す》きなのかい？
俳人《はいじん》
加良谷《からや》　巨雲《こうん》

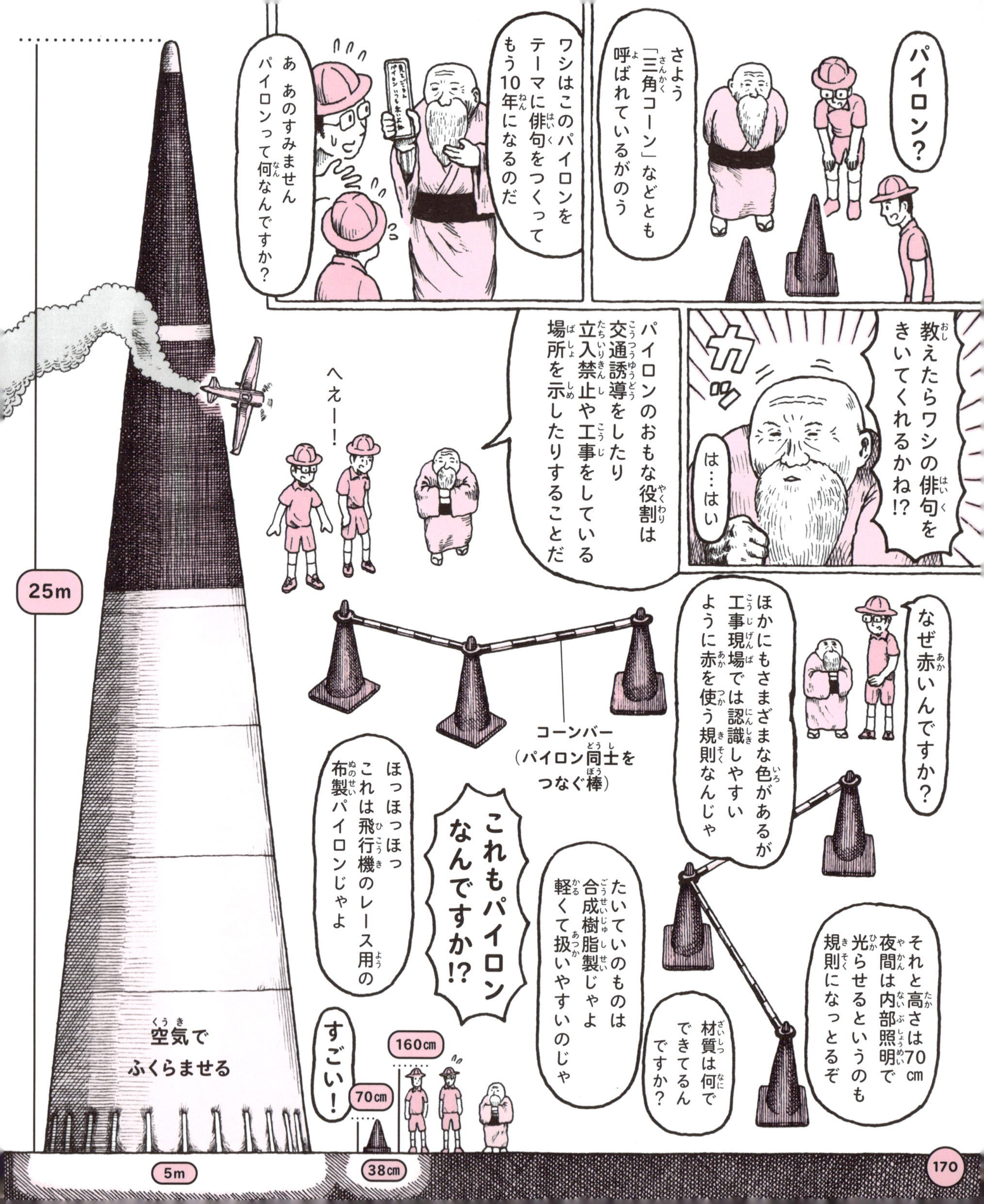
パイロン？
さよう
「三角《さんかく》コーン」などとも
呼《よ》ばれているがのう
ワシはこのパイロンを
テーマに俳句《はいく》をつくって
もう10年《ねん》になるのだ
あ あのすみません
パイロンって何《なん》なんですか？
教《おし》えたらワシの俳句《はいく》を
きいてくれるかね!?
カッ
は…はい
パイロンのおもな役割《やくわり》は
交通誘導《こうつうゆうどう》をしたり
立入禁止《たちいりきんし》や工事《こうじ》をしている
場所《ばしょ》を示《しめ》したりすることだ
へえー！
なぜ赤《あか》いんですか？
ほかにもさまざまな色《いろ》があるが
工事現場《こうじげんば》では認識《にんしき》しやすい
ように赤《あか》を使《つか》う規則《きそく》なんじゃ
コーンバー
（パイロン同士《どうし》を
つなぐ棒《ぼう》）
それと高《たか》さは70㎝
夜間《やかん》は内部照明《ないぶしょうめい》で
光《ひか》らせるというのも
規則《きそく》になっとるぞ
材質《ざいしつ》は何《なに》で
できてるん
ですか？
たいていのものは
合成樹脂製《ごうせいじゅしせい》じゃよ
軽《かる》くて扱《あつか》いやすいのじゃ
これもパイロン
なんですか!?
ほっほっほっ
これは飛行機《ひこうき》のレース用《よう》の
布製《ぬのせい》パイロンじゃよ
すごい！
160㎝
70㎝
38㎝
25m
5m
空気《くうき》で
ふくらませる

パイロン

うわ！ パイロンが壊《こわ》されてる!!
うむ おそらく路上《ろじょう》で一番《いちばん》壊《こわ》されてるものじゃろう 車《くるま》がぶつかったり 日光《にっこう》や風雨《ふうう》にさらされたり 置《お》かれてる環境《かんきょう》が とても過酷《かこく》じゃからのう…
ボロボロだ…
でも…ワシはパイロンの こんなさびしい姿《すがた》を見《み》ると 創作意欲《そういよく》が刺激《しげき》されるんじゃ！
サラ サラ
たしかに見《み》てると なんとなくパイロンに 気持《きも》ちが入《はい》っちゃいますね
わかってくれるか！ 若《わか》いの
よし！ できた!!
パイロンの 雑《ざつ》なあつかい 悲《かな》しけれ

古《こ》代《だい》人《じん》がつくったパズルか…？

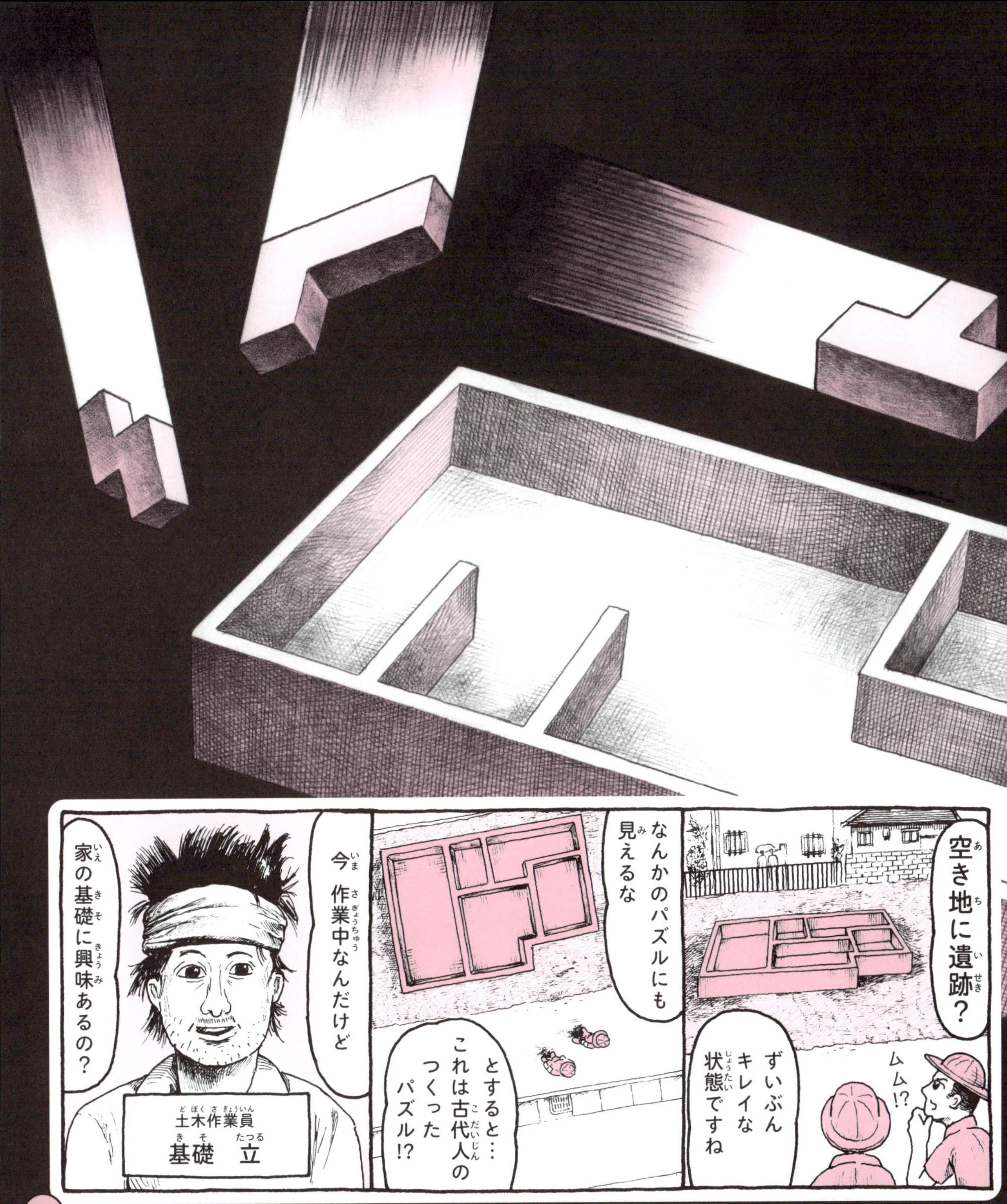

空《あ》き地《ち》に遺跡《いせき》?
ムム!?
ずいぶんキレイな状態《じょうたい》ですね
なんかのパズルにも見《み》えるな
とすると…これは古代人《こだいじん》のつくったパズル!?
今《いま》作業中《さぎょうちゅう》なんだけど
家《いえ》の基礎《きそ》に興味《きょうみ》あるの?
土木作業員《どぼくさぎょういん》
基礎《きそ》 立《たつる》

敷地《しきち》の調査《ちょうさ》

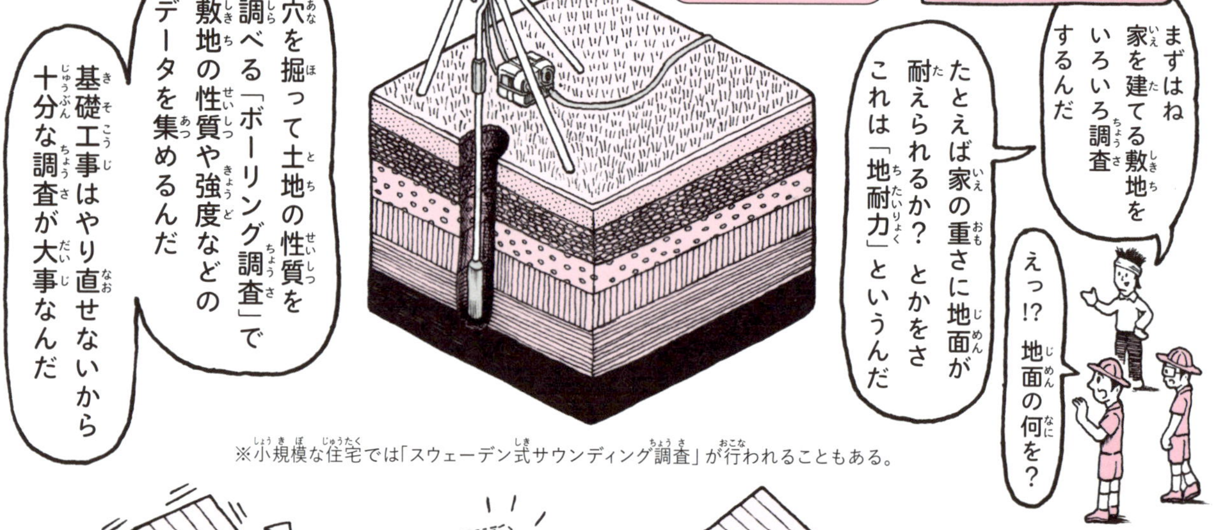

※小規模《しょうきぼ》な住宅《じゅうたく》では「スウェーデン式《しき》サウンディング調査《ちょうさ》」が行《おこな》われることもある。

構造《こうぞう》計画《けいかく》

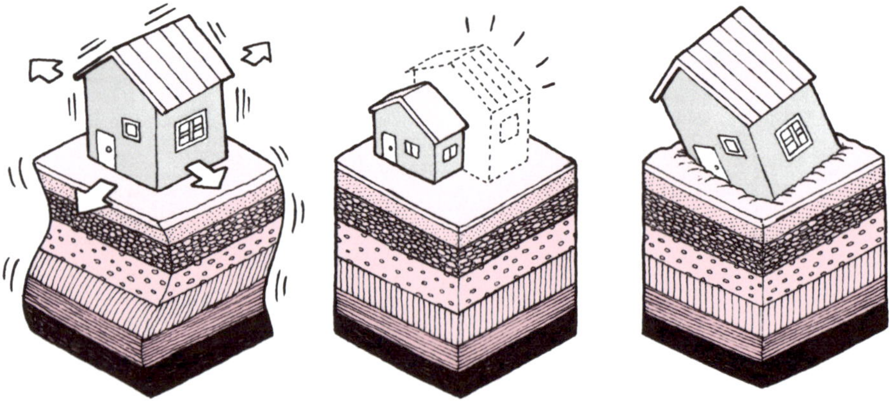

台風《たいふう》や地震《じしん》などで建物《たてもの》にいろいろな力《ちから》が加《くわ》わることを考慮《こうりょ》する

家《いえ》を増築《ぞうちく》した場合《ばあい》に土地《とち》に加《くわ》わる重《おも》みも考《かんが》えておく

建物《たてもの》がななめにかたむく原因《げんいん》になるような建物《たてもの》の配置《はいち》や重量《じゅうりょう》の配分《はいぶん》をしないようにする

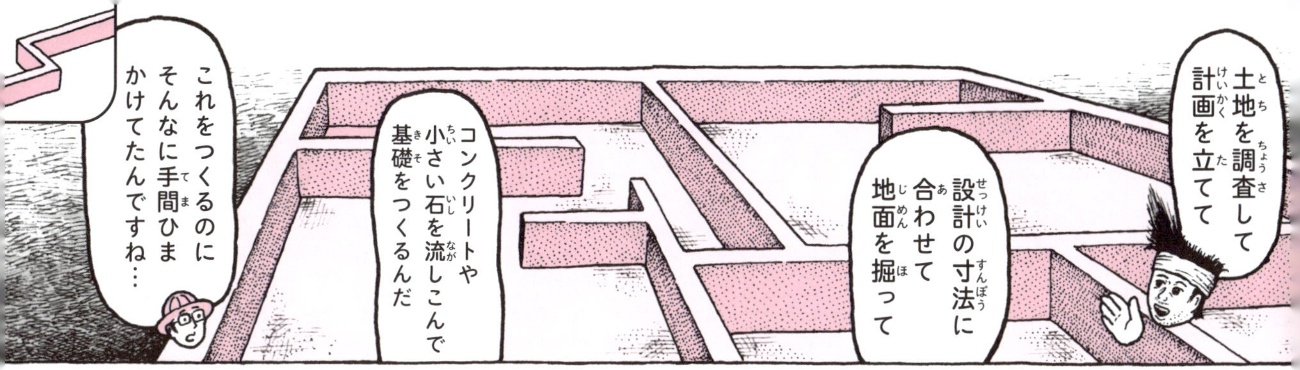
土地《とち》を調査《ちょうさ》して計画《けいかく》を立《た》てて
設計《せっけい》の寸法《すんぽう》に合《あ》わせて地面《じめん》を掘《ほ》って
コンクリートや小《ちい》さい石《いし》を流《なが》しこんで基礎《きそ》をつくるんだ
これをつくるのにそんなに手間《てま》ひまかけてたんですね…

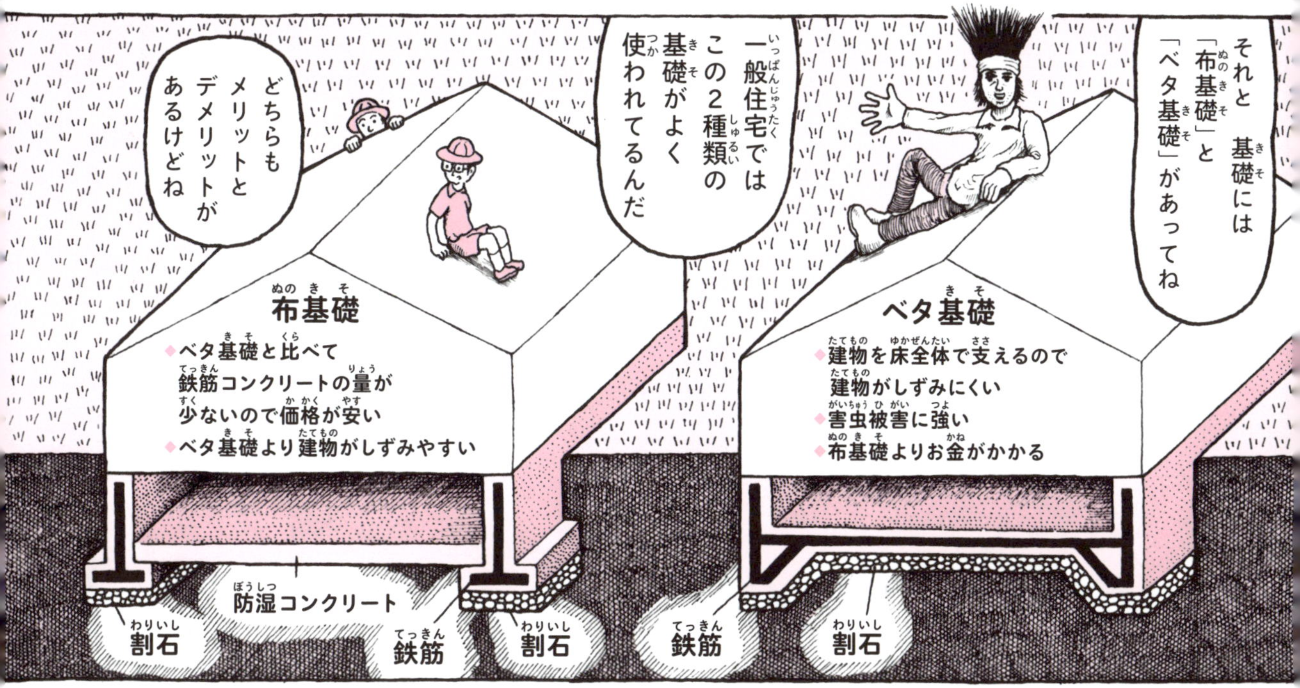
それと　基礎《きそ》には「布基礎《ぬのきそ》」と「ベタ基礎《きそ》」があってね
一般住宅《いっぱんじゅうたく》ではこの2種類《しゅるい》の基礎《きそ》がよく使《つか》われてるんだ
どちらもメリットとデメリットがあるけどね
布基礎《ぬのきそ》
◆ベタ基礎《きそ》と比《くら》べて鉄筋《てっきん》コンクリートの量《りょう》が少《すく》ないので価格《かかく》が安《やす》い
◆ベタ基礎《きそ》より建物《たてもの》がしずみやすい
ベタ基礎《きそ》
◆建物《たてもの》を床全体《ゆかぜんたい》で支《ささ》えるので建物《たてもの》がしずみにくい
◆害虫被害《がいちゅうひがい》に強《つよ》い
◆布基礎《ぬのきそ》よりお金《かね》がかかる
防湿《ぼうしつ》コンクリート
割石《わりいし》
鉄筋《てっきん》
割石《わりいし》
鉄筋《てっきん》
割石《わりいし》

家《いえ》の基礎《きそ》

家《いえ》の中《なか》で安心《あんしん》して暮《く》らせるのって基礎《きそ》のおかげなんですね
基礎《きそ》のことをわかってもらえてうれしいよ！

静《しず》かにうごめく未《み》知《ち》の物《ぶっ》体《たい》

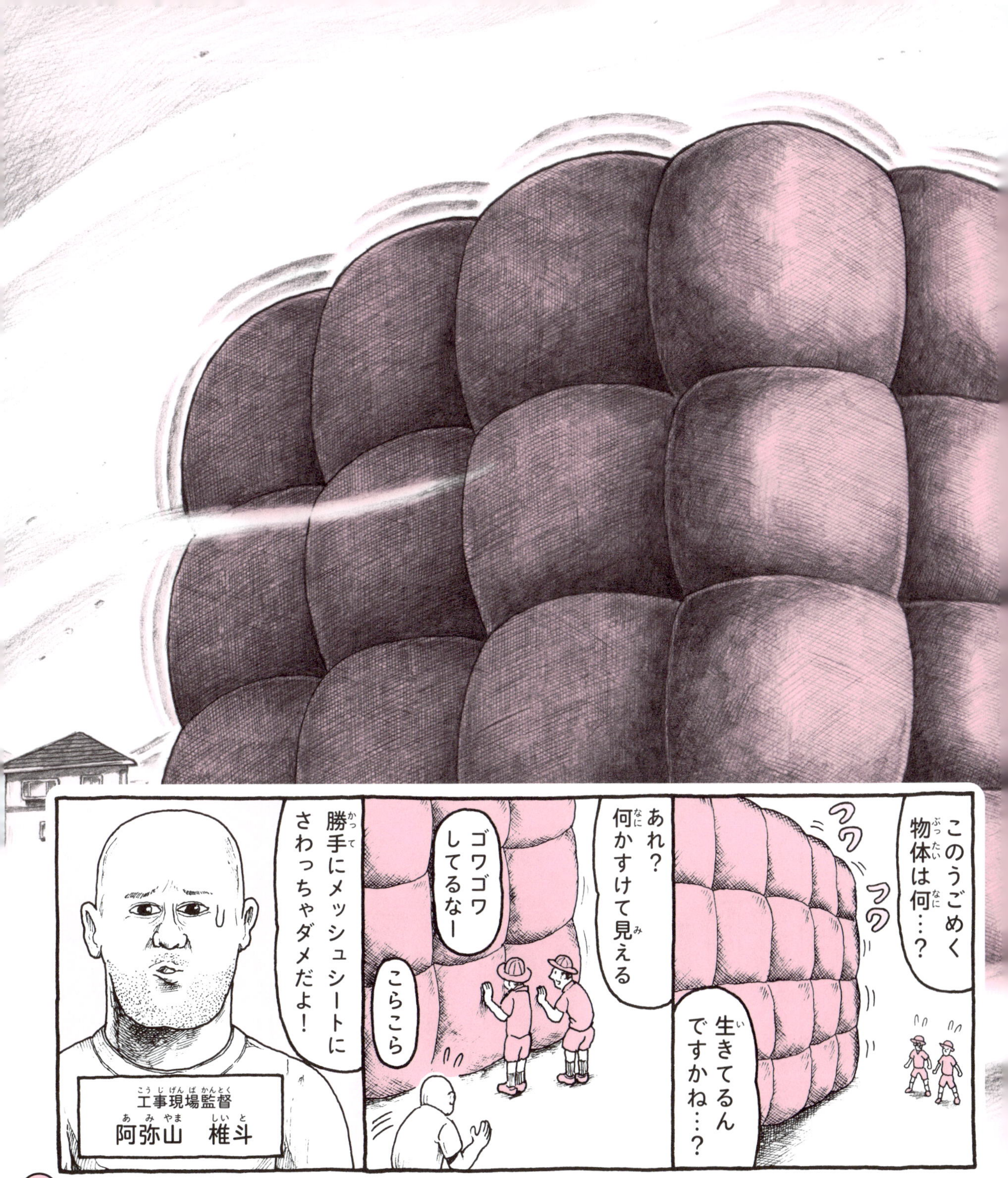
このうごめく物体《ぶったい》は何《なに》…？
フワ
フワ
生《い》きてるんですかね…？
あれ？何《なに》かすけて見《み》える
ゴワゴワしてるなー
こらこら
勝手《かって》にメッシュシートにさわっちゃダメだよ！
工事現場監督《こうじげんばかんとく》
阿弥山《あみやま》　椎斗《しいと》

メッシュシート？
そう 建設現場《けんせつげんば》で組《く》んだ足場《あしば》をおおう「網《あみ》」だよ
足場《あしば》？
そう ほらあっちにあるのがそうだよ
ああやって金属製《きんぞくせい》のパイプを組《く》んで高所《こうしょ》で作業《さぎょう》をするときの足場《あしば》にするのさ
本当《ほんとう》だ！でもなんで足場《あしば》を網《あみ》でおおうんですか？
それはだね…
建設現場《けんせつげんば》ではいろいろなものが敷地《しきち》の外《そと》に飛《と》び出《で》る可能性《かのうせい》があるんだ
たとえば
ボルトや工具《こうぐ》などをうっかり落《お》としたり…
外壁《がいへき》を塗装《とそう》してるとき風《かぜ》が吹《ふ》いて塗料《とりょう》が飛《と》んだり…
洗濯物《せんたくもの》が汚《よご》れる！
さまざまな作業音《さぎょうおん》が鳴《な》りひびいたり…
これはつらい！
うっかり足《あし》をすべらせて作業員《さぎょういん》が転落《てんらく》したり…
こわい!!
このメッシュシートはそういった周辺《しゅうへん》への被害《ひがい》や事故《じこ》を防《ふせ》ぐために設置《せっち》されているんだ
へえー
もしもメッシュシートをつけずに建設作業《けんせつさぎょう》を行《おこな》ったら…
塗料《とりょう》の飛散《ひさん》
作業音《さぎょうおん》
作業員《さぎょういん》の転落《てんらく》
路上《ろじょう》への工具《こうぐ》の落下《らっか》
こんなことになってしまうかもしれない
(作業《さぎょう》の内容《ないよう》によってはシートを設置《せっち》しないときもある)
これは大変《たいへん》だ…
でも…網《あみ》なんかでちゃんと防《ふせ》げるんですか？
そう これは網《あみ》は網《あみ》でもただの網《あみ》じゃあないんだよ
見《み》ててごらん
えっ

メッシュシート

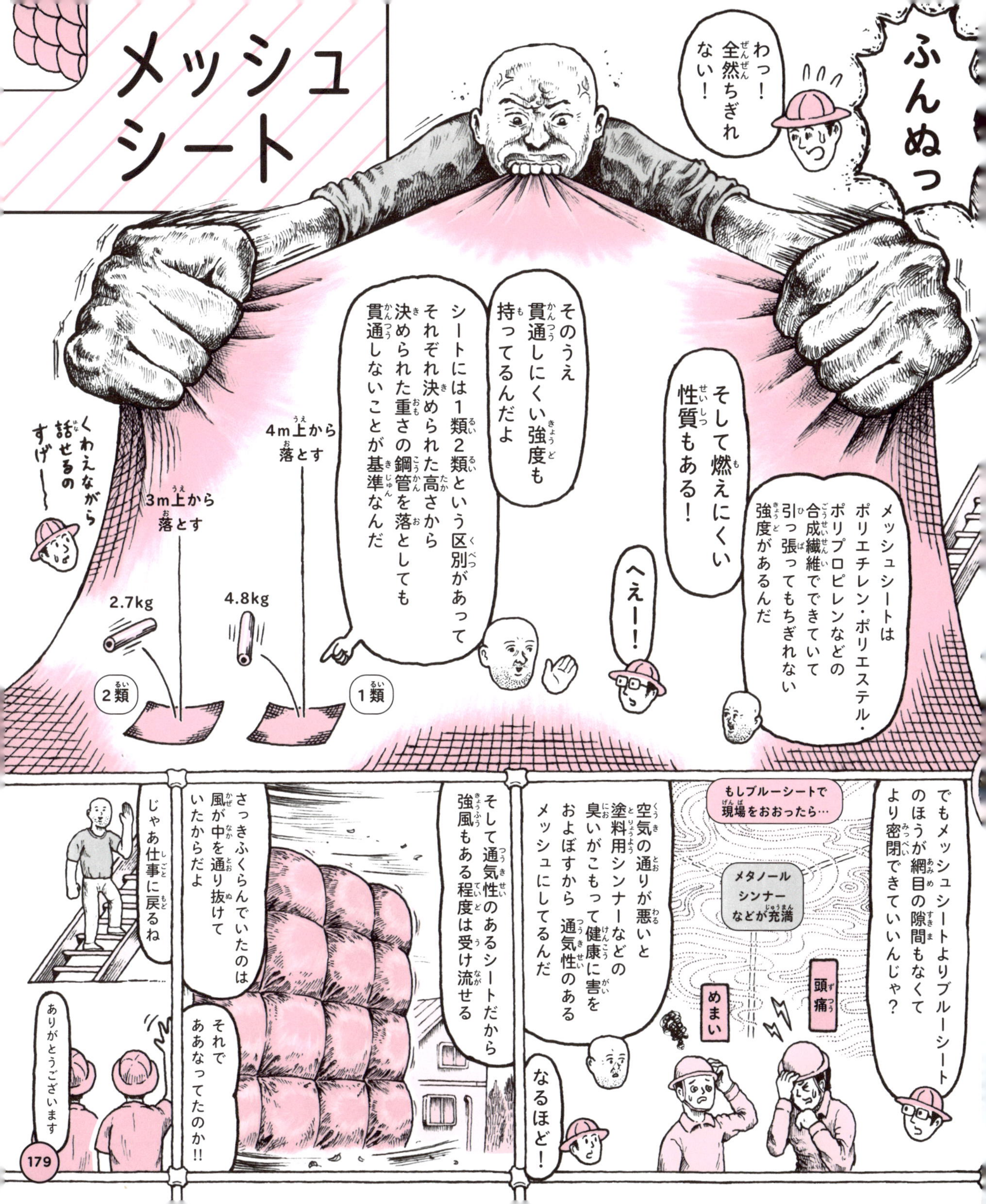

ふんぬっ
わっ！全然《ぜんぜん》ちぎれない！
メッシュシートはポリエチレン・ポリエステル・ポリプロピレンなどの合成繊維《ごうせいせんい》でできていて引《ひ》っ張《ぱ》ってもちぎれない強度《きょうど》があるんだ
そして燃《も》えにくい性質《せいしつ》もある！
へぇー！
そのうえ貫通《かんつう》しにくい強度《きょうど》も持《も》ってるんだよ
シートには1類《るい》2類《るい》という区別《くべつ》があってそれぞれ決《き》められた高《たか》さから決《き》められた重《おも》さの鋼管《こうかん》を落《お》としても貫通《かんつう》しないことが基準《きじゅん》なんだ
4m上《うえ》から落《お》とす
4.8kg
1類《るい》
3m上《うえ》から落《お》とす
2.7kg
2類《るい》
くわえながら話《はな》せるのすげ〜〜
でもメッシュシートよりブルーシートのほうが網目《あみめ》の隙間《すきま》もなくてより密閉《みっぺい》できていいんじゃ？
もしブルーシートで現場《げんば》をおおったら…
メタノール シンナー などが充満《じゅうまん》
頭痛《ずつう》
めまい
空気《くうき》の通《とお》りが悪《わる》いと塗料用《とりょうよう》シンナーなどの臭《にお》いがこもって健康《けんこう》に害《がい》をおよぼすから 通気性《つうきせい》のあるメッシュにしてるんだ
なるほど！
そして通気性《つうきせい》のあるシートだから強風《きょうふう》もある程度《ていど》は受《う》け流《なが》せる
さっきふくらんでいたのは風《かぜ》が中《なか》を通《とお》り抜《ぬ》けていたからだよ
それでああなってたのか!!
じゃあ仕事《しごと》に戻《もど》るね
ありがとうございます

この街《まち》には怪《かい》獣《じゅう》がいるのか!?

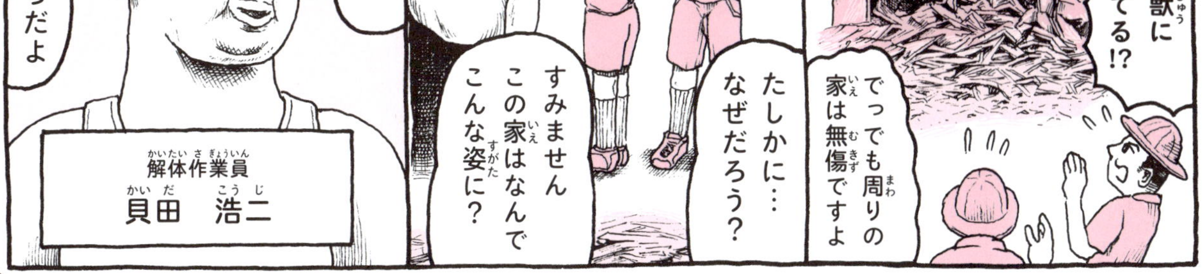

家《いえ》が怪獣《かいじゅう》に壊《こわ》されてる!?
でっでも周《まわ》りの家《いえ》は無傷《むきず》ですよ
たしかに…なぜだろう?
すみませんこの家《いえ》はなんでこんな姿《すがた》に?
なんでって…
解体《かいたい》してるからだよ
解体作業員《かいたいさぎょういん》
貝田《かいだ》 浩二《こうじ》

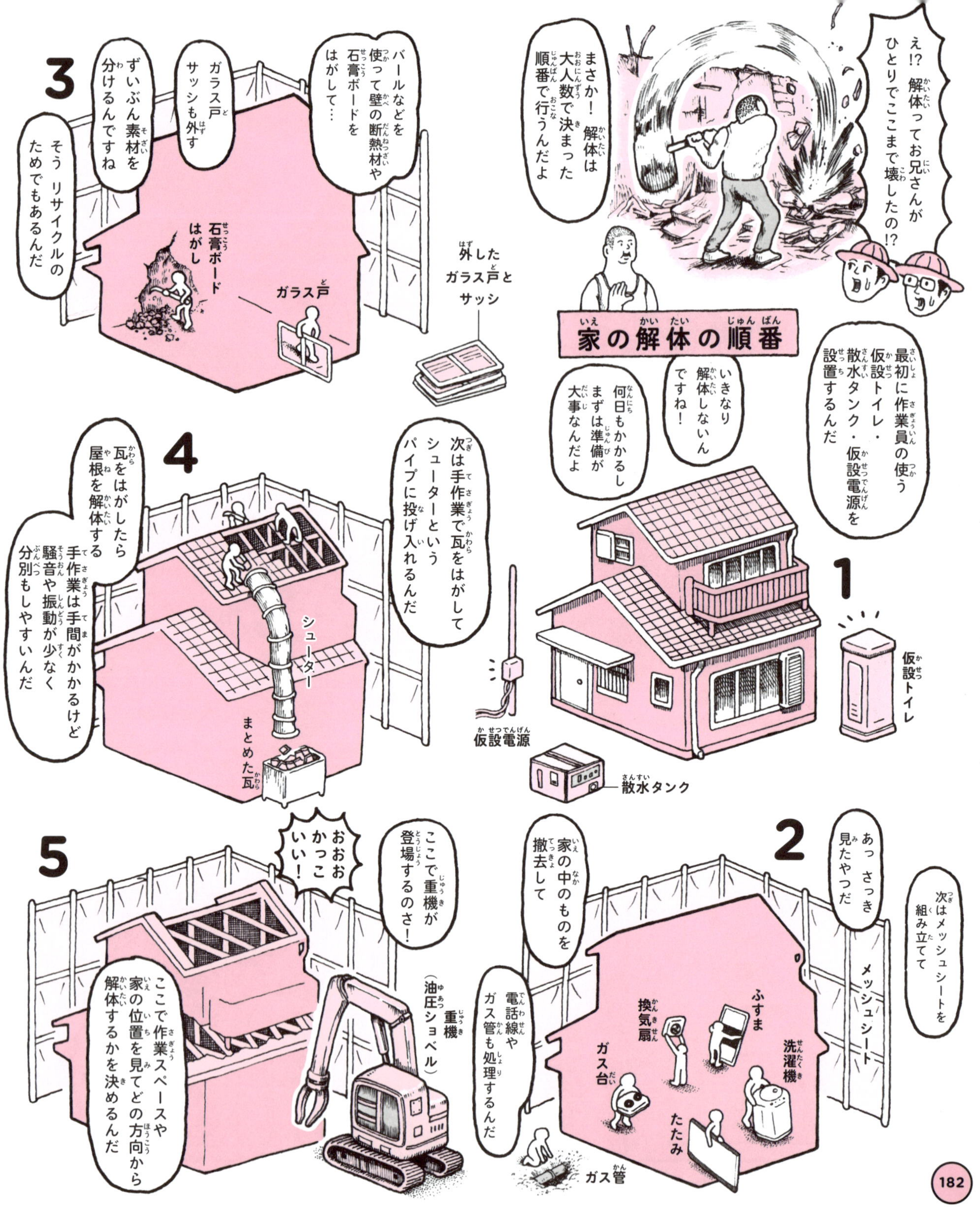

え!? 解体《かいたい》ってお兄《にい》さんがひとりでここまで壊《こわ》したの!?
まさか! 解体《かいたい》は大人数《おおにんずう》で決《き》まった順番《じゅんばん》で行《おこな》うんだよ
家《いえ》の解体《かい たい》の順番《じゅんばん》
最初《さいしょ》に作業員《さぎょういん》の使《つか》う仮設《かせつ》トイレ・散水《さんすい》タンク・仮設電源《かせつでんげん》を設置《せっち》するんだ
いきなり解体《かいたい》しないんですね!
何日《なんにち》もかかるしまずは準備《じゅんび》が大事《だいじ》なんだよ
1
仮設《かせつ》トイレ
仮設電源《かせつでんげん》
散水《さんすい》タンク
2
あっ さっき見《み》たやつだ
次《つぎ》はメッシュシートを組《く》み立《た》てて
メッシュシート
家《いえ》の中《なか》のものを撤去《てっきょ》して
電話線《でんわせん》やガス管《かん》も処理《しょり》するんだ
換気扇《かんきせん》
ふすま
ガス台《だい》
洗濯機《せんたくき》
たたみ
ガス管《かん》
3
バールなどを使《つか》って壁《かべ》の断熱材《だんねつざい》や石膏《せっこう》ボードをはがして…
ガラス戸《ど》サッシも外《はず》す
ずいぶん素材《そざい》を分《わ》けるんですね
そう リサイクルのためでもあるんだ
石膏《せっこう》ボードはがし
ガラス戸《ど》
外《はず》したガラス戸《ど》とサッシ
4
次《つぎ》は手作業《てさぎょう》で瓦《かわら》をはがしてシューターというパイプに投《な》げ入《い》れるんだ
瓦《かわら》をはがしたら屋根《やね》を解体《かいたい》する
手作業《てさぎょう》は手間《てま》がかかるけど騒音《そうおん》や振動《しんどう》が少《すく》なく分別《ぶんべつ》もしやすいんだ
シューター
まとめた瓦《かわら》
5
ここで重機《じゅうき》が登場《とうじょう》するのさ!
おおお かっこいい!
ここで作業《さぎょう》スペースや家《いえ》の位置《いち》を見《み》てどの方向《ほうこう》から解体《かいたい》するかを決《き》めるんだ
重機《じゅうき》(油圧《ゆあつ》ショベル)

家《いえ》の解体《かいたい》

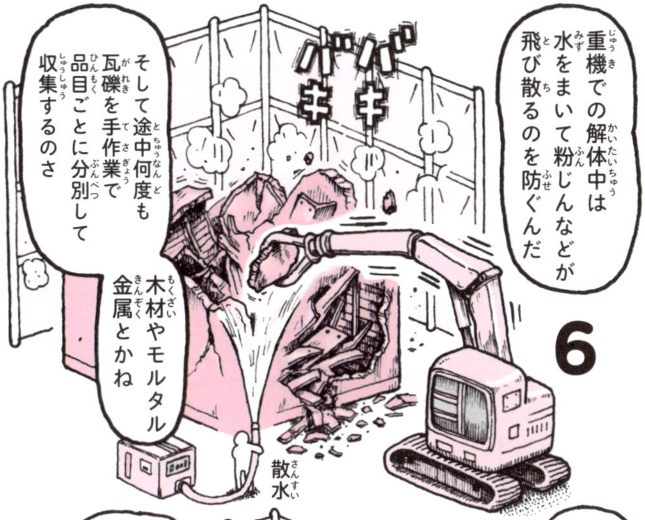

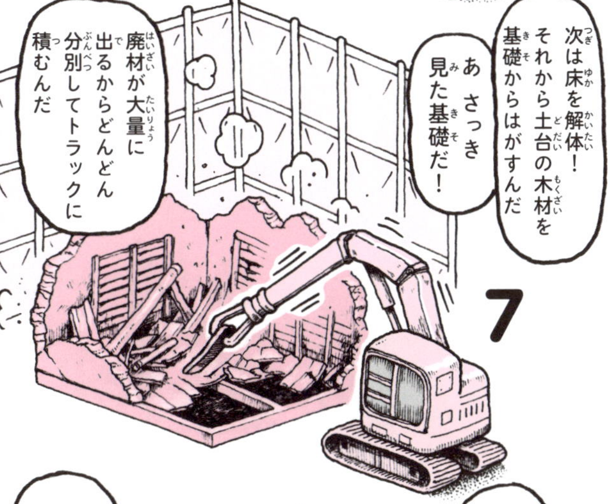

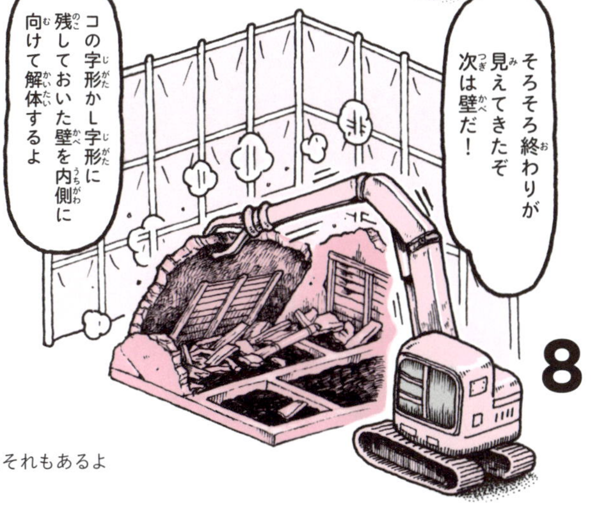

※家《いえ》はきちんと順番《じゅんばん》にそって解体《かいたい》しないと大事故《だいじこ》になるおそれもあるよ

寺《てら》で異《い》星《せい》人《じん》が見《み》つめてくる…

ややっ　あれは…!?
我々《われわれ》の仲間《なかま》でしょうか?
あれ…でもよく見《み》ると違《ちが》うな…
何《なん》なんでしょうねコレは…
石灯籠《いしどうろう》がどうかしたの?
石《いし》!?
寺務職《じむしょく》
石野《いしの》あかり

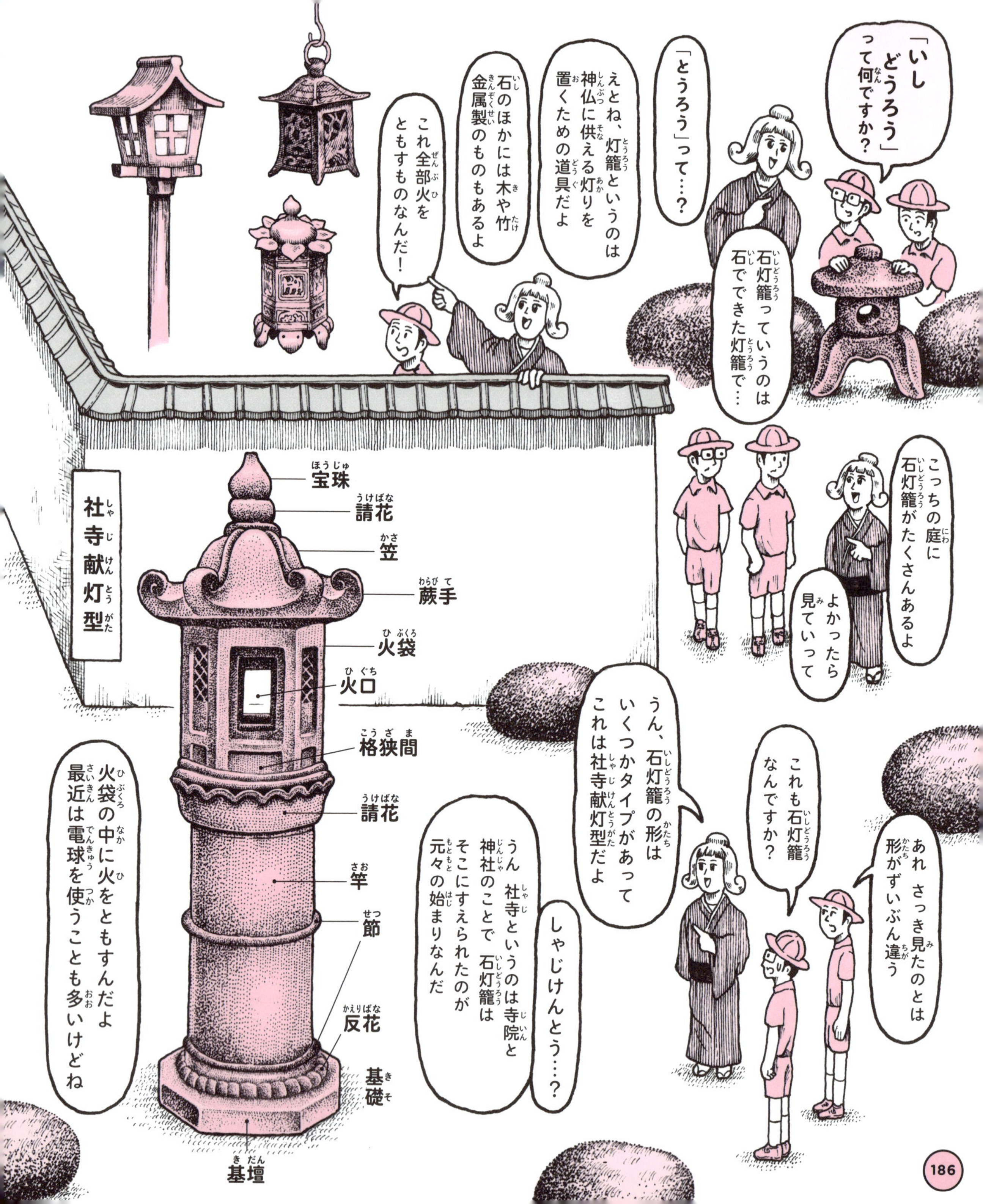
「いしどうろう」って何《なん》ですか？
「とうろう」って…？
えとね、灯籠《とうろう》というのは神仏《しんぶつ》に供《そな》える灯《あか》りを置《お》くための道具《どうぐ》だよ
石《いし》のほかには木《き》や竹《たけ》金属製《きんぞくせい》のものもあるよ
これ全部《ぜんぶ》火《ひ》をともすものなんだ！
石灯籠《いしどうろう》っていうのは石《いし》でできた灯籠《とうろう》で…
こっちの庭《にわ》に石灯籠《いしどうろう》がたくさんあるよ
よかったら見《み》ていって
あれ さっき見《み》たのとは形《かたち》がずいぶん違《ちが》う
これも石灯籠《いしどうろう》なんですか？
うん、石灯籠《いしどうろう》の形《かたち》はいくつかタイプがあってこれは社寺献灯型《しゃじけんとうがた》だよ
しゃじけんとう…？
うん 社寺《しゃじ》というのは寺院《じいん》と神社《じんじゃ》のことで 石灯籠《いしどうろう》はそこにすえられたのが元々《もともと》の始《はじ》まりなんだ
社《しゃ》寺《じ》献《けん》灯《とう》型《がた》
宝珠《ほうじゅ》
請花《うけばな》
笠《かさ》
蕨手《わらびて》
火袋《ひぶくろ》
火口《ひぐち》
格狭間《こうざま》
請花《うけばな》
竿《さお》
節《せつ》
反花《かえりばな》
基礎《きそ》
基壇《きだん》
火袋《ひぶくろ》の中《なか》に火《ひ》をともすんだよ 最近《さいきん》は電球《でんきゅう》を使《つか》うことも多《おお》いけどね

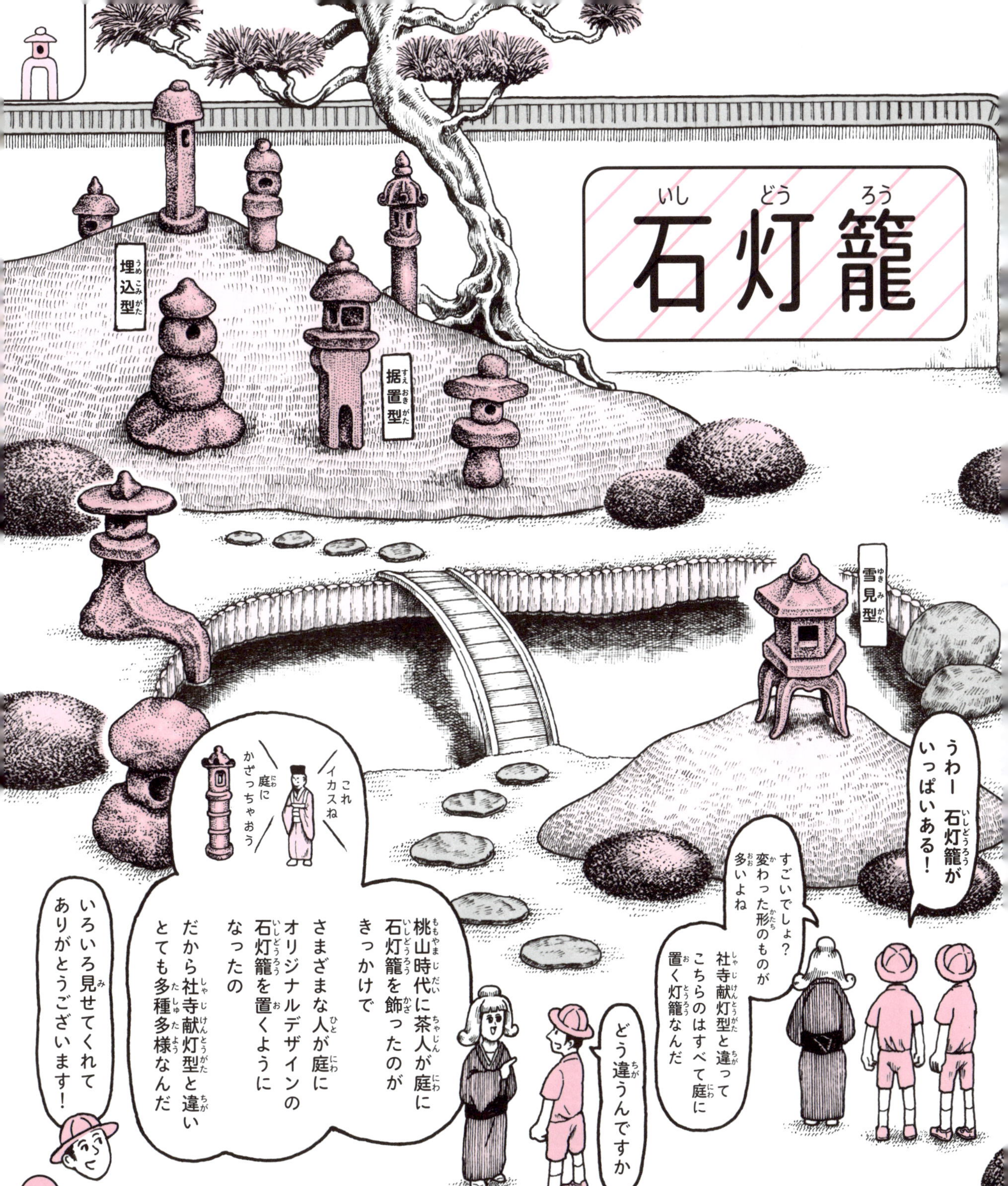

石《いし》灯《どう》籠《ろう》
埋《うめ》込《こみ》型《がた》
据《すえ》置《おき》型《がた》
雪《ゆき》見《み》型《がた》
うわー 石灯籠《いしどうろう》がいっぱいある!
すごいでしょ? 変《か》わった形《かたち》のものが多《おお》いよね
社《しゃ》寺《じ》献《けん》灯《とう》型《がた》と違《ちが》って こちらのはすべて庭《にわ》に置《お》く灯籠《とうろう》なんだ
どう違《ちが》うんですか
桃《もも》山《やま》時《じ》代《だい》に茶《ちゃ》人《じん》が庭《にわ》に石灯籠《いしどうろう》を飾《かざ》ったのがきっかけで さまざまな人《ひと》が庭《にわ》にオリジナルデザインの石灯籠《いしどうろう》を置《お》くようになったの だから社《しゃ》寺《じ》献《けん》灯《とう》型《がた》と違《ちが》いとても多《た》種《しゅ》多《た》様《よう》なんだ
これイカスね
庭《にわ》にかざっちゃおう
いろいろ見《み》せてくれてありがとうございます!

街《まち》で見《み》つけた謎《なぞ》なもの写《しゃ》真《しん》館《かん》

文字《もじ》重《かさ》ねすぎ！

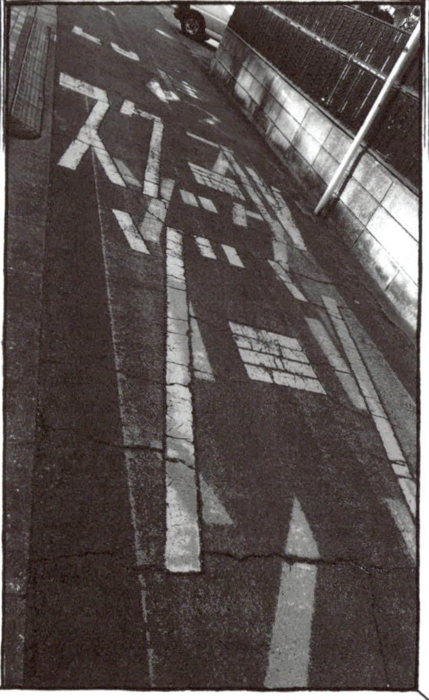

文字《もじ》重《かさ》なりすぎです！運転中《うんてんちゅう》はとっさに読《よ》めないから危険《きけん》ですね！

うーん…ギリギリ読《よ》めそうだけど…難《むずか》しい！

標識《ひょうしき》が出会《であ》うとき

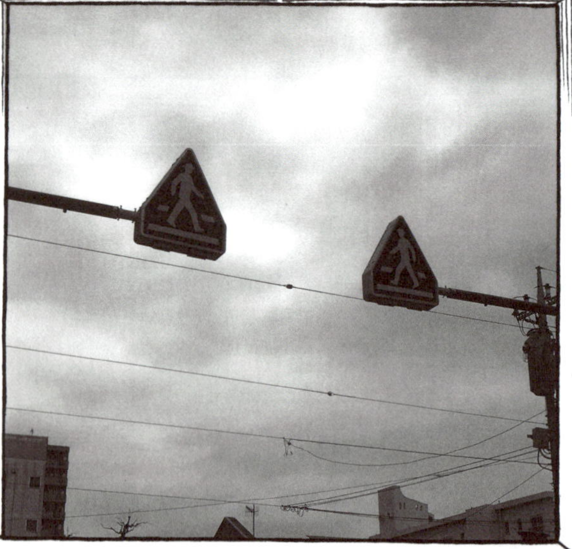

鏡《かがみ》に映《うつ》したみたいですね！

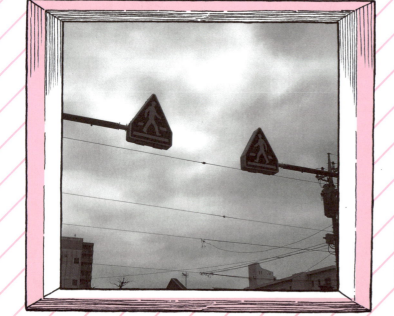

たくましい植物《しょくぶつ》

壁《かべ》の水《みず》抜《ぬ》き穴《あな》からこんなに大《おお》きな植物《しょくぶつ》が生《は》えるとは！

水《みず》抜《ぬ》き穴《あな》から怪物《かいぶつ》の手《て》が出《で》てきてるのかと思《おも》いました！

細《ほそ》すぎ…

スズメが使《つか》う階段《かいだん》ですかね？

謎《なぞ》なもの発見《はっけん》のコツ

テーマを決《き》めて探《さが》してみよう（すかしブロックとか壊《こわ》れているものとか）

細《ほそ》すぎる階段《かいだん》

地《ち》球《きゅう》のおもいで

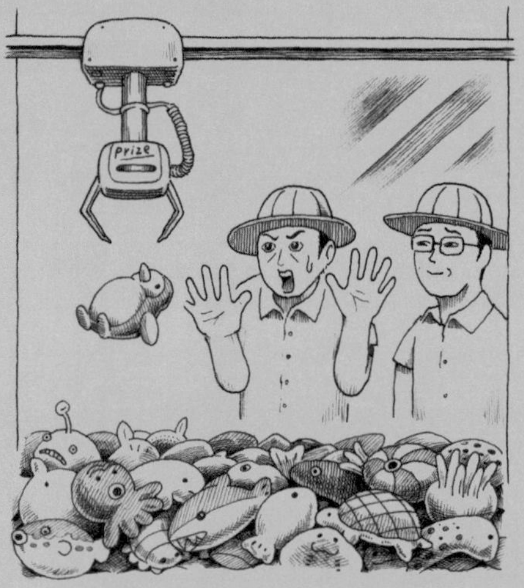

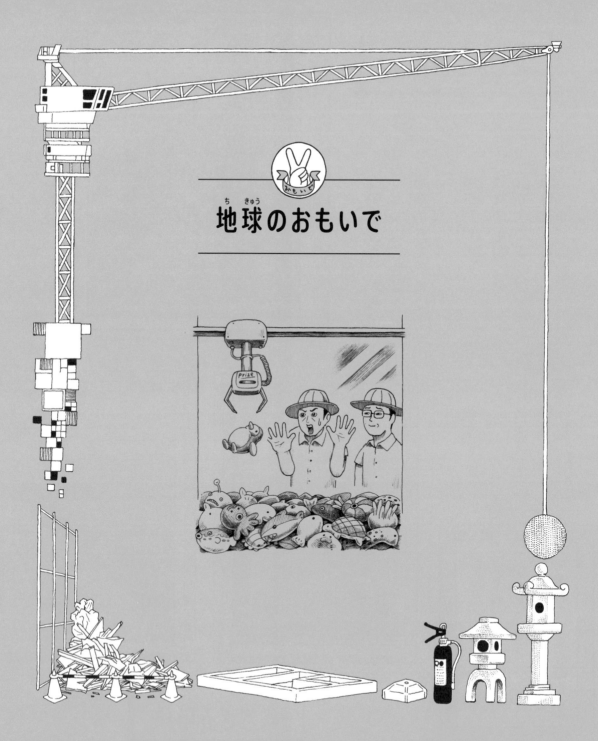

第《だい》4章《しょう》

河原《かわら》の謎《なぞ》

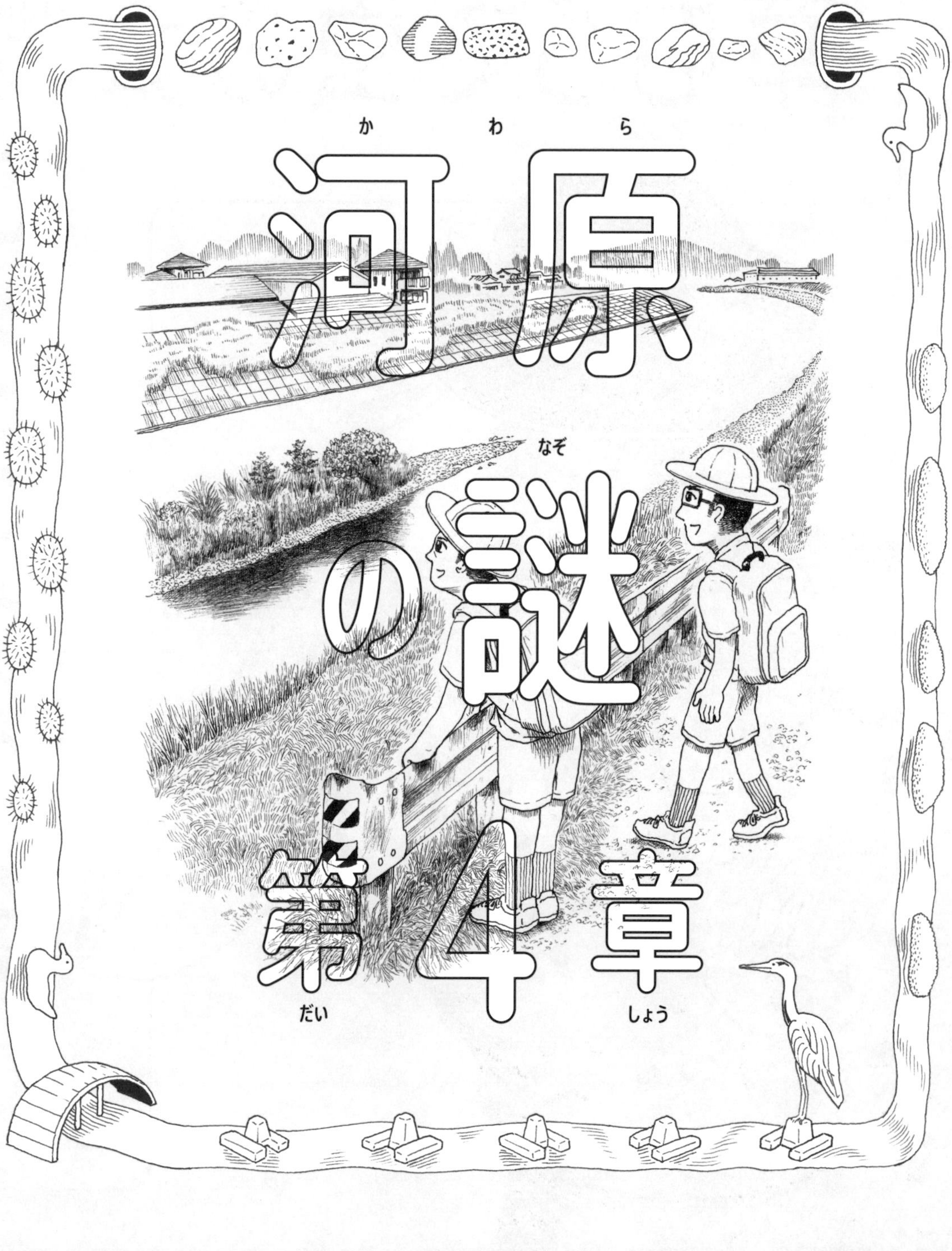

草《くさ》むらで虫《むし》の大《たい》群《ぐん》におそわれる！

草《くさ》むらを歩《ある》いてたら服《ふく》に何《なに》かついてる!!
びっしり
虫《むし》いいいい!?
と…取《と》れないいっ!
ひょい
バタ
バタ
バタ
バタ
バタ
バタ
バタ
おこれはひっつき虫《むし》だね
SMILE
小学生《しょうがくせい》
草野《くさの》　種昭《たねあき》

これはオオナモミの種子《しゅし》だね
え でもいま「ひっつき虫《むし》」って呼《よ》んでませんでした？
ああ 人《ひと》の服《ふく》や動物《どうぶつ》の体《からだ》にはりつく種子《しゅし》をまとめて「ひっつき虫《むし》」と呼《よ》ぶんだよ
植物《しょくぶつ》の種子《しゅし》がなんでくっつくんですか？
植物《しょくぶつ》は動《うご》けないから自然《しぜん》や動物《どうぶつ》を利用《りよう》して種子《しゅし》を広範囲《こうはんい》にまいて子孫《しそん》を残《のこ》すんだよ たとえば……
鳥《とり》に果実《かじつ》を食《た》べさせてフンとして運《はこ》ばせる
風《かぜ》で種子《しゅし》を飛《と》ばす
海《うみ》に実《み》を落《お》とし別《べつ》の土地《とち》へ行《い》く
なるほど！ひっつき虫《むし》は人《ひと》や動物《どうぶつ》にくっついて移動《いどう》するのか
タダ乗《の》りするなんてすごい工夫《くふう》だ！
植物《しょくぶつ》だって子孫《しそん》を残《のこ》すために必死《ひっし》なんですよ
はっ！もしかして…
ん？
オオオナモミがたくさん生《は》えてるところをずっと歩《ある》き回《まわ》ったらさ……
ひっつき虫《むし》で全身《ぜんしん》おおわれちゃうのでは!?
恐怖《きょうふ》！トゲトゲ人間《にんげん》！
おおわれたいの…？

ひっつき虫《むし》

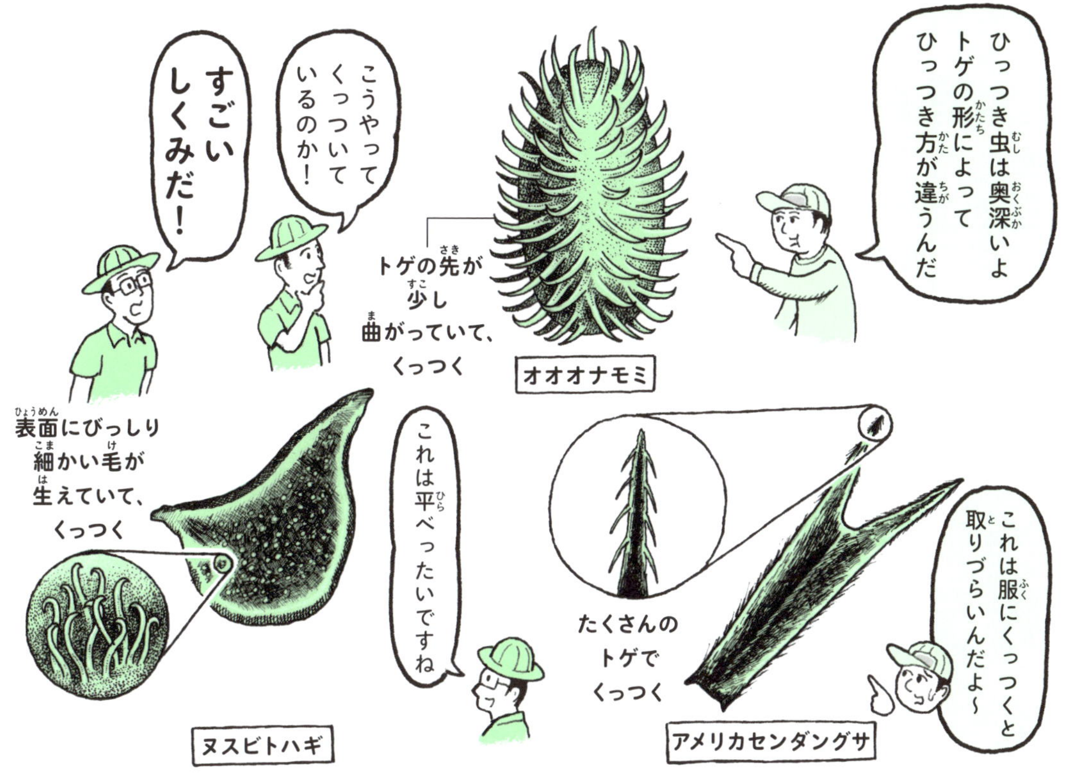
ひっつき虫《むし》は奥深《おくぶか》いよ トゲの形《かたち》によって ひっつき方《かた》が違《ちが》うんだ
こうやって くっついて いるのか！
すごい しくみだ！
トゲの先《さき》が 少《すこ》し 曲《ま》がっていて、くっつく
オオオナモミ
表面《ひょうめん》にびっしり 細《こま》かい毛《け》が 生《は》えていて、くっつく
これは平《ひら》べったいですね
たくさんのトゲでくっつく
これは服《ふく》にくっつくと 取《と》りづらいんだよ～
ヌスビトハギ
アメリカセンダングサ

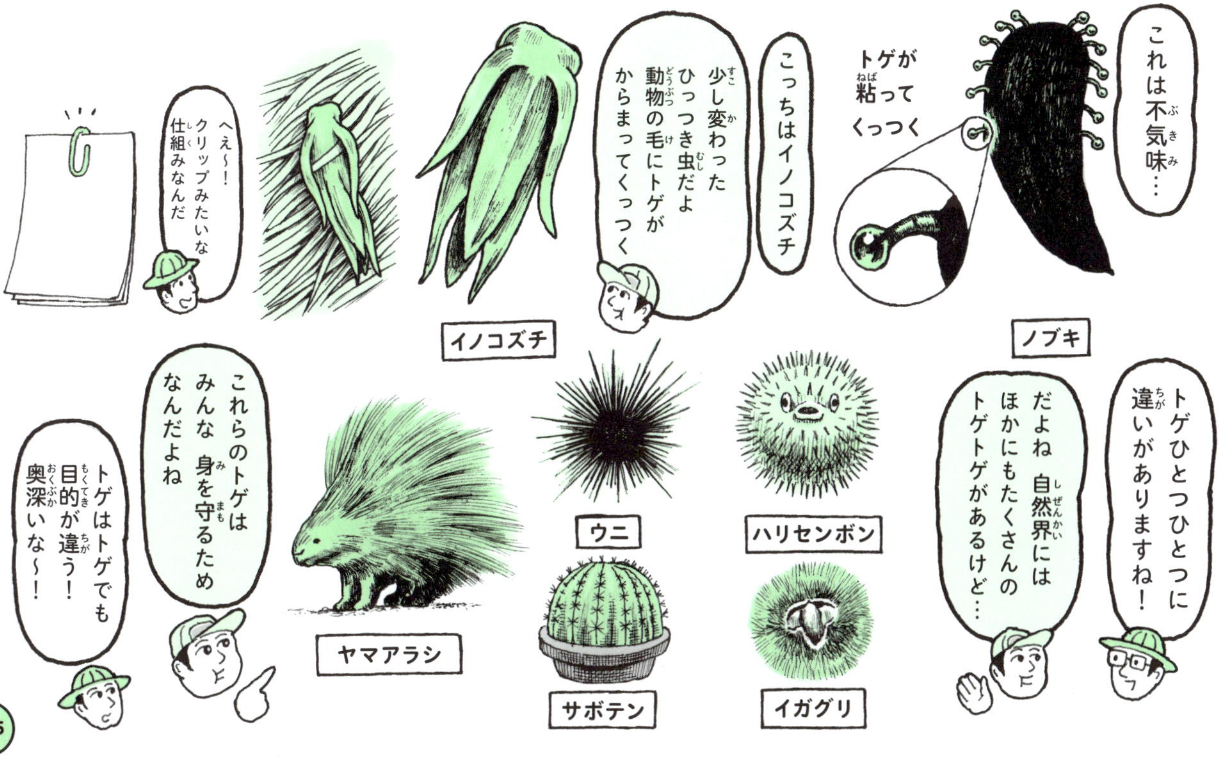
これは不気味《ぶきみ》…
トゲが粘《ねば》ってくっつく
ノブキ
こっちはイノコズチ
少《すこ》し変《か》わった ひっつき虫《むし》だよ 動物《どうぶつ》の毛《け》にトゲが からまってくっつく
へえ～！ クリップみたいな 仕組《しく》みなんだ
イノコズチ
トゲひとつひとつに 違《ちが》いがありますね！
だよね 自然界《しぜんかい》には ほかにもたくさんの トゲトゲがあるけど…
これらのトゲは みんな 身《み》を守《まも》るため なんだよね
トゲはトゲでも 目的《もくてき》が違《ちが》う！ 奥深《おくぶか》いな～！
ヤマアラシ
ウニ
ハリセンボン
サボテン
イガグリ

河原《かわら》に無数《むすう》の卵《たまご》が・・・！

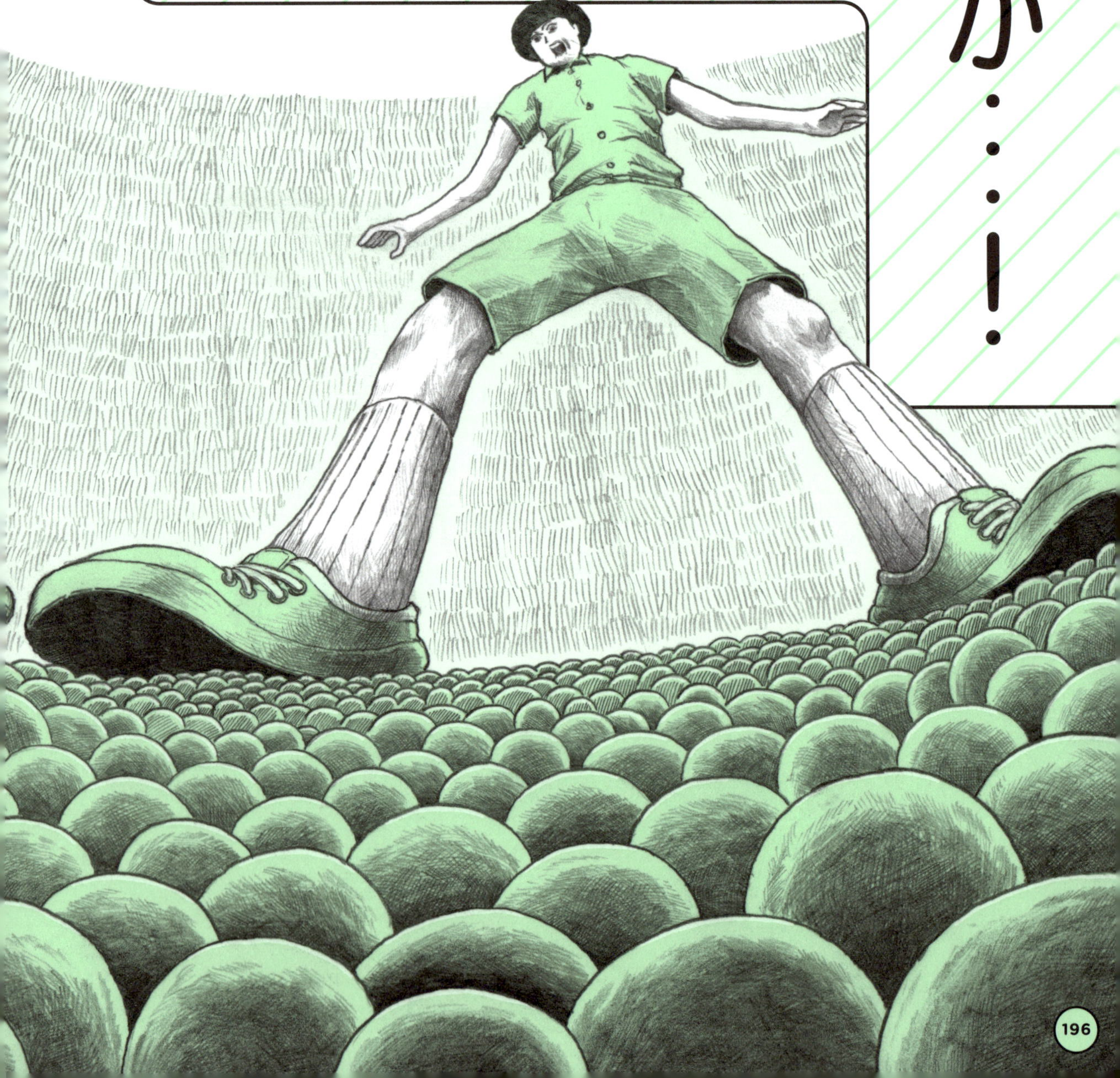

ど…どうして河原《かわら》にこんなに卵《たまご》が…？
何《なに》かが生《う》まれてくるんでしょうか…？
いろんな色《いろ》の卵《たまご》があるな…
ねぇ
君《きみ》たちも石《いし》が好《す》きなの？
いけばな講師《こうし》
川尾《かわお》 志瑠《しる》

これが石《いし》!?
こんなに丸《まる》いのに!?
石《いし》ってもっと大《おお》きくてゴツゴツしてますよね?
たしかに川《かわ》の上流《じょうりゅう》の「岩《いわ》」は大《おお》きくてゴツゴツしてるわ でも 川《かわ》を流《なが》されるうちに 割《わ》れたり角《かど》がけずれたりして丸《まる》い石《いし》になるのよ
上流《じょうりゅう》
川《かわ》の流《なが》れ
下流《かりゅう》
岩《いわ》
石《いし》
大《おお》きい岩《いわ》を小石《こいし》に変《か》えちゃうなんて…
川《かわ》の力《ちから》ってすごい!
拾《ひろ》い集《あつ》めてみるとどれもきれいですね
きれいだけど… 石《いし》の種類《しゅるい》ってどんだけあんの!? 色《いろ》ももようもありすぎない!?
いろんな色《いろ》やもようの石《いし》があるのは、岩《いわ》の「でき方《かた》」が違《ちが》うからよ
え!? でき方《かた》?

石《いし》のでき方《かた》

火成岩《かせいがん》

火山《かざん》のマグマが冷《ひ》え固《かた》まってできた岩《いわ》。石《いし》のなかで一番多《いちばんおお》い。

- 流紋岩《りゅうもんがん》
- 花崗岩《かこうがん》
- デイサイト
- 安山岩《あんざんがん》
- 閃緑岩《せんりょくがん》
- 玄武岩《げんぶがん》
- かんらん岩《がん》
- 軽石《かるいし》

堆積岩《たいせきがん》

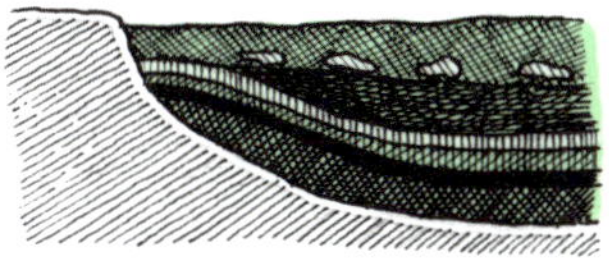

川《かわ》が運《はこ》んだ土砂《どしゃ》や岩石《がんせき》のはへん、死《し》んだ生物《せいぶつ》、火山灰《かざんばい》などが積《つ》み重《かさ》なってできた岩《いわ》。

- チャート
- 石灰岩《せっかいがん》
- 粘板岩《ねんばんがん》
- シルト岩《がん》
- 頁岩《けつがん》
- 泥岩《でいがん》
- 砂岩《さがん》
- 礫岩《れきがん》

変成岩《へんせいがん》

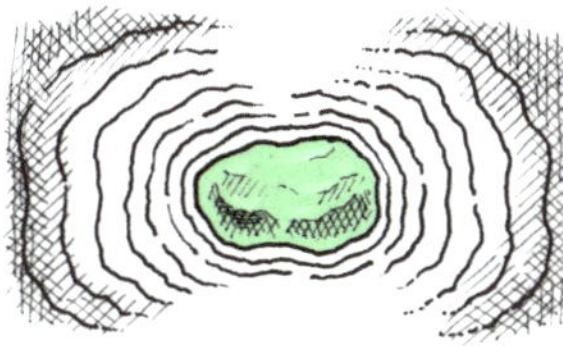

火成岩《かせいがん》や堆積岩《たいせきがん》などに高温《こうおん》と強《つよ》い圧力《あつりょく》が加《くわ》えられてできた岩《いわ》。

- 片麻岩《へんまがん》
- 絹雲母片岩《きぬうんもへんがん》
- 緑色片岩《りょくしょくへんがん》
- 石英片岩《せきえいへんがん》
- マイロナイト
- 結晶質石灰岩《けっしょうしつせっかいがん》
- ホルンフェルス

川《かわ》に恐竜《きょうりゅう》の生《い》き残《のこ》りがいた⁉

どの石《いし》もいい形《かたち》をしてるなあ
先輩《せんぱい》！あれ！
ん？
あれはもしや…恐竜《きょうりゅう》の背中《せなか》!?
このデカさ…あり得《え》ますね！
あら 中州《なかす》を見《み》るの初《はじ》めて？
ちっちゃい島《しま》みたいなもんよ

中州《なかす》？
中州《なかす》はね 流《なが》れてきた 土砂《どしゃ》や小石《こいし》が川底《かわぞこ》に 少《すこ》しずつ積《つ》もって できあがるのよ
へえー！ 植物《しょくぶつ》まで生《は》えて るんですね
おそらく川《かわ》に落《お》ちた 植物《しょくぶつ》の種子《しゅし》が 中州《なかす》に流《なが》れ着《つ》いて 成長《せいちょう》したのね
植物《しょくぶつ》って たくましいな
でも砂《すな》や石《いし》みたいな とても小《ちい》さいものが こんなにたくさん たまるとは…
ちょっとした きっかけでたまり はじめるのよ 高速道路《こうそくどうろ》のたった1台《だい》の 事故《じこ》で何千台《なんぜんだい》もの 車《くるま》が大渋滞《だいじゅうたい》する のに似《に》ているかも しれないわね
あ！ 鳥《とり》がいる
あの大《おお》きいのは アオサギね
中州《なかす》は陸《りく》とつながって いないから 鳥《とり》にとって外敵《がいてき》の 少《すく》ない安全《あんぜん》な場所《ばしょ》なの
カルガモ
カワウ
コチドリ
コアジサシ
コサギ
ゴイサギ
そのほかの 中州《なかす》に 来《く》る鳥《とり》

中州《なかす》

大《おお》きな岩《いわ》がゴロゴロころがっている。川幅《かわはば》がせまく、流《なが》れが速《はや》いので中州《なかす》はできない。

川底《かわぞこ》に小石《こいし》がたくさんころがっている。川幅《かわはば》が広《ひろ》がり流《なが》れもゆるやかなので小石《こいし》や砂《すな》が積《つ》もりやすく、中州《なかす》ができることがある。

川底《かわぞこ》には砂《すな》や泥《どろ》がたくさんある。川幅《かわはば》が中流《ちゅうりゅう》より広《ひろ》がり流《なが》れもゆったりとしているので中州《なかす》ができることがある。

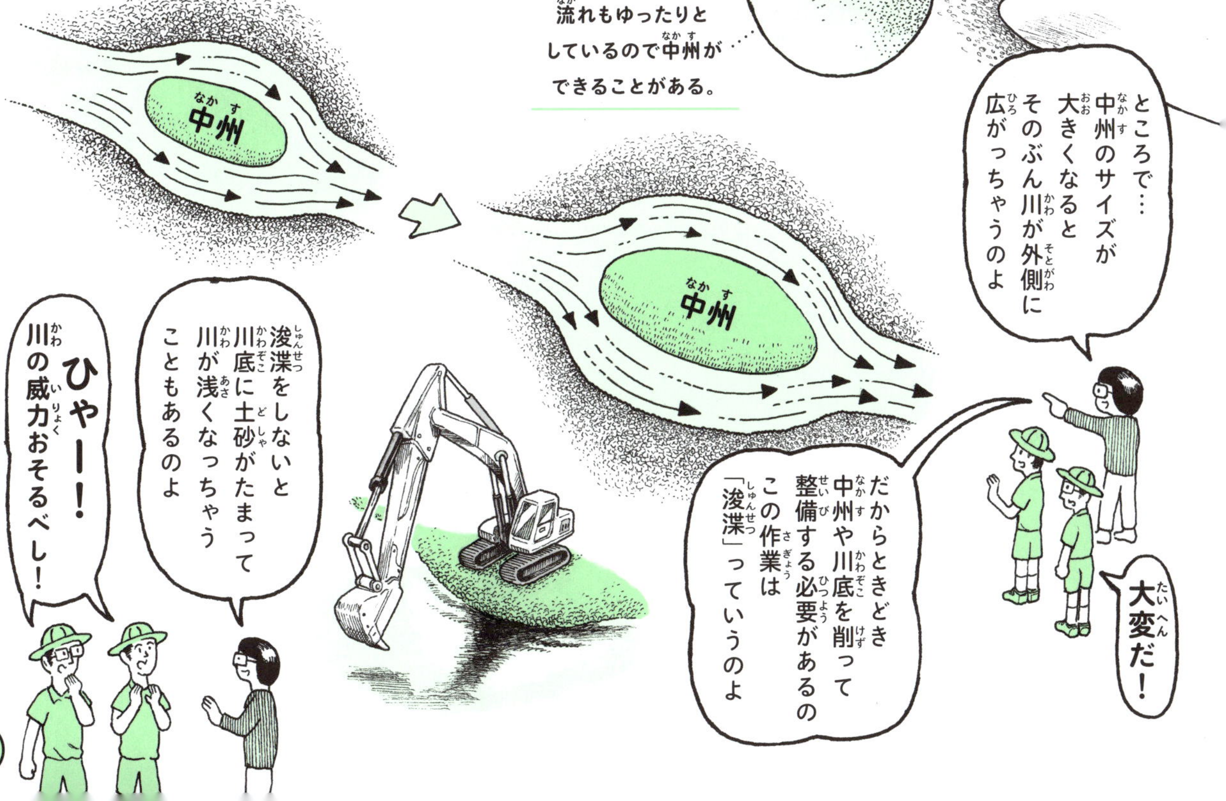

川《かわ》にたたずむ白《しろ》い怪《かい》物《ぶつ》

でーーん
あ…あれも恐竜《きょうりゅう》!?
でも脚《あし》が多《おお》いぞ!?
とにかく撮《と》らないと!!
パシャ パシャ パシャ パシャ パシャ パシャ
おいおい
橋《はし》がそんなにめずらしいのかい?
建築家兄弟《けんちくかきょうだい》
唐田《からた》みちる・つくる

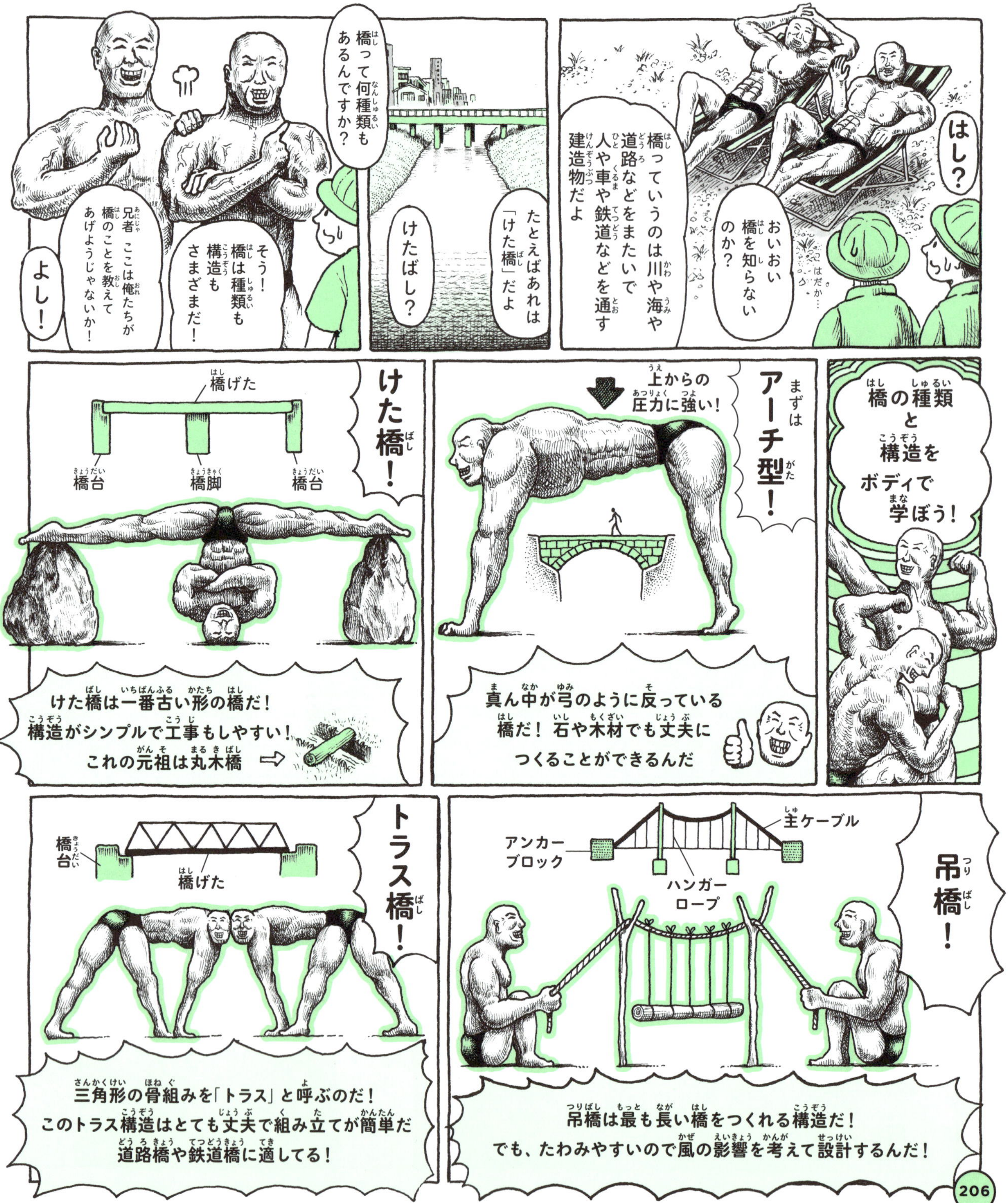
はし？
おいおい 橋《はし》を知《し》らないのか？
はだか…
橋《はし》っていうのは川《かわ》や海《うみ》や道路《どうろ》などをまたいで人《ひと》や車《くるま》や鉄道《てつどう》などを通《とお》す建造物《けんぞうぶつ》だよ
橋《はし》って何種類《なんしゅるい》もあるんですか？
たとえばあれは「けた橋《ばし》」だよ
けたばし？
そう！橋《はし》は種類《しゅるい》も構造《こうぞう》もさまざまだ！
兄者《あにじゃ》 ここは俺《おれ》たちが橋《はし》のことを教《おし》えてあげようじゃないか！
よし！
橋《はし》の種類《しゅるい》と構造《こうぞう》をボディで学《まな》ぼう！
まずはアーチ型《がた》！
上《うえ》からの圧力《あつりょく》に強《つよ》い！
真《ま》ん中《なか》が弓《ゆみ》のように反《そ》っている橋《はし》だ！ 石《いし》や木材《もくざい》でも丈夫《じょうぶ》につくることができるんだ
けた橋《ばし》！
橋《はし》げた
橋台《きょうだい》
橋脚《きょうきゃく》
橋台《きょうだい》
けた橋《ばし》は一番古《いちばんふる》い形《かたち》の橋《はし》だ！
構造《こうぞう》がシンプルで工事《こうじ》もしやすい！
これの元祖《がんそ》は丸木橋《まるきばし》 ⇨
吊橋《つりばし》！
主《しゅ》ケーブル
アンカーブロック
ハンガーロープ
吊橋《つりばし》は最《もっと》も長《なが》い橋《はし》をつくれる構造《こうぞう》だ！
でも、たわみやすいので風《かぜ》の影響《えいきょう》を考《かんが》えて設計《せっけい》するんだ！
トラス橋《ばし》！
橋台《きょうだい》
橋《はし》げた
三角形《さんかくけい》の骨組《ほねぐ》みを「トラス」と呼《よ》ぶのだ！
このトラス構造《こうぞう》はとても丈夫《じょうぶ》で組《く》み立《た》てが簡単《かんたん》だ
道路橋《どうろきょう》や鉄道橋《てつどうきょう》に適《てき》してる！

橋《はし》

ラーメン橋《きょう》！
橋《はし》げた
橋台《きょうだい》
ラーメン脚《あし》
（橋脚《きょうきゃく》）
ラーメンとはドイツ語《ご》で「骨組《ほねぐ》み」のことだ！ 橋《はし》げたと橋脚《きょうきゃく》が一体化《いったいか》した構造《こうぞう》の橋《はし》をこう呼《よ》ぶ 日本《にほん》でよく使《つか》われてるのは地震《じしん》などの震動《しんどう》に強《つよ》いからだ！
斜張橋《しゃちょうきょう》！
主塔《しゅとう》
橋《はし》げた
主塔《しゅとう》
ケーブル
高《たか》い主塔《しゅとう》からななめに張《は》った複数《ふくすう》のケーブルで橋《はし》げたを支《ささ》える構造《こうぞう》だ！ 主塔《しゅとう》をいくつも立《た》て橋《はし》げたをつなぐとさらに長《なが》い橋《はし》がつくれる
おつかれさまです 橋《はし》のことがとてもよくわかりました
わかってもらえたらうれしいよ！
でもなんでこんなにたくさんのつくり方《かた》があるんですか？
橋《はし》をつくるときの条件《じょうけん》がちがうからさ
つくる場所《ばしょ》や目的《もくてき》によって橋《はし》の形《かたち》は変《か》わるよ
環境《かんきょう》
川《かわ》の幅《はば》
場所《ばしょ》
交通量《こうつうりょう》
予算《よさん》
景色《けしき》
橋《はし》は台風《たいふう》・大雨《おおあめ》・地震《じしん》・温度《おんど》の変化《へんか》などにも耐《た》えなくてはならないんだ
たしかに
長《なが》く使用《しよう》するためにはメンテナンスも重要《じゅうよう》さ 国土交通省《こくどこうつうしょう》は橋《はし》を100年《ねん》使用《しよう》することを目標《もくひょう》にしているよ
兄者《あにじゃ》！ 俺《おれ》たちも100歳《さい》まで元気《げんき》でいよう
弟《おとうと》よ！ 当然《とうぜん》さ！
……

コンクリートの中《なか》に巨《きょ》大《だい》イモムシの巣《す》が!?

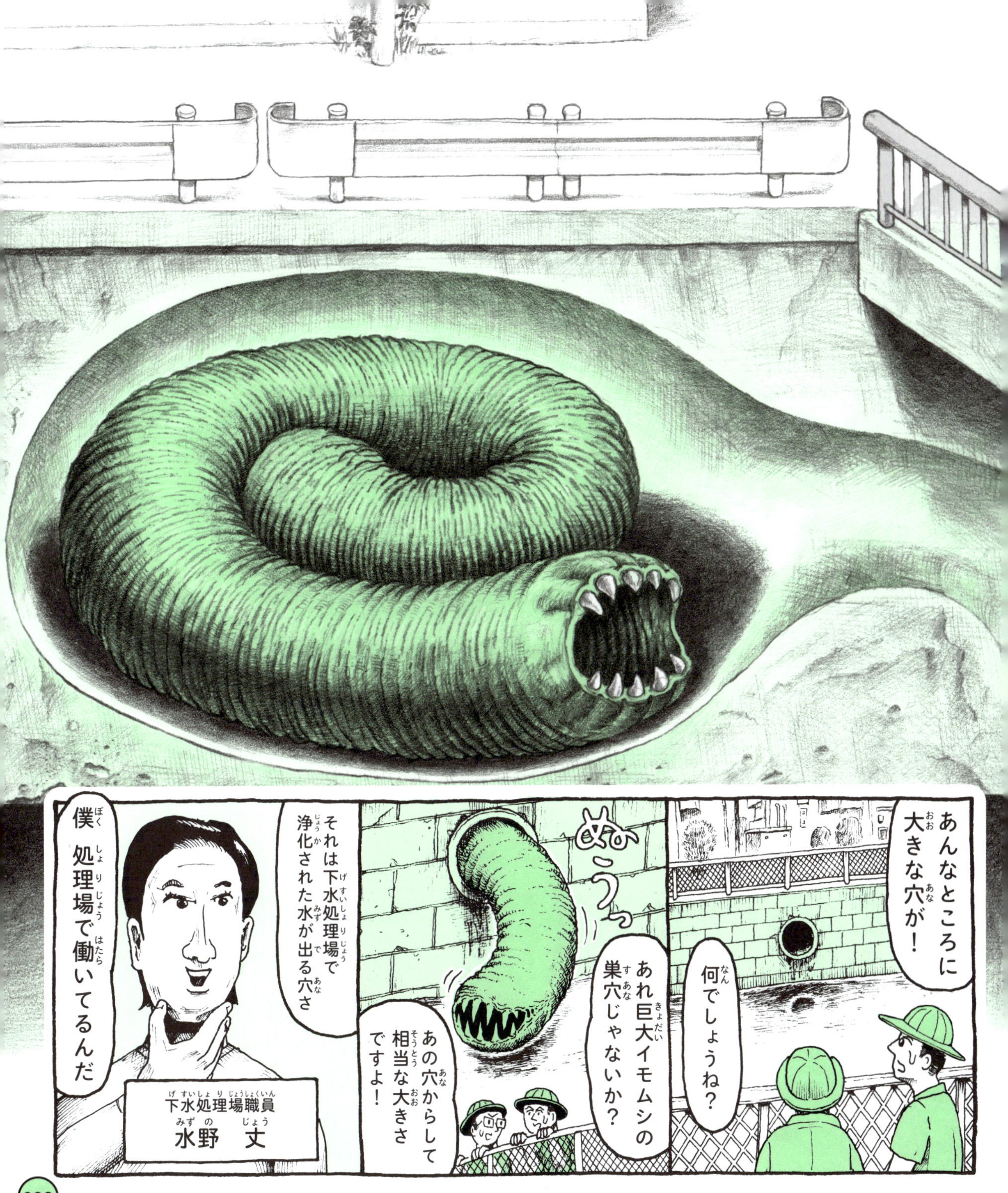
あんなところに大《おお》きな穴《あな》が！
何《なん》でしょうね？
ぬうっ
あれ巨大《きょだい》イモムシの巣穴《すあな》じゃないか？
あの穴《あな》からして相当《そうとう》な大《おお》きさですよ！
それは下水処理場《げすいしょりじょう》で浄化《じょうか》された水《みず》が出《で》る穴《あな》さ
僕《ぼく》処理場《しょりじょう》で働《はたら》いてるんだ
下水処理場職員《げすいしょりじょうしょくいん》
水野《みずの》 丈《じょう》

下水《げすい》って何《なん》ですか?
台所《だいどころ》やふろ場《ば》で使《つか》った水《みず》や工場《こうじょう》で使用《しよう》された「汚《よご》れた水《みず》」のことだよ
え! でも汚《よご》れた水《みず》を川《かわ》に流《なが》しちゃマズいんじゃ!?
もちろんさ! だから下水道《げすいどう》を通《とお》して「下水処理場《げすいしょりじょう》」へ下水《げすい》を運《はこ》ぶんだよ
沈砂池《ちんさち》
下水《げすい》の中《なか》のごみや砂《すな》をとりのぞく
第一沈殿池《だいいちちんでんち》
泥《どろ》
下《げ》水《すい》処《しょ》理《り》場《じょう》
下水処理場《げすいしょりじょう》は汚《よご》れた水《みず》をまた使《つか》えるようにするところだよ
下水《げすい》に含《ふく》まれる大《おお》きなごみや小石《こいし》や砂《すな》をとりのぞく
水《みず》をゆっくり流《なが》し沈砂池《ちんさち》でとれなかったごみや泥《どろ》を沈《しず》める
恐怖劇場《きょうふげきじょう》
もし下水道《げすいどう》も下水処理場《げすいしょりじょう》もなかったら?
汚《よご》れた水《みず》がそのまま流《なが》れて蚊《か》やハエが大発生《だいはっせい》! そして臭《くさ》い!
雨水《あまみず》が流《なが》れていかず街《まち》が水《みず》びたしに!

下《げ》水《すい》処《しょ》理《り》場《じょう》

ざっくりわかる！
水《みず》がきれいになるしくみ

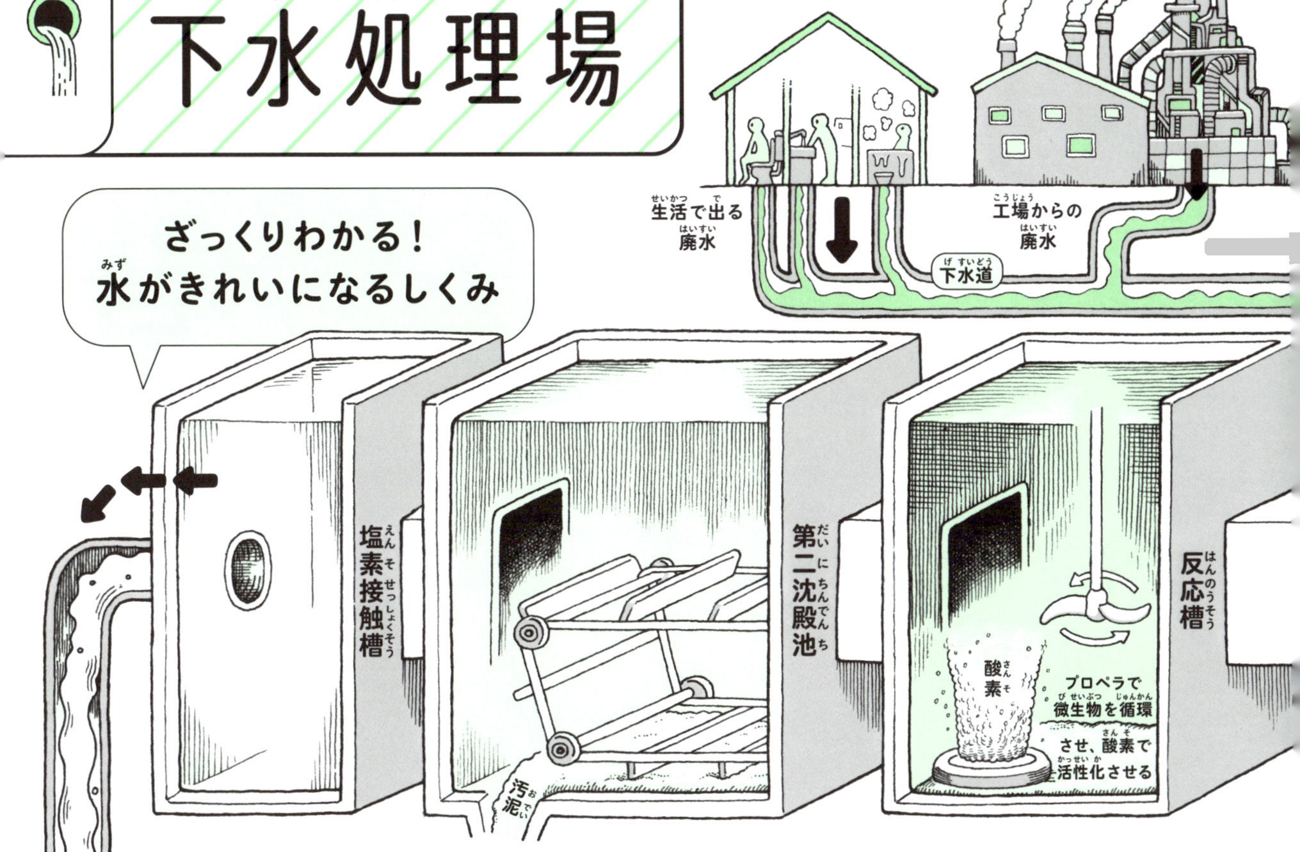

たくさんの微生物《びせいぶつ》の力《ちから》で下水《げすい》に含《ふく》まれる汚《よご》れを分解《ぶんかい》する

反応槽《はんのうそう》でできた汚泥《おでい》を沈殿《ちんでん》させ上《うわ》ずみ（処理水《しょりすい》）とわける

大腸菌《だいちょうきん》などを塩素《えんそ》で消毒《しょうどく》しきれいになった水《みず》を川《かわ》や海《うみ》に流《なが》す

あれは川《かわ》の主《ぬし》の背《せ》中《なか》なのか!?

あれ…でかいワニの背中《せなか》じゃないか…？
本当《ほんとう》だ!!
あの大《おお》きさ…川《かわ》の主《ぬし》に違《ちが》いない…
君《きみ》たち
護岸《ごがん》がそんなにめずらしいのかい？
インテリアデザイナー
川野《かわの》 守《まもる》

ごがん？
そう！
護岸《ごがん》は土《つち》でできた堤防《ていぼう》を川《かわ》の水《みず》から守《まも》る設備《せつび》なんだ！
護《ご》岸《がん》
堤《てい》防《ぼう》
川《かわ》
川底《かわぞこ》
護岸《ごがん》がないと洪水《こうずい》でこうなっちゃう！
ザバァッ
モロッ…
街《まち》が危険《きけん》!!
そこで護岸《ごがん》の出番《でばん》なのさ！
ガッタイセツビ
護《ゴ》岸《ガン》
のり覆工《ふくこう》
堤防《ていぼう》の表面《ひょうめん》が水流《すいりゅう》で削《けず》れるのを防《ふせ》ぐ！
横帯工《よこおびこう》
護岸《ごがん》が破損《はそん》したとき被害《ひがい》を広《ひろ》げないための仕切《しき》りだ！
大《だい》
護岸《ごがん》はいくつもの設備《せつび》が集《あつ》まってできているんだ
すげぇ!!
合《がっ》
体《たい》
それぞれのパーツがお互《たが》いを支《ささ》え合《あ》っている！
小口止《こぐちど》め工《こう》
のり覆工《ふくこう》の両端《りょうたん》を固《かた》めてガードする！
基礎工《きそこう》
のり覆工《ふくこう》がずり落《お》ちないよう下《した》で支《ささ》えている！
根固《ねがた》め工《こう》
川底《かわぞこ》が水流《すいりゅう》で削《けず》れないよう守《まも》っている！
根固《ねがた》めブロック
あっ！
ワニに見《み》えたのは根固《ねがた》めブロックだったのか！

護《ご》岸《がん》

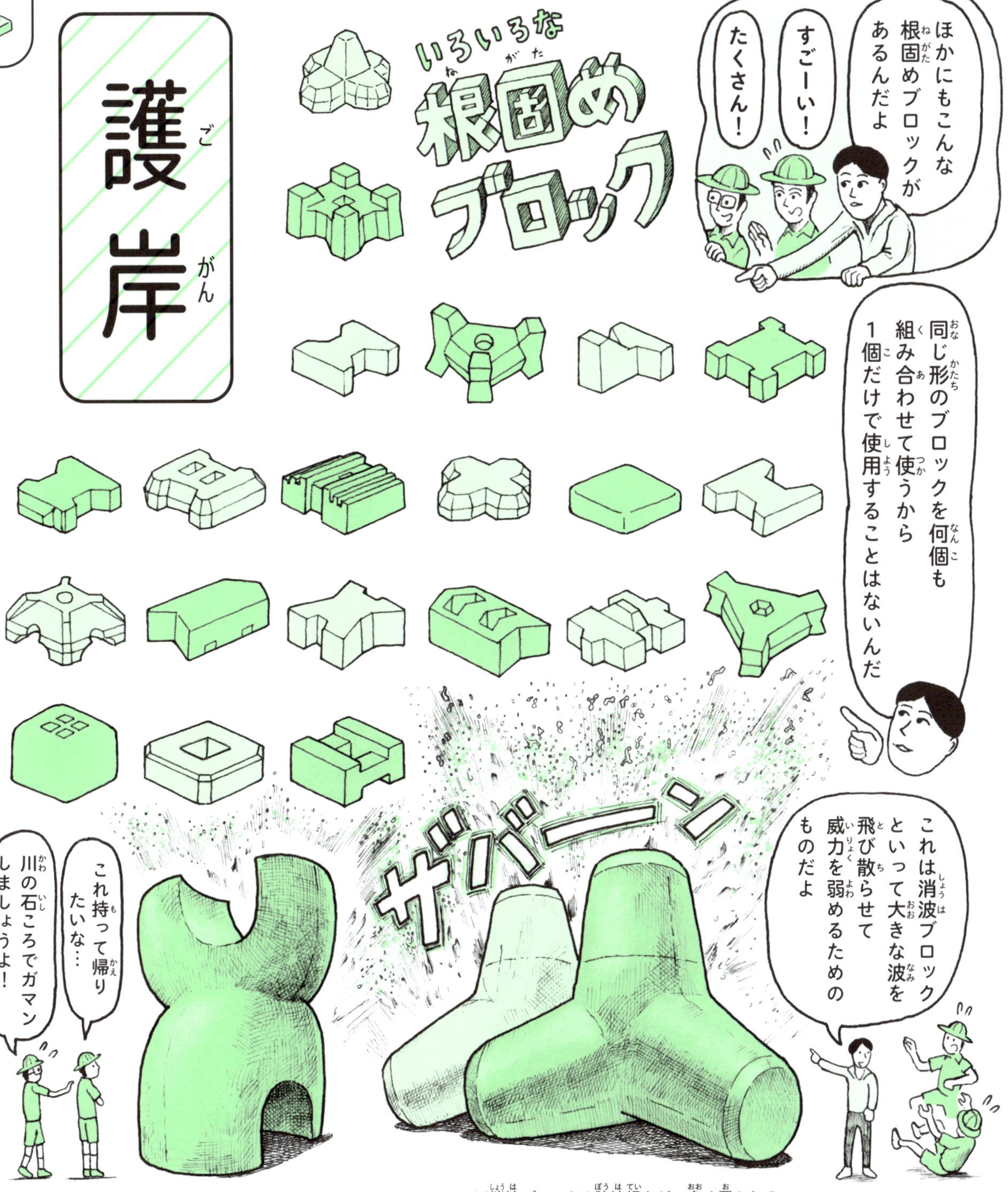

※消波《しょうは》ブロックは防波堤《ぼうはてい》などに多《おお》く置《お》かれる。
根固《ねがた》めブロックと役割《やくわり》が似《に》ているため「消波根固《しょうはねがた》めブロック」とも呼《よ》ぶ。

街《まち》で見《み》つけた謎《なぞ》なもの写真館《しゃしんかん》

川《かわ》の周辺《しゅうへん》の生《い》き物《もの》たち

川《かわ》の周《まわ》りは街中《まちなか》に比《くら》べていろんな動物《どうぶつ》がいたね！

ヘビが目《め》の前《まえ》を横切《よこぎ》ったときはびっくりしましたよ

この金具《かなぐ》、なんとなくカエルに似《に》てますね

おじぎする看板《かんばん》たち

「すみません
ここは駐車禁止《ちゅうしゃきんし》
なんです〜」
とか言《い》って
きそう

招《まね》く手《て》

怒《おこ》った顔《かお》?

怒《おこ》ってるけど
目《め》が小《ちい》さくて
なんか
かわいいね

見《み》た瞬間《しゅんかん》
ギョッと
しました!

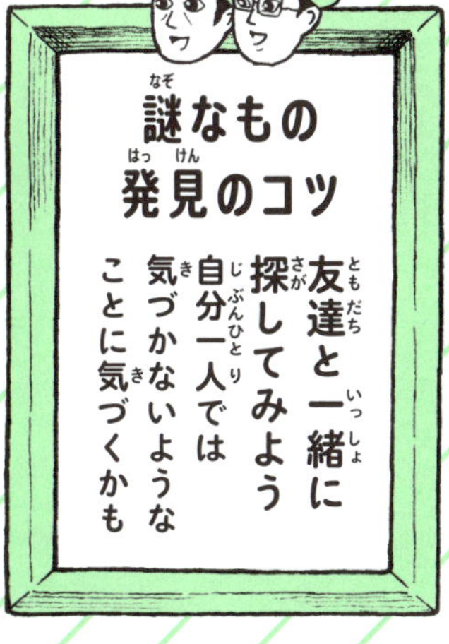

謎《なぞ》なもの発見《はっけん》のコツ

友達《ともだち》と一緒《いっしょ》に
探《さが》してみよう
自分一人《じぶんひとり》では
気《き》づかないような
ことに気《き》づくかも

地球《ちきゅう》のおもいで

第《だい》5章《しょう》 駅《えき》前《まえ》の謎《なぞ》

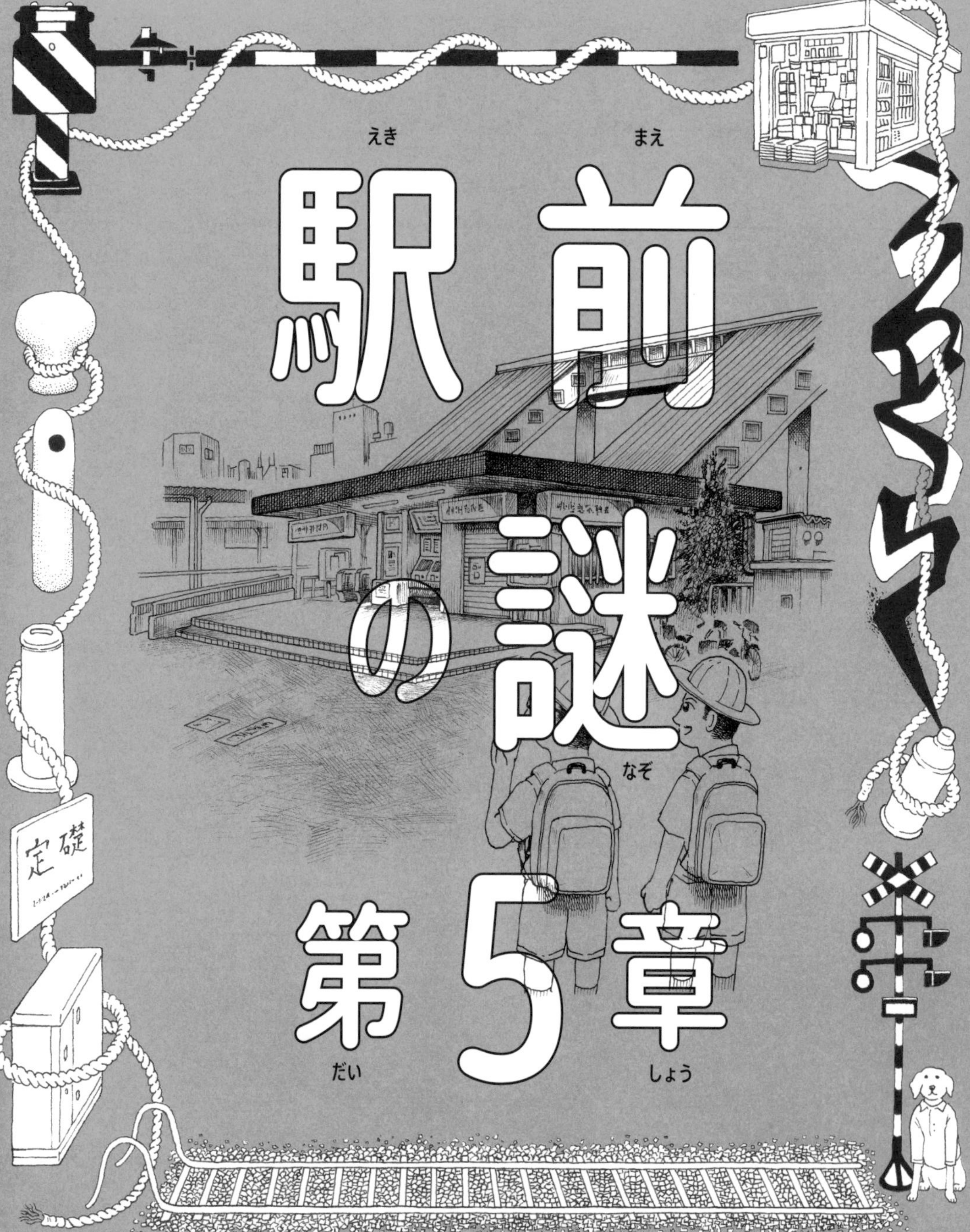

線路《せんろ》のそばで行《おこな》われる奇《き》妙《みょう》な儀《ぎ》式《しき》

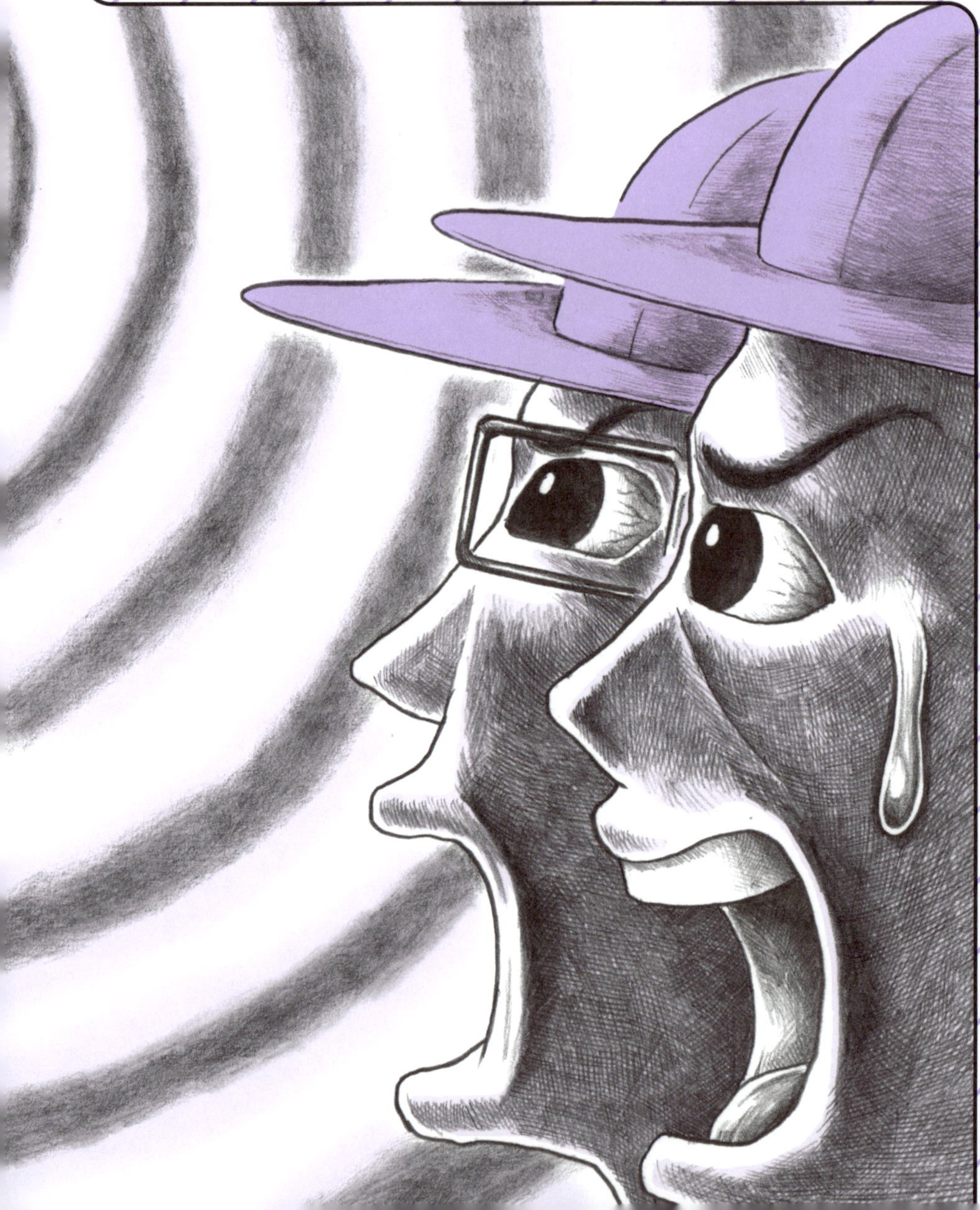

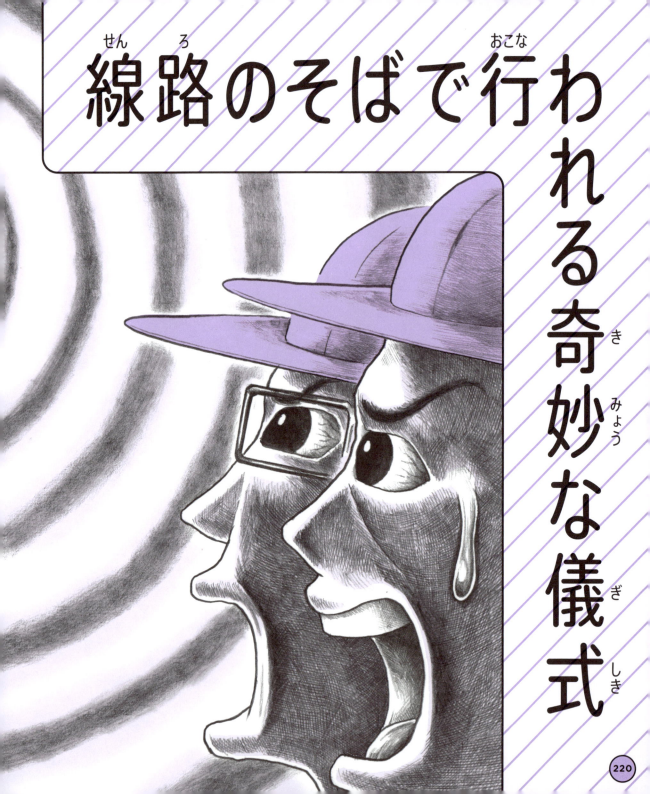

カンカンカンカン
なんだこの音《おと》は？
大勢《おおぜい》の人《ひと》が立《た》ち止《ど》まってますね…
カンカンカンカン
点滅《てんめつ》するモノをみんなで見《み》るのか…？
何《なに》かの宗教《しゅうきょう》儀式《ぎしき》ですかね？
君《きみ》たち！ さっきからじっと見《み》てるけど！
もしかして踏切大《ふみきりだい》好《す》き!?
ダンサー
文《ふみ》木《き》 理《り》夫《お》

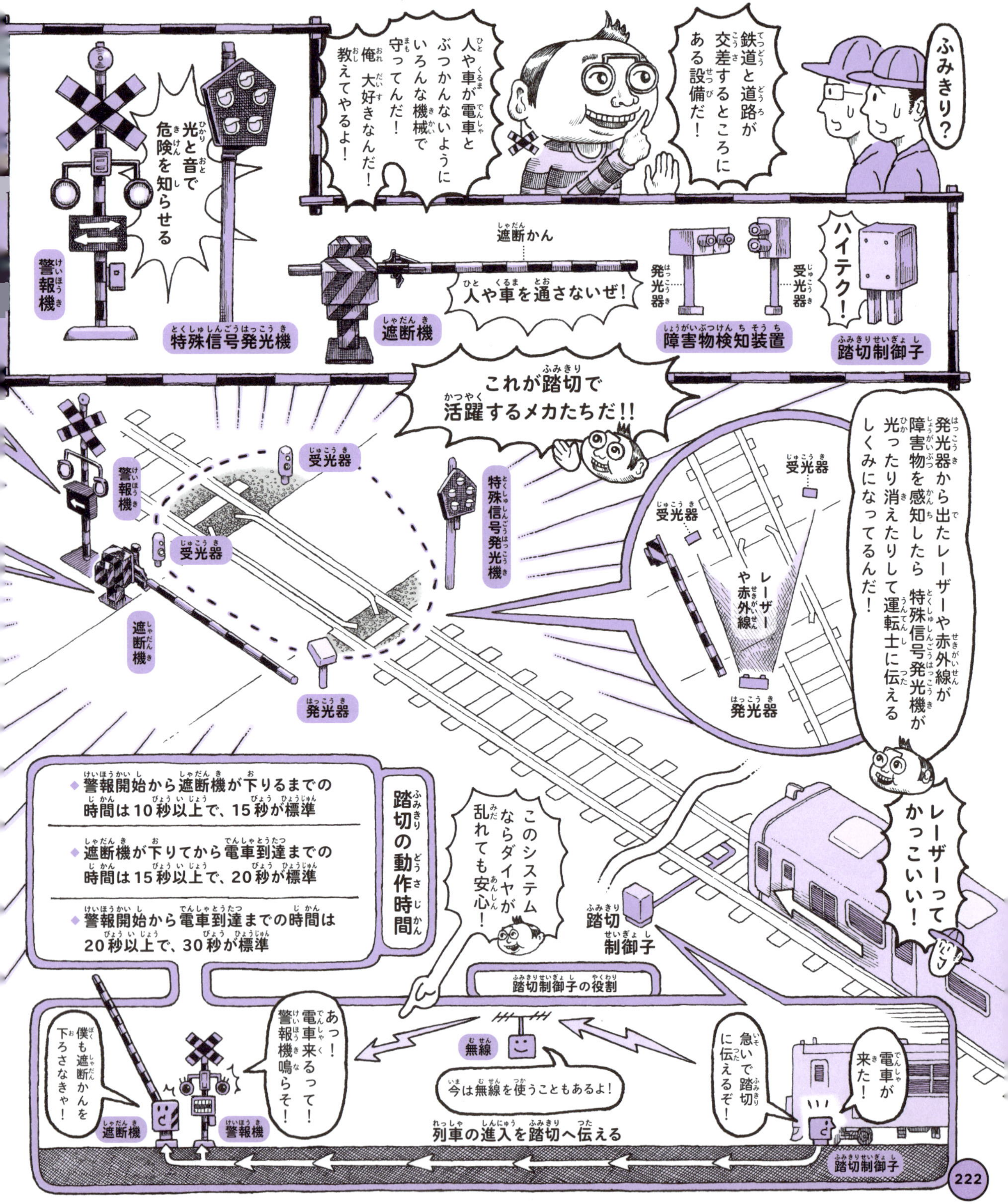

ふみきり？
鉄道《てつどう》と道路《どうろ》が交差《こうさ》するところにある設備《せつび》だ！
人《ひと》や車《くるま》が電車《でんしゃ》とぶつかんないようにいろんな機械《きかい》で守《まも》ってんだ！俺《おれ》大好《だいす》きなんだ！教《おし》えてやるよ！
光《ひかり》と音《おと》で危険《きけん》を知《し》らせる
警報機《けいほうき》
特殊信号発光機《とくしゅしんごうはっこうき》
遮断《しゃだん》かん
人《ひと》や車《くるま》を通《とお》さないぜ！
遮断機《しゃだんき》
発光器《はっこうき》
受光器《じゅこうき》
障害物検知装置《しょうがいぶつけんちそうち》
ハイテク！
踏切制御子《ふみきりせいぎょし》
これが踏切《ふみきり》で活躍《かつやく》するメカたちだ!!
警報機《けいほうき》
受光器《じゅこうき》
受光器《じゅこうき》
特殊信号発光機《とくしゅしんごうはっこうき》
遮断機《しゃだんき》
発光器《はっこうき》
発光器《はっこうき》から出《で》たレーザーや赤外線《せきがいせん》が障害物《しょうがいぶつ》を感知《かんち》したら特殊信号発光機《とくしゅしんごうはっこうき》が光《ひか》ったり消《き》えたりして運転士《うんてんし》に伝《つた》えるしくみになってるんだ！
受光器《じゅこうき》
受光器《じゅこうき》
レーザーや赤外線《せきがいせん》
発光器《はっこうき》
レーザーってかっこいい！
踏切《ふみきり》の動作時間《どうさじかん》
◆警報開始《けいほうかいし》から遮断機《しゃだんき》が下《お》りるまでの時間《じかん》は10秒《びょう》以上《いじょう》で、15秒《びょう》が標準《ひょうじゅん》
◆遮断機《しゃだんき》が下《お》りてから電車到達《でんしゃとうたつ》までの時間《じかん》は15秒《びょう》以上《いじょう》で、20秒《びょう》が標準《ひょうじゅん》
◆警報開始《けいほうかいし》から電車到達《でんしゃとうたつ》までの時間《じかん》は20秒《びょう》以上《いじょう》で、30秒《びょう》が標準《ひょうじゅん》
このシステムならダイヤが乱《みだ》れても安心《あんしん》！
踏切《ふみきり》制御子《せいぎょし》
踏切制御子《ふみきりせいぎょし》の役割《やくわり》
電車《でんしゃ》が来《き》た！
急《いそ》いで踏切《ふみきり》に伝《つた》えるぞ！
無線《むせん》
今《いま》は無線《むせん》を使《つか》うこともあるよ！
あっ！電車《でんしゃ》来《く》るって！警報機《けいほうき》鳴《な》らそ！
僕《ぼく》も遮断《しゃだん》かんを下《お》ろさなきゃ！
遮断機《しゃだんき》
警報機《けいほうき》
列車《れっしゃ》の進入《しんにゅう》を踏切《ふみきり》へ伝《つた》える
踏切制御子《ふみきりせいぎょし》

踏《ふみ》切《きり》
警報機《けいほうき》を語《かた》るぜ!!
スピーカー
カンカンカンカン
新《しん》
電鐘《でんしょう》
旧《きゅう》
昔《むかし》の警報機《けいほうき》は「電鐘式《でんしょうしき》」といって実際《じっさい》に鐘《かね》をたたいて音《おと》を流《なが》していた。でも今《いま》はスピーカーで電子音《でんしおん》を流《なが》しているから音量《おんりょう》が調節《ちょうせつ》できるのさ!
新《しん》
旧《きゅう》
赤《あか》い光《ひかり》を発《はっ》しているのが「警報灯《けいほうとう》」だ。最近《さいきん》、どの方向《ほうこう》からでも光《ひかり》が見《み》える型《かた》が登場《とうじょう》して安全性《あんぜんせい》が高《たか》まったよ!
きしゃにちゅうい
今《いま》もたまに残《のこ》っているよ!
1925年《ねん》に設置《せっち》されていたもの
警報機《けいほうき》のない昔《むかし》はこういう白《しろ》く塗《ぬ》った木《き》の板《いた》を踏切《ふみきり》に設置《せっち》してたんだ! 今《いま》みたいな警報機《けいほうき》が設置《せっち》されたのは1954年《ねん》ごろさ!
住宅街《じゅうたくがい》でもうるさくなりすぎないんだ
本当《ほんとう》に踏切《ふみきり》が好《す》きなんだなあ
たまに踏切《ふみきり》の近《ちか》くに予備《よび》の遮断《しゃだん》かんが入《はい》っている保管用《ほかんよう》の筒《つつ》があるぞ!
遮断《しゃだん》かん
ぐにっ
今《いま》の遮断《しゃだん》かんは、とじこめ防止《ぼうし》のためにある程度《ていど》の角度《かくど》までなら曲《ま》がっても折《お》れないよう工夫《くふう》されているんだ!
遮断機《しゃだんき》も語《かた》るぜ!
昔《むかし》の遮断機《しゃだんき》
片側腕木式《かたがわうでぎしき》
引《ひ》き戸式《どしき》
昇開式《しょうかいしき》（上下《じょうげ》する）
綱張《つなは》り式《しき》
（綱《つな》や鎖《くさり》などを張《は》る）
昔《むかし》の踏切《ふみきり》はすべて駅係員《えきかかりいん》が手動《しゅどう》で遮断機《しゃだんき》を動《うご》かしてたんだ! 自動化《じどうか》されたのは1958年《ねん》さ!
遮断機《しゃだんき》
遮断《しゃだん》かん
遮断機《しゃだんき》が50万円《まんえん》ほどで遮断《しゃだん》かんは1万円前後《まんえんぜんご》なんだ いつかほしいぜ!
でも今《いま》踏切《ふみきり》がどんどん減《へ》ってるんだ…
え? なぜ?
踏切《ふみきり》をなくして交通《こうつう》をスムーズにするためさ
ショボン
事故《じこ》もなくなるしいいことじゃないですか!
すいすい
高架化《こうかか》
そうだけどヤなの～!!
さよならー
ピューー
バタバタ

魔《ま》法《ほう》で犬《いぬ》に変《か》えられた人《ひと》がいる！

なあ…あの犬《いぬ》さ
はい
もしかして魔《ま》法《ほう》で犬《いぬ》に変《か》えられた人間《にんげん》かも！
え〜魔《ま》法《ほう》とかないでしょ
じゃあなんで犬《いぬ》が服《ふく》を着《き》てるんだ！
犬《いぬ》だって服《ふく》を着《き》るぞ
会社員《かいしゃいん》
犬崎《けんざき》　努《つとむ》

ほらウチの犬《いぬ》たちだって服《ふく》を着《き》てるだろう?
うわー!!
すごいいっぱいいいる!
ハッ ハッ
服《ふく》を着《き》るのって人間《にんげん》だけかと思《おも》ってました
ああ 昔《むかし》はそうだったけど今《いま》は必要《ひつよう》におうじて犬《いぬ》にも服《ふく》を着《き》せるんだよ
なんで犬《いぬ》に服《ふく》を着《き》せてるんですか?
いくつか理由《りゆう》があってね
手術《しゅじゅつ》をした犬《いぬ》が傷口《きずぐち》をかきむしらないためだったり
虫《むし》さされを防《ふせ》いだり
寒《さむ》さに弱《よわ》い犬《いぬ》には防寒対策《ぼうかんたいさく》として冬《ふゆ》に着《き》せたりもするのさ
ハッ ハッ

犬《いぬ》の服《ふく》

抜《ぬ》け毛《げ》が周《まわ》りに落《お》ちるのを防《ふせ》ぐ役目《やくめ》も果《は》たしてくれる
昔《むかし》は服《ふく》を着《き》ていない盲導犬《もうどうけん》は飲食店《いんしょくてん》に入《はい》るのを※断《ことわ》られることが多《おお》かったんだ
※現在《げんざい》は法律《ほうりつ》によって公共施設《こうきょうしせつ》や飲食店《いんしょくてん》での補助犬受《う》け入《い》れが義務《ぎむ》づけられている
最近《さいきん》じゃ足《あし》を痛《いた》めないための犬用《いぬよう》のスニーカーや
ちっちゃ!
暗《くら》いところでも犬《いぬ》が見《み》えるように足元《あしもと》をレーザーで照《て》らす服《ふく》なんてのもあるのだよ
えっすご!
犬《いぬ》の服《ふく》ってちゃんと理由《りゆう》があったんですね…
たんなるオシャレじゃなくて…
そういうのもあるがワシはあまり好《す》きじゃないんだ
人《ひと》が楽《たの》しむために不必要《ふひつよう》な服《ふく》を着《き》せるのは犬《いぬ》にとっていいことじゃないだろう?
たしかにそうですね…
犬《いぬ》の服《ふく》はサイズが合《あ》っているか動《うご》きづらくないかを基準《きじゅん》にワシは選《えら》んでいるんだよ
それは大事《だいじ》なことですね!
ああ 犬《いぬ》は話《はな》せないから飼《か》い主《ぬし》がきちんと気《き》を配《くば》るべきなんだ
さてワシはそろそろ行《い》くかな…
うわーー! さよーー ならーー!
ダダダダダダダダダダ
あ… ありがとうございました…

線路《せんろ》の石《いし》はどこから？何《なん》のために？

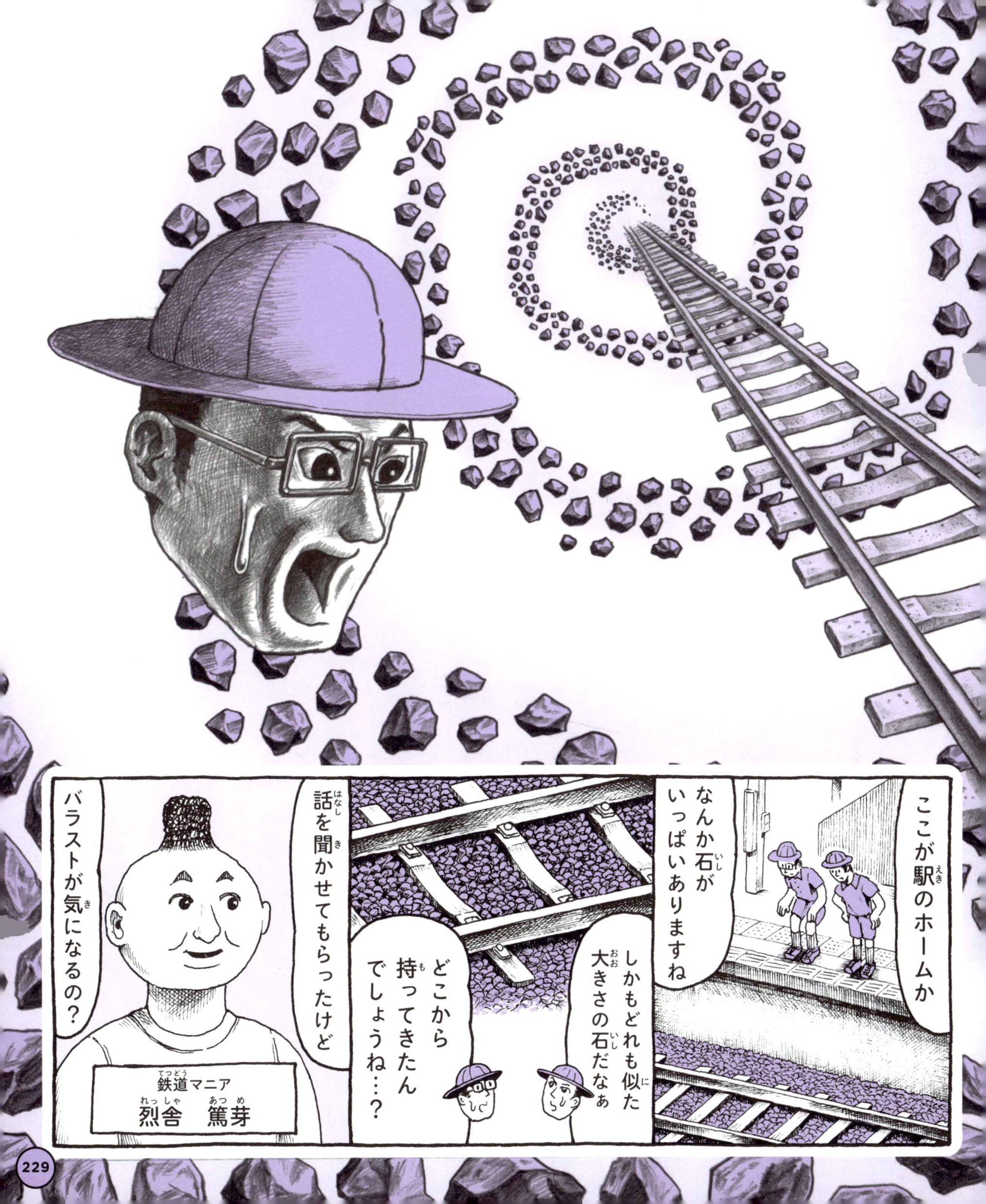
ここが駅《えき》のホームか
なんか石《いし》がいっぱいありますね
しかもどれも似《に》た大《おお》きさの石《いし》だなぁ
どこから持《も》ってきたんでしょうね…？
話《はなし》を聞《き》かせてもらったけど
バラストが気《き》になるの？
鉄道《てつどう》マニア
烈舎《れっしゃ》　篤芽《あつめ》

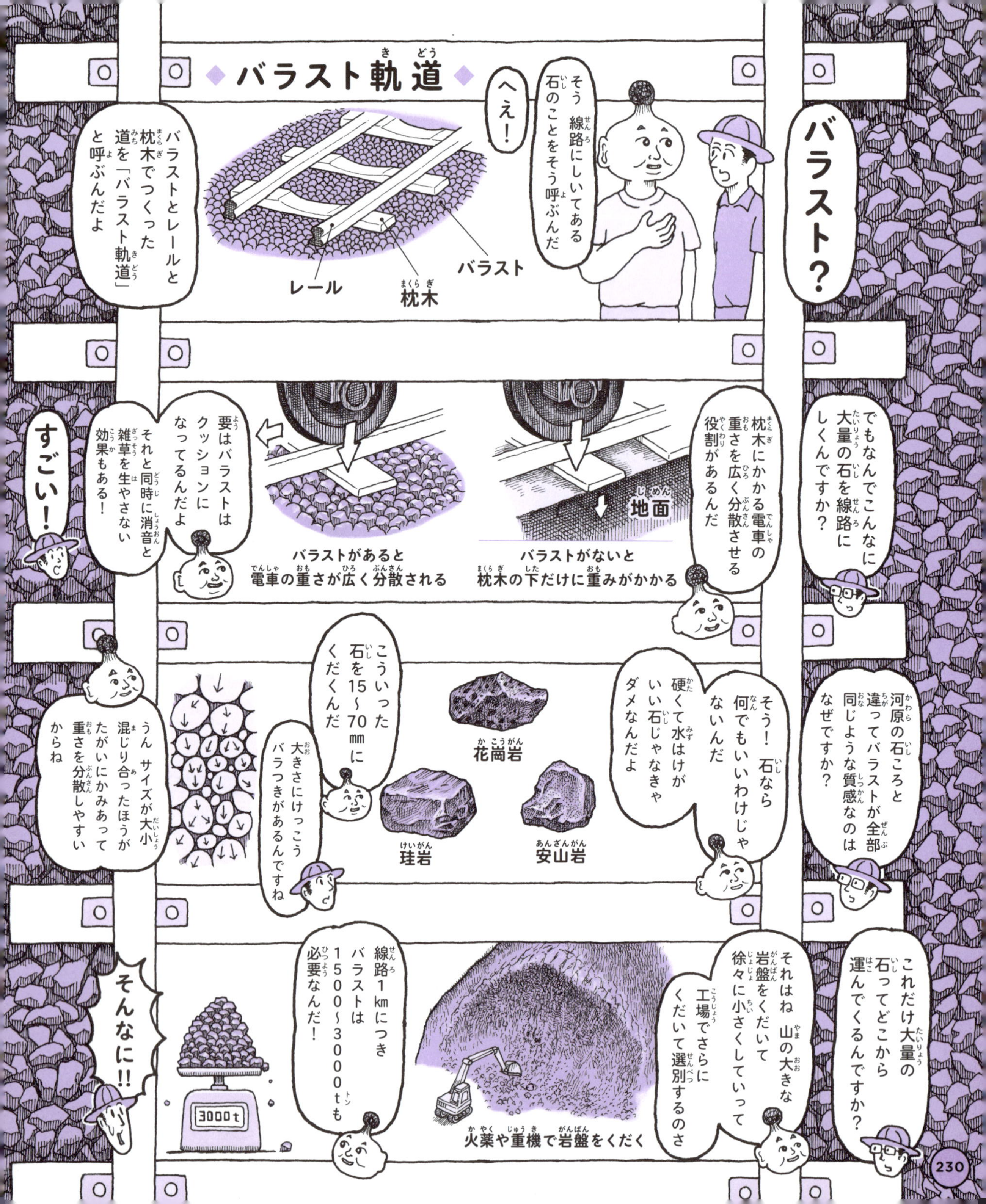

バラスト軌道《きどう》
バラスト？
そう 線路《せんろ》にしいてある 石《いし》のことをそう呼《よ》ぶんだ
へぇ！
バラスト
枕木《まくらぎ》
レール
バラストとレールと 枕木《まくらぎ》でつくった 道《みち》を「バラスト軌道《きどう》」と呼《よ》ぶんだよ
でもなんでこんなに 大量《たいりょう》の石《いし》を線路《せんろ》に しくんですか？
枕木《まくらぎ》にかかる電車《でんしゃ》の 重《おも》さを広《ひろ》く分散《ぶんさん》させる 役割《やくわり》があるんだ
地面《じめん》
バラストがないと 枕木《まくらぎ》の下《した》だけに重《おも》みがかかる
バラストがあると 電車《でんしゃ》の重《おも》さが広《ひろ》く分散《ぶんさん》される
要《よう》はバラストは クッションに なってるんだよ
それと同時《どうじ》に消音《しょうおん》と 雑草《ざっそう》を生《は》やさない 効果《こうか》もある！
すごい！
河原《かわら》の石《いし》ころと 違《ちが》ってバラストが全部《ぜんぶ》 同《おな》じような質感《しつかん》なのは なぜですか？
そう！ 石《いし》なら 何《なん》でもいいわけじゃ ないんだ
硬《かた》くて水《みず》はけが いい石《いし》じゃなきゃ ダメなんだよ
花崗岩《かこうがん》
安山岩《あんざんがん》
珪岩《けいがん》
こういった 石《いし》を15～70㎜に くだくんだ
大《おお》きさにけっこう バラつきがあるんですね
うん サイズが大小《だいしょう》 混《ま》じり合《あ》ったほうが たがいにかみあって 重《おも》さを分散《ぶんさん》しやすい からね
これだけ大量《たいりょう》の 石《いし》ってどこから 運《はこ》んでくるんですか？
それはね 山《やま》の大《おお》きな 岩盤《がんばん》をくだいて 徐々《じょじょ》に小《ちい》さくしていって
工場《こうじょう》でさらに くだいて選別《せんべつ》するのさ
火薬《かやく》や重機《じゅうき》で岩盤《がんばん》をくだく
線路《せんろ》1㎞につき バラストは 1500～3000t《トン》も 必要《ひつよう》なんだ！
3000t
そんなに!!

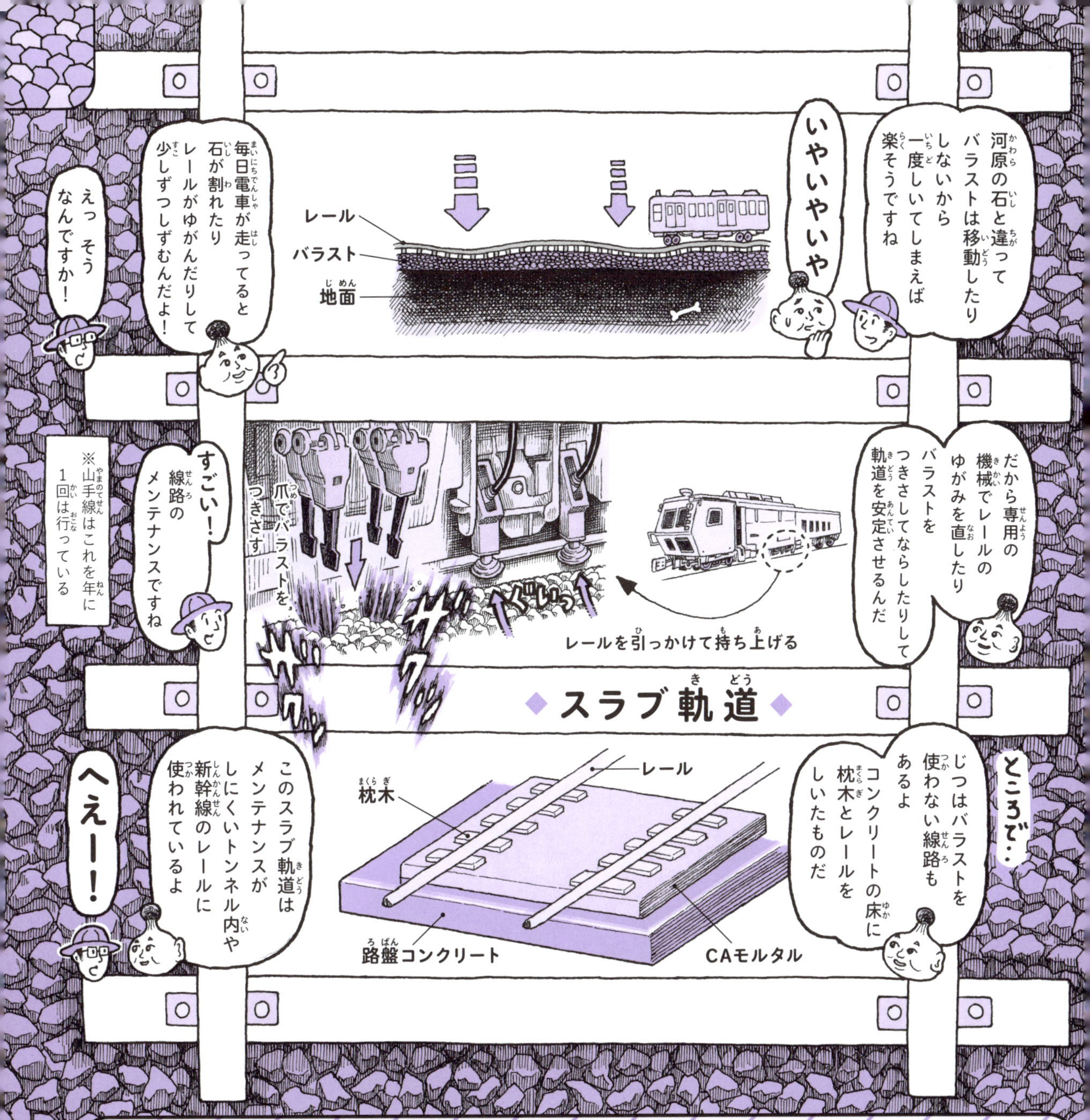

河原《かわら》の石《いし》と違《ちが》って
バラストは移動《いどう》したり
しないから
一度《いちど》しいてしまえば
楽《らく》そうですね
いやいやいや
毎日電車《まいにちでんしゃ》が走《はし》ってると
石《いし》が割《わ》れたり
レールがゆがんだりして
少《すこ》しずつしずむんだよ！
えっ そう
なんですか！
レール
バラスト
地面《じめん》
だから専用《せんよう》の
機械《きかい》でレールの
ゆがみを直《なお》したり
バラストを
つきさしてならしたりして
軌道《きどう》を安定《あんてい》させるんだ
レールを引《ひ》っかけて持《も》ち上《あ》げる
爪《つめ》でバラストを
つきさす
すごい！
線路《せんろ》の
メンテナンスですね
※山手線《やまのてせん》はこれを年《ねん》に
1回《かい》は行《おこな》っている
◆スラブ軌道《きどう》◆
ところで・・
じつはバラストを
使《つか》わない線路《せんろ》も
あるよ
コンクリートの床《ゆか》に
枕木《まくらぎ》とレールを
しいたものだ
このスラブ軌道《きどう》は
メンテナンスが
しにくいトンネル内《ない》や
新幹線《しんかんせん》のレールに
使《つか》われているよ
へえー！
レール
枕木《まくらぎ》
路盤《ろばん》コンクリート
CAモルタル

線《せん》路《ろ》のバラスト

なぜ駅《えき》にコックピットがある!?

あっあれはコックピット!?
なんで駅《えき》のホームに!?
ゴゴゴ
この駅《えき》すべてが巨大戦艦《きょだいせんかん》なのでは!?
まさか!
えっ!売店《ばいてん》!?
駅《えき》の売店《ばいてん》がそんなにめずらしいの?

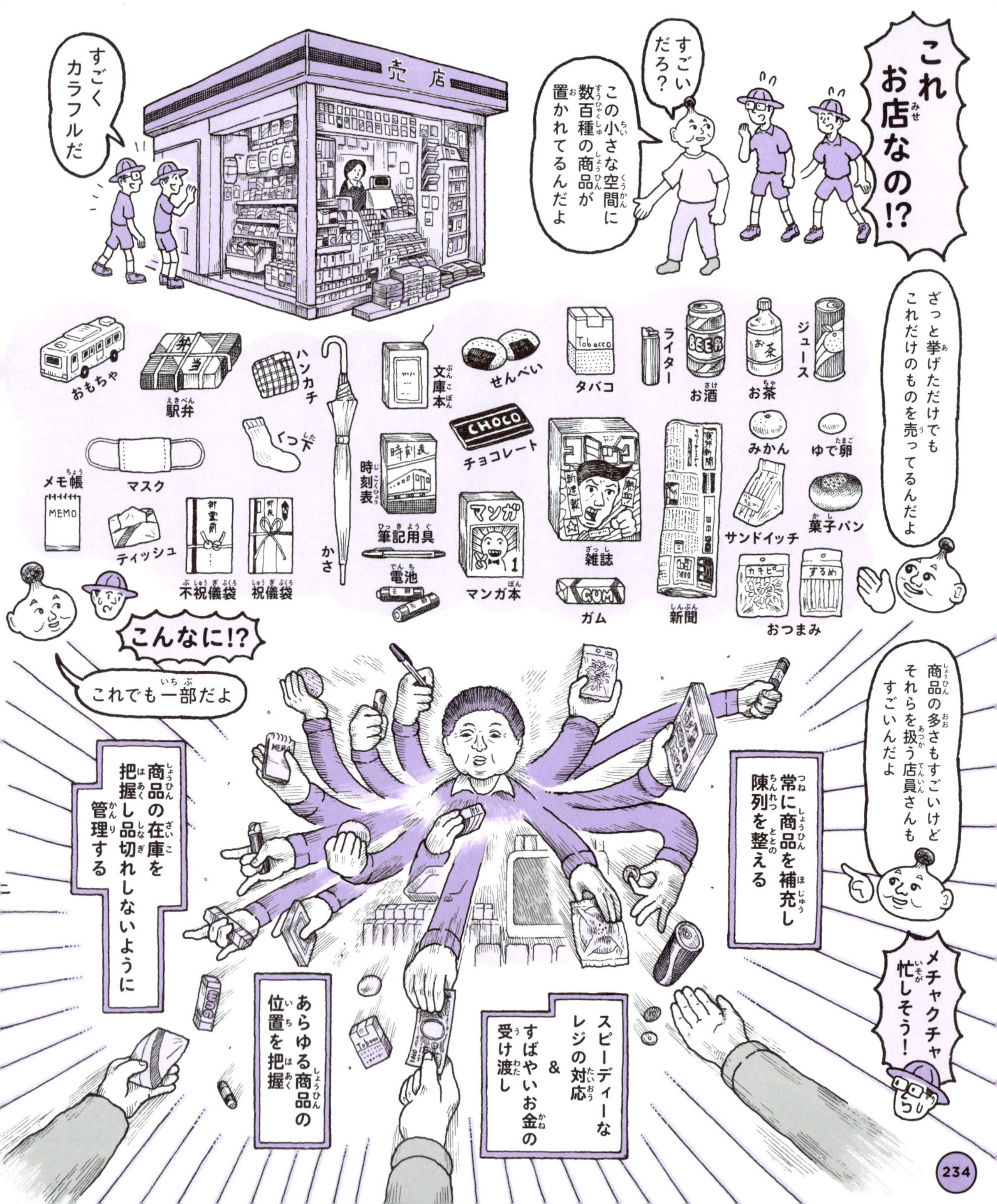
すごくカラフルだ
売店
すごいだろ?
この小《ちい》さな空間《くうかん》に数百種《すうひゃくしゅ》の商品《しょうひん》が置《お》かれてるんだよ
これお店《みせ》なの!?
ざっと挙《あ》げただけでもこれだけのものを売《う》ってるんだよ
おもちゃ
駅弁《えきべん》
ハンカチ
かさ
文庫本《ぶんこぼん》
せんべい
Tobacco
タバコ
ライター
BEER
お酒《さけ》
お茶
お茶《ちゃ》
ジュース
メモ帳《ちょう》
MEMO
マスク
くつ下《した》
ティッシュ
不祝儀袋《ぶしゅうぎぶくろ》
祝儀袋《しゅうぎぶくろ》
時刻表
時刻表《じこくひょう》
筆記用具《ひっきようぐ》
電池《でんち》
CHOCO
チョコレート
マンガ
マンガ本《ぼん》
雑誌《ざっし》
GUM
ガム
新聞《しんぶん》
みかん
ゆで卵《たまご》
サンドイッチ
菓子《かし》パン
カキピー
するめ
おつまみ
こんなに!?
これでも一部《いちぶ》だよ
商品《しょうひん》の多《おお》さもすごいけどそれらを扱《あつか》う店員《てんいん》さんもすごいんだよ
商品《しょうひん》の在庫《ざいこ》を把握《はあく》し品切《しなぎ》れしないように管理《かんり》する
常《つね》に商品《しょうひん》を補充《ほじゅう》し陳列《ちんれつ》を整《ととの》える
あらゆる商品《しょうひん》の位置《いち》を把握《はあく》
スピーディーなレジの対応《たいおう》&すばやいお金《かね》の受《う》け渡《わた》し
メチャクチャ忙《いそが》しそう!

今《いま》は値段《ねだん》をバーコードで読《よ》みとれるし 電子《でんし》マネーやカードでも買《か》い物《もの》ができるけど
そろそろ帰宅《きたく》ラッシュの時間《じかん》
つり銭《せん》足りなくなってきたかも
そろそろパンを注文《ちゅうもん》しておかないと
雑誌《ざっし》を前《まえ》に置《お》いて…
＝80円《えん》補充《ほじゅう》しないと
新聞《しんぶん》足《た》りなくなってきてる
昔《むかし》はすべての値段《ねだん》を記憶《きおく》してその場《ば》で暗算《あんざん》していたんだ
えっ!?
すごすぎる!!
驚《おどろ》くべき職人技《しょくにんわざ》だよね
ところで売店《ばいてん》の歴史《れきし》を知《し》ってるかい?
歴史《れきし》?
1872年《ねん》にイギリス人《じん》のジョン・ブラック氏《し》が
蒸気機関車《じょうききかんしゃ》を見物《けんぶつ》に来《く》る人々《ひとびと》に新聞《しんぶん》を売《う》ったのが売店《ばいてん》の始《はじ》まりと言《い》われているんだ
へえ
じゃあこの人《ひと》が日本《にほん》に売店《ばいてん》を広《ひろ》げていったの?
いや その後《あと》から鉄道《てつどう》が発達《はったつ》して 工事《こうじ》が一気《いっき》に増《ふ》えたんだけど
とても危険《きけん》な作業《さぎょう》が多《おお》く事故《じこ》で亡《な》くなる人《ひと》が多《おお》かったんだ
そこで残《のこ》された家族《かぞく》を助《たす》ける福祉《ふくし》の目的《もくてき》で駅構内《えきこうない》での売店事業《ばいてんじぎょう》が始《はじ》まったんだよ
遺族《いぞく》が生活《せいかつ》していくための仕事《しごと》だったんだね
初期《しょき》の駅《えき》の売店《ばいてん》
そうだったんですね

今《いま》は店内《てんない》に入《はい》れるコンビニ型《がた》の駅《えき》の売店《ばいてん》が増《ふ》えたね
New Mart
こうやって見《み》ると小《ちい》さな空間《くうかん》を本当《ほんとう》に最大限《さいだいげん》に活用《かつよう》してるんですね!

駅《えき》の売《ばい》店《てん》

ここにはどんな猛《もう》獣《じゅう》がいるのだ!?

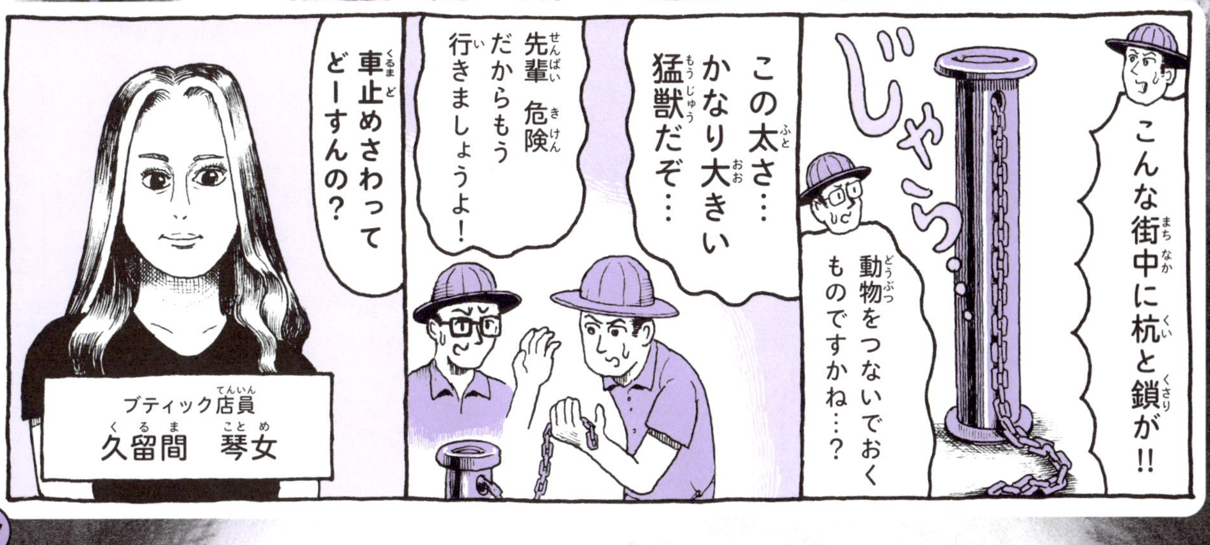

こんな街中《まちなか》に杭《くい》と鎖《くさり》が!!
じゃら…
動物《どうぶつ》をつないでおくものですかね…?
この太《ふと》さ…かなり大《おお》きい猛獣《もうじゅう》だぞ…
先輩《せんぱい》 危険《きけん》だからもう行《い》きましょうよ!
車《くるま》止《ど》めさわってどーすんの?
ブティック店員《てんいん》
久留間《くるま》 琴女《ことめ》

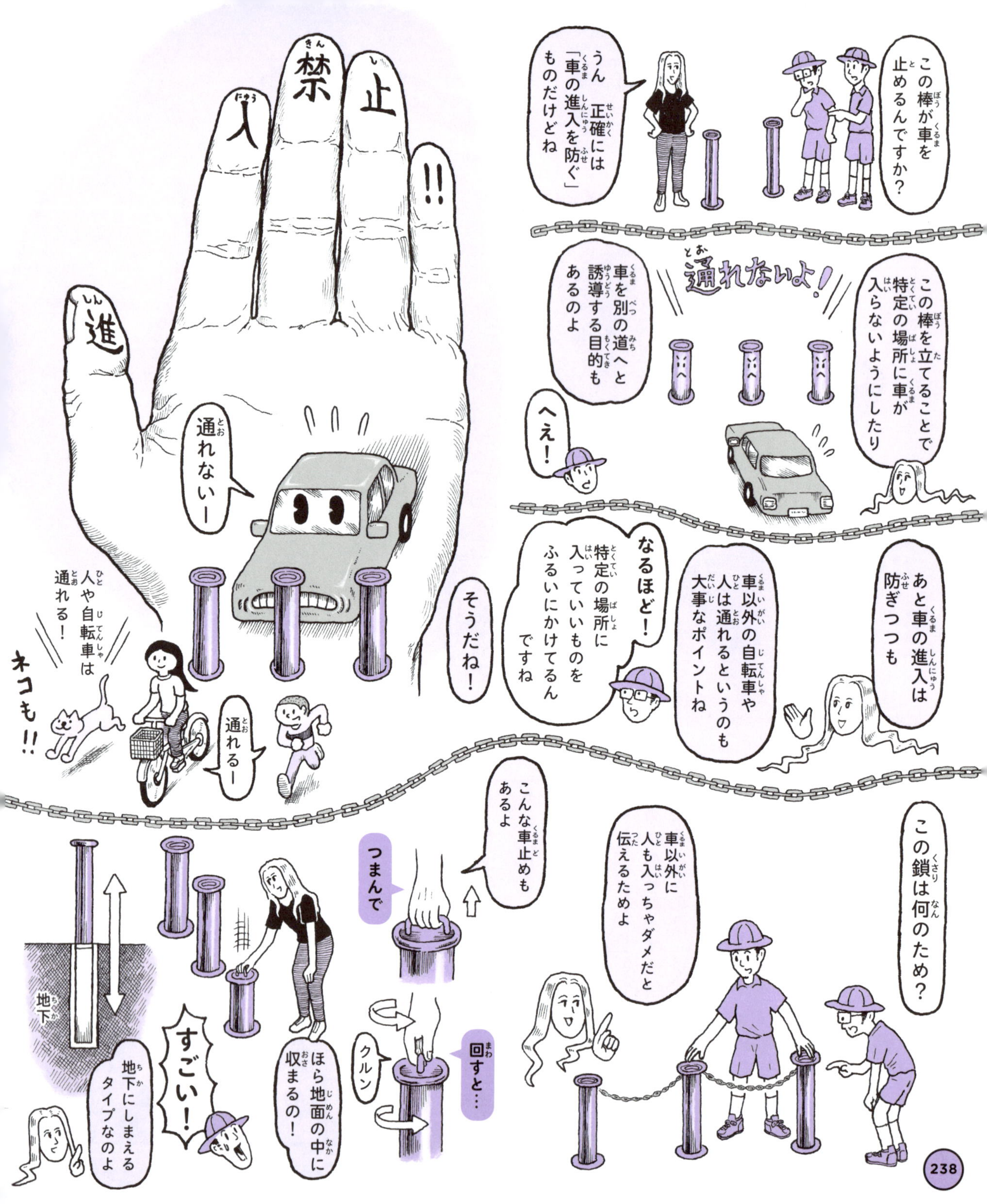
この棒《ぼう》が車《くるま》を止《と》めるんですか？
うん 正確《せいかく》には「車《くるま》の進入《しんにゅう》を防《ふせ》ぐ」ものだけどね
この棒《ぼう》を立《た》てることで特定《とくてい》の場所《ばしょ》に車《くるま》が入《はい》らないようにしたり
通《とお》れないよ！
車《くるま》を別《べつ》の道《みち》へと誘導《ゆうどう》する目的《もくてき》もあるのよ
へえ！
禁《きん》止《し》
入《にゅう》
進《しん》
!!
通《とお》れないー
あと車《くるま》の進入《しんにゅう》は防《ふせ》ぎつつも
車《くるま》以外《いがい》の自転車《じてんしゃ》や人《ひと》は通《とお》れるというのも大事《だいじ》なポイントね
なるほど！
特定《とくてい》の場所《ばしょ》に入《はい》っていいものをふるいにかけてるんですね
そうだね！
人《ひと》や自転車《じてんしゃ》は通《とお》れる！
ネコも!!
通《とお》れるー
この鎖《くさり》は何《なん》のため？
車《くるま》以外《いがい》に人《ひと》も入《はい》っちゃダメだと伝《つた》えるためよ
こんな車止《くるまど》めもあるよ
つまんで
回《まわ》すと…
クルン
ほら地面《じめん》の中《なか》に収《おさ》まるの！
すごい！
地下《ちか》にしまえるタイプなのよ
地下《ちか》

いろいろな車《くるま》止《ど》め

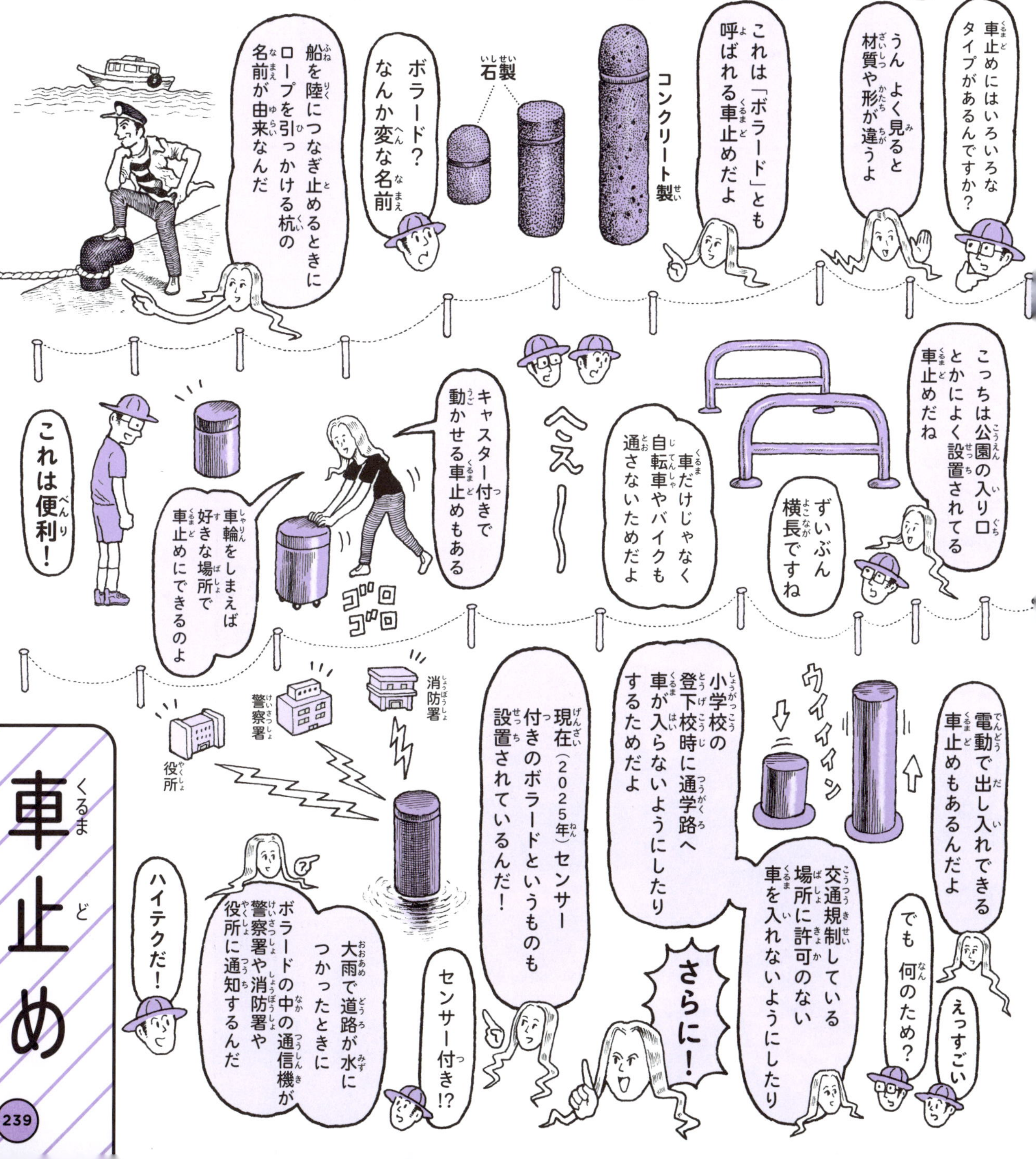

道路《どうろ》に描《か》かれた巨大地上絵《きょだいちじょうえ》か？

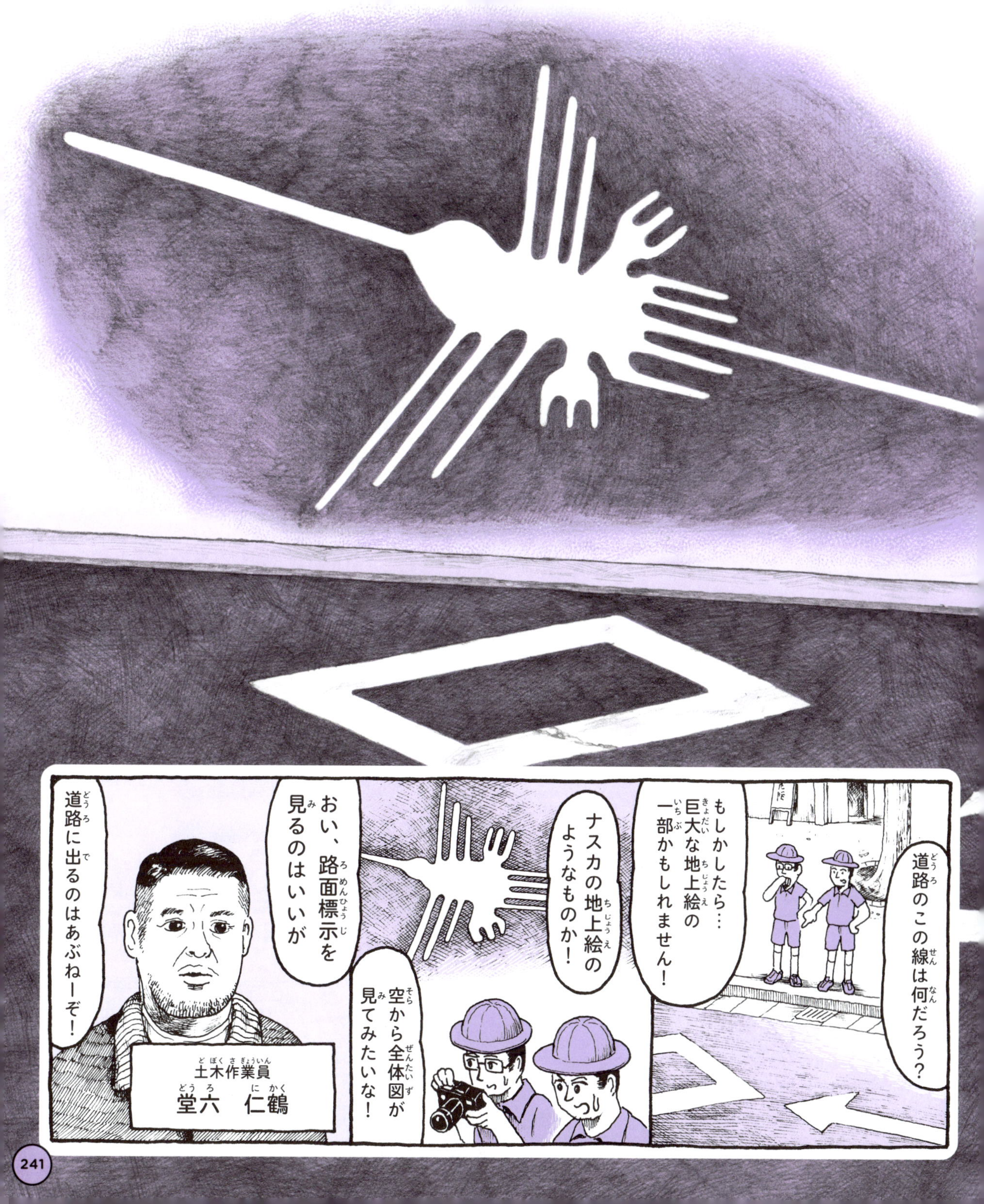
道路《どうろ》のこの線《せん》は何《なん》だろう?
もしかしたら…巨大《きょだい》な地上絵《ちじょうえ》の一部《いちぶ》かもしれません!
ナスカの地上絵《ちじょうえ》のようなものか!
空《そら》から全体図《ぜんたいず》が見《み》てみたいな!
おい、路面標示《ろめんひょうじ》を見《み》るのはいいが
道路《どうろ》に出《で》るのはあぶねーぞ!
土木作業員《どぼくさぎょういん》
堂六《どうろ》　仁鶴《にかく》

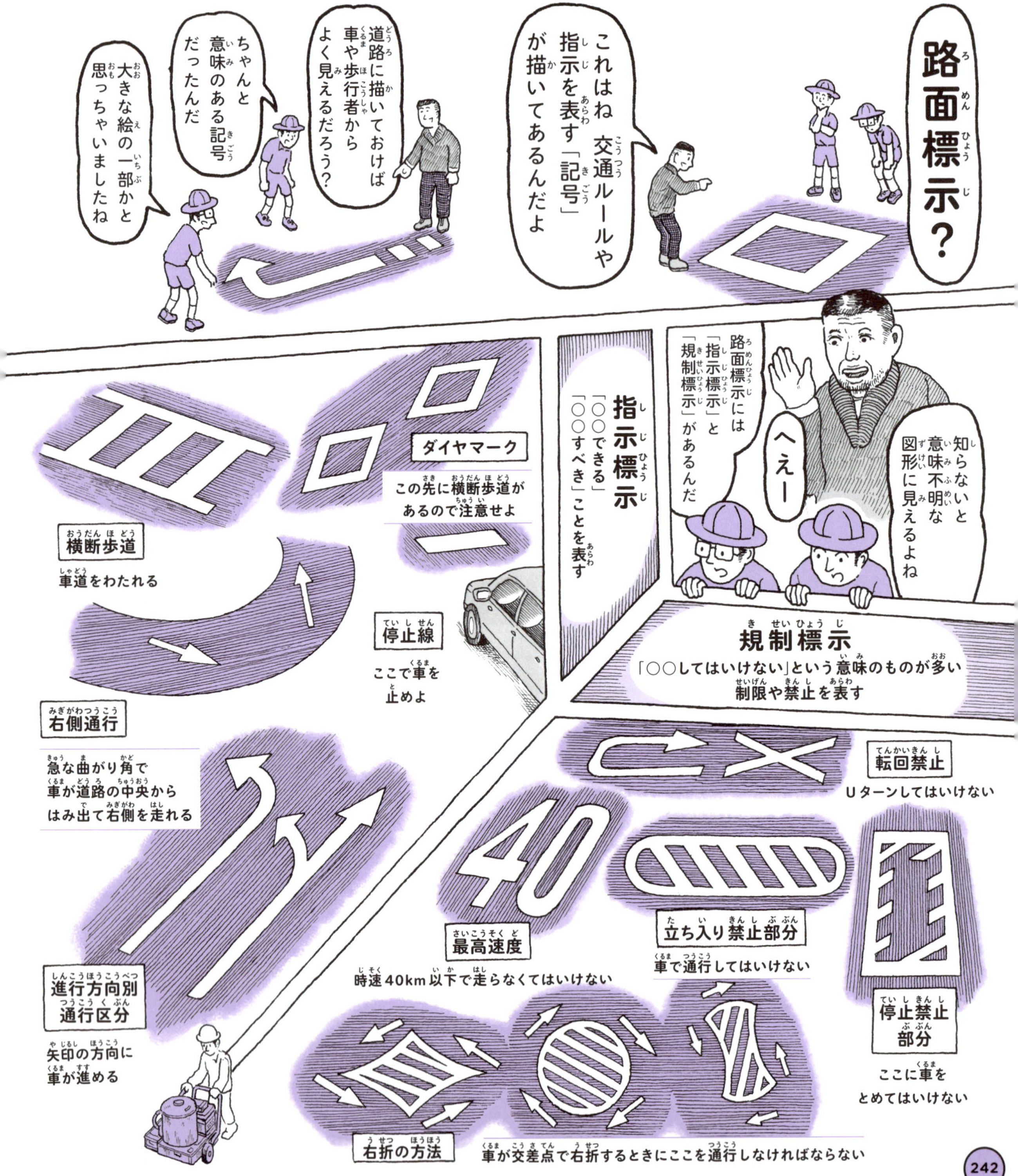

路《ろ》面《めん》標《ひょう》示《じ》？
これはね　交通《こうつう》ルールや指示《しじ》を表《あらわ》す「記号《きごう》」が描《か》いてあるんだよ
道路《どうろ》に描《か》いておけば車《くるま》や歩行者《ほこうしゃ》からよく見《み》えるだろう？
ちゃんと意味《いみ》のある記号《きごう》だったんだ
大《おお》きな絵《え》の一部《いちぶ》かと思《おも》っちゃいましたね
路面標示《ろめんひょうじ》には「指示標示《しじひょうじ》」と「規制標示《きせいひょうじ》」があるんだ
へえー
知《し》らないと意味不明《いみふめい》な図形《ずけい》に見《み》えるよね
指《し》示《じ》標《ひょう》示《じ》
「○○できる」「○○すべき」ことを表《あらわ》す
ダイヤマーク
この先《さき》に横断歩道《おうだんほどう》があるので注意《ちゅうい》せよ
横断歩道《おうだんほどう》
車道《しゃどう》をわたれる
停止線《ていしせん》
ここで車《くるま》を止《と》めよ
右側通行《みぎがわつうこう》
急《きゅう》な曲《ま》がり角《かど》で車《くるま》が道路《どうろ》の中央《ちゅうおう》からはみ出《で》て右側《みぎがわ》を走《はし》れる
進行方向別《しんこうほうこうべつ》通行区分《つうこうくぶん》
矢印《やじるし》の方向《ほうこう》に車《くるま》が進《すす》める
規《き》制《せい》標《ひょう》示《じ》
「○○してはいけない」という意味《いみ》のものが多《おお》い
制限《せいげん》や禁止《きんし》を表《あらわ》す
転回禁止《てんかいきんし》
Uターンしてはいけない
最高速度《さいこうそくど》
時速《じそく》40km以下《いか》で走《はし》らなくてはいけない
立《た》ち入《い》り禁止部分《きんしぶぶん》
車《くるま》で通行《つうこう》してはいけない
停止禁止《ていしきんし》部分《ぶぶん》
ここに車《くるま》をとめてはいけない
右折《うせつ》の方法《ほうほう》
車《くるま》が交差点《こうさてん》で右折《うせつ》するときにここを通行《つうこう》しなければならない

路《ろ》面《めん》標《ひょう》示《じ》

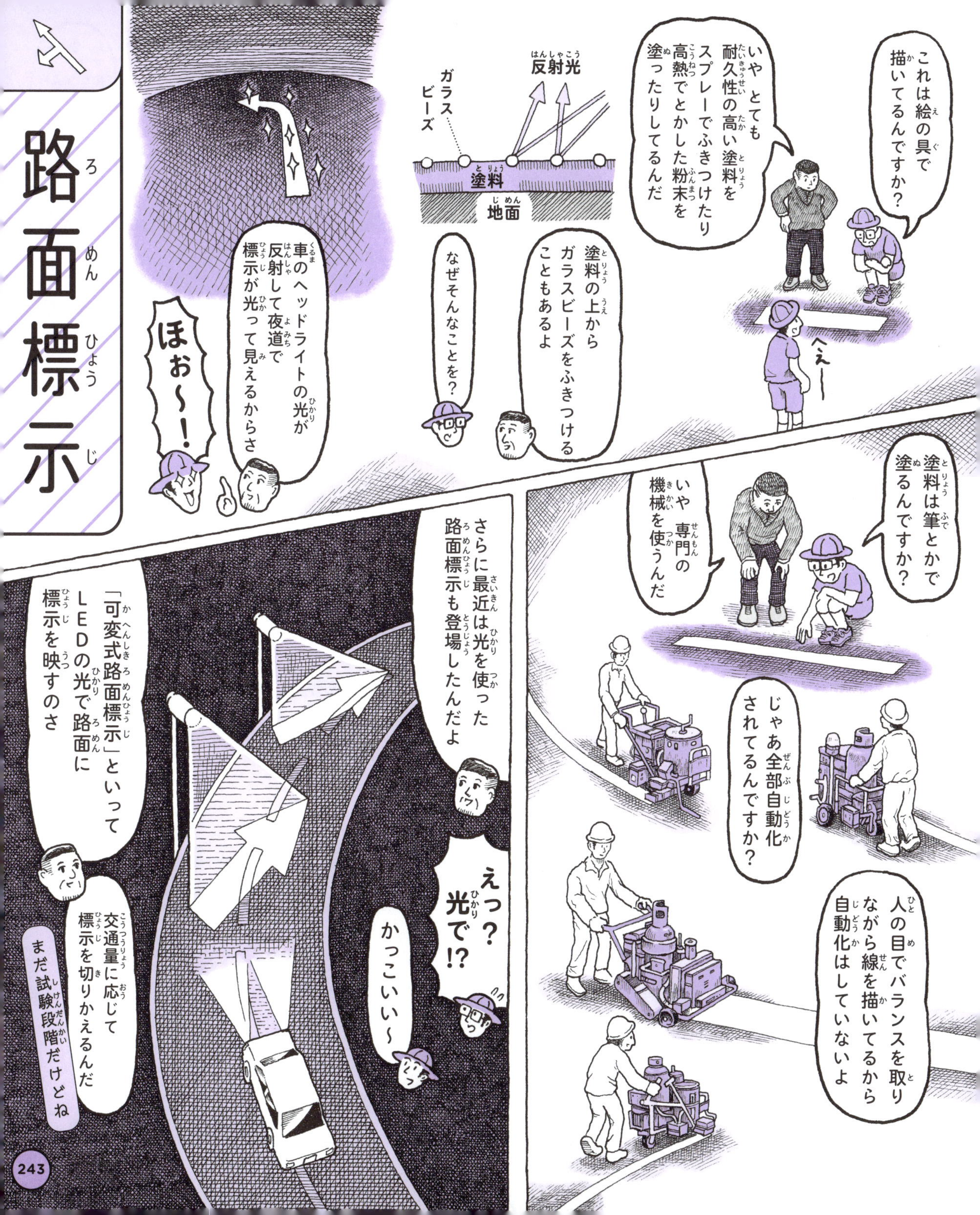

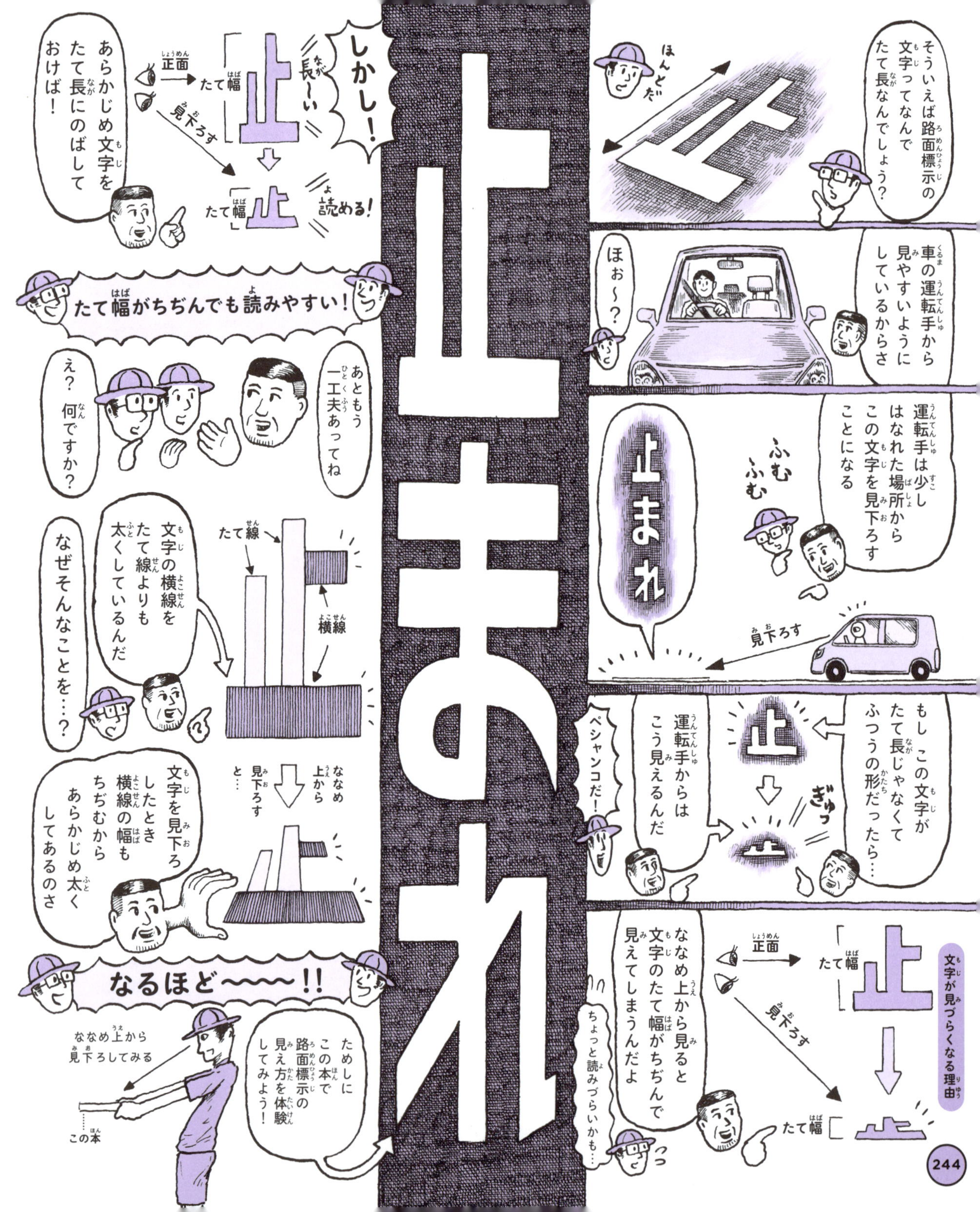

そういえば路面標示《ろめんひょうじ》の文字《もじ》ってなんでたて長《なが》なんでしょう?
ほんとだ
車《くるま》の運転手《うんてんしゅ》から見《み》やすいようにしているからさ
ほぉ〜?
運転手《うんてんしゅ》は少《すこ》しはなれた場所《ばしょ》からこの文字《もじ》を見下《みお》ろすことになる
ふむふむ
止まれ
見下《みお》ろす
もしこの文字《もじ》がたて長《なが》じゃなくてふつうの形《かたち》だったら…
運転手《うんてんしゅ》からはこう見《み》えるんだ
ぎゅっ
ペシャンコだ!
文字《もじ》が見《み》づらくなる理由《りゆう》
ななめ上《うえ》から見《み》ると文字《もじ》のたて幅《はば》がちぢんで見《み》えてしまうんだよ
ちょっと読《よ》みづらいかも…
正面《しょうめん》
たて幅《はば》
見下《みお》ろす
たて幅《はば》
しかし!
長《なが》〜い
あらかじめ文字《もじ》をたて長《なが》にのばしておけば!
正面《しょうめん》
たて幅《はば》
見下《みお》ろす
たて幅《はば》
読《よ》める!
たて幅《はば》がちぢんでも読《よ》みやすい!
あともう一工夫《ひとくふう》あってね
え? 何《なん》ですか?
文字《もじ》の横線《よこせん》をたて線《せん》よりも太《ふと》くしているんだ
なぜそんなことを…?
たて線《せん》
横線《よこせん》
ななめ上《うえ》から見下《みお》ろすと…
文字《もじ》を見下《みお》ろしたとき横線《よこせん》の幅《はば》もちぢむからあらかじめ太《ふと》くしてあるのさ
なるほど〜〜〜!!
ためしにこの本《ほん》で路面標示《ろめんひょうじ》の見《み》え方《かた》を体験《たいけん》してみよう!
ななめ上《うえ》から見下《みお》ろしてみる
この本《ほん》
止まれ

路《ろ》面《めん》標《ひょう》示《じ》

異《い》星《せい》人《じん》から秘《ひ》密《みつ》のメッセージ!?

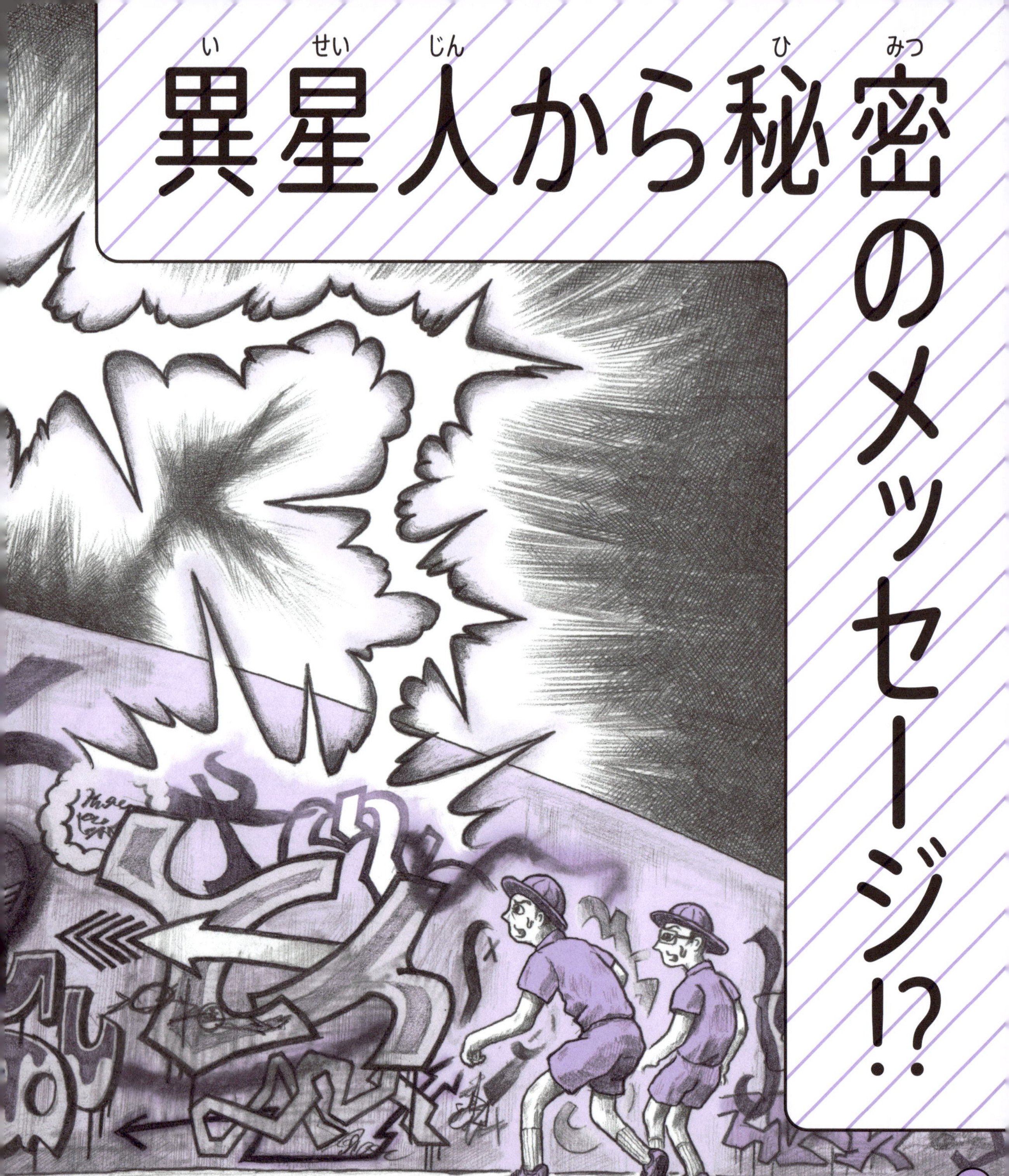

この壁《かべ》は何《なん》だ!?
謎《なぞ》の文字《もじ》で埋《う》めつくされてますね
異星人《いせいじん》からのメッセージかもしれません
パシャ
パシャ
おい!
ぬっ
グラフィティなんぞ撮《と》ってどうすんの!
駄菓子店店主《だがしてんてんしゅ》
伴《ばん》　九椎《くしい》

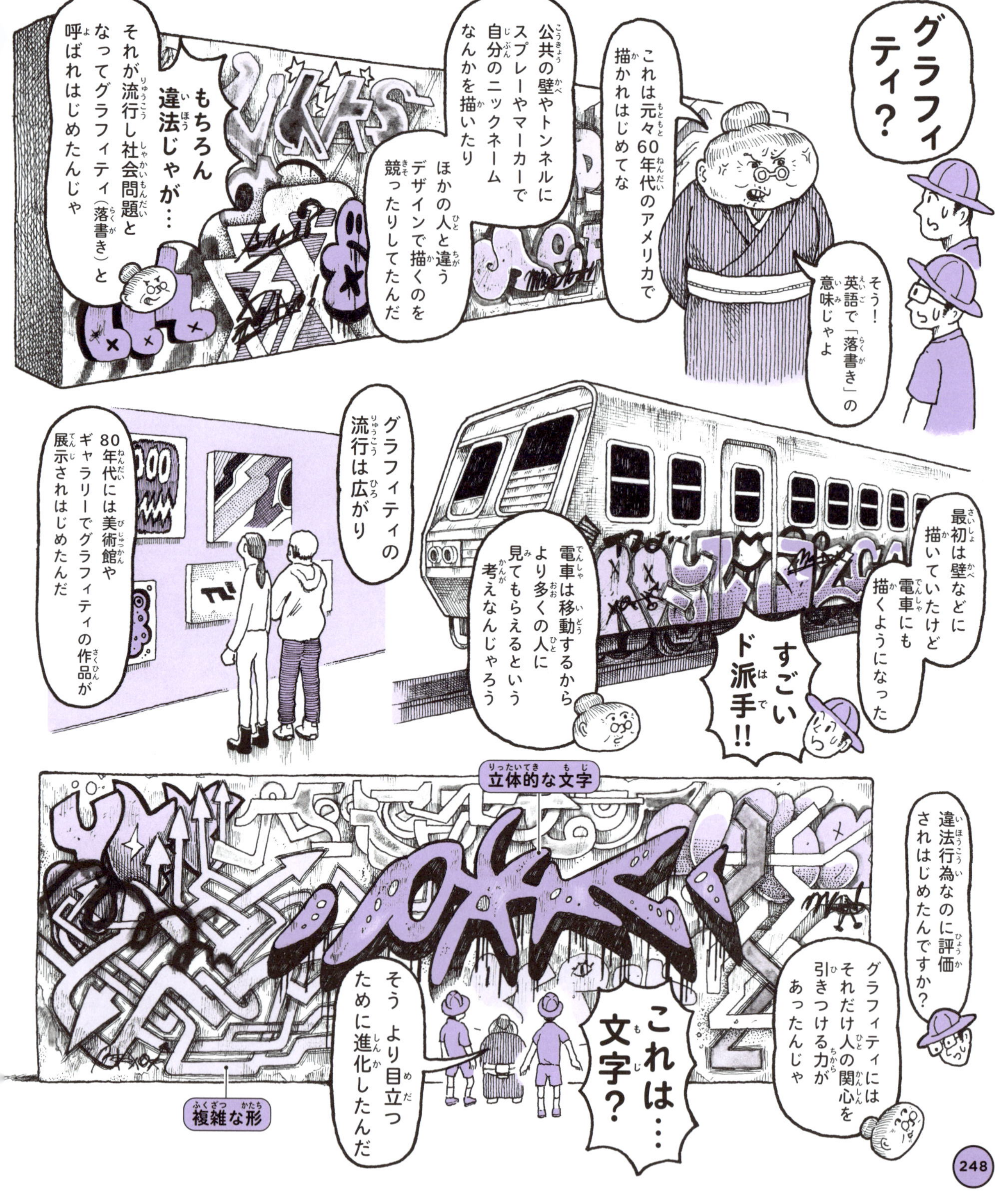

グラフィティ？
これは元々《もともと》60年代《ねんだい》のアメリカで描《か》かれはじめてな
そう！英語《えいご》で「落書《らくが》き」の意味《いみ》じゃよ
公共《こうきょう》の壁《かべ》やトンネルにスプレーやマーカーで自分《じぶん》のニックネームなんかを描《か》いたり
ほかの人《ひと》と違《ちが》うデザインで描《か》くのを競《きそ》ったりしてたんだ
もちろん違法《いほう》じゃが…
それが流行《りゅうこう》し社会問題《しゃかいもんだい》となってグラフィティ（落書《らくが》き）と呼《よ》ばれはじめたんじゃ
最初《さいしょ》は壁《かべ》などに描《か》いていたけど電車《でんしゃ》にも描《か》くようになった
すごいド派手《はで》!!
電車《でんしゃ》は移動《いどう》するからより多《おお》くの人《ひと》に見《み》てもらえるという考《かん》えなんじゃろう
グラフィティの流行《りゅうこう》は広《ひろ》がり
80年代《ねんだい》には美術館《びじゅつかん》やギャラリーでグラフィティの作品《さくひん》が展示《てんじ》されはじめたんだ
違法行為《いほうこうい》なのに評価《ひょうか》されはじめたんですか？
グラフィティにはそれだけ人《ひと》の関心《かんしん》を引《ひ》きつける力《ちから》があったんじゃ
これは…文字《もじ》？
そう より目立《めだ》つために進化《しんか》したんだ
立体的《りったいてき》な文字《もじ》
複雑《ふくざつ》な形《かたち》

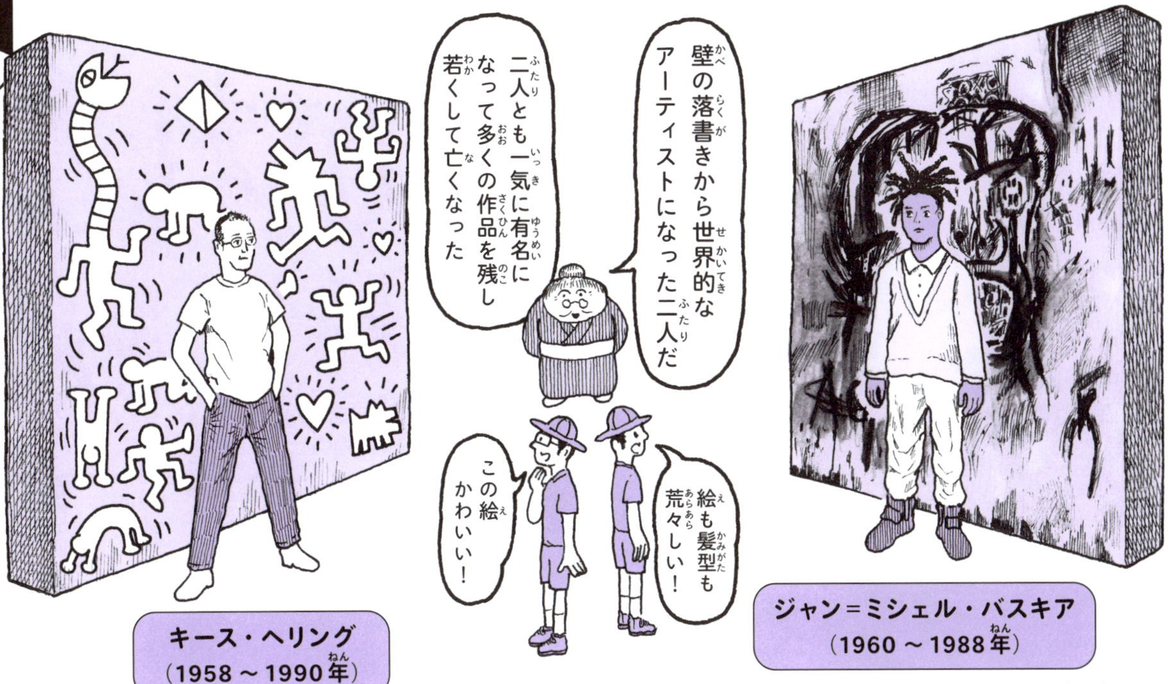

壁《かべ》の落《らく》書《が》きから世界的《せかいてき》なアーティストになった二人《ふたり》だ
二人《ふたり》とも一気《いっき》に有名《ゆうめい》になって多《おお》くの作品《さくひん》を残《のこ》し若《わか》くして亡《な》くなった
絵《え》も髪型《かみがた》も荒々《あらあら》しい！
この絵《え》かわいい！
キース・ヘリング（1958～1990年《ねん》）
地下鉄《ちかてつ》の広告板《こうこくばん》に白《しろ》いチョークで漫画《まんが》のような絵《え》を描《か》きはじめ、多《おお》くの人《ひと》に親《した》しまれるポップな絵《え》を数多《かずおお》く残《のこ》した。エイズのため31歳《さい》で死去《しきょ》。
ジャン＝ミシェル・バスキア（1960～1988年《ねん》）
荒々《あらあら》しいタッチで社会批判《しゃかいひはん》のメッセージ性《せい》の強《つよ》い絵《え》を多《おお》く描《か》いた。2017年《ねん》のオークションではアメリカ人《じん》アーティスト史上最高額《しじょうさいこうがく》の約《やく》123億円《おくえん》で作品《さくひん》が落札《らくさつ》された。急性薬物中毒《きゅうせいやくぶつちゅうどく》のため27歳《さい》で死去《しきょ》。

どうあれワシは壁《かべ》の落書《らくが》きはいやなんじゃよ
プシュー
消《け》すために溶剤《ようざい》を使《つか》ったり
落書《らくが》きの上《うえ》から塗《ぬ》り直《なお》したり
高圧洗浄機《こうあつせんじょうき》で洗《あら》い流《なが》したり大変《たいへん》だよ
公共物《こうきょうぶつ》に描《か》かれたらそれを消《け》すのに我々《われわれ》の税金《ぜいきん》が使《つか》われる
なんでこういうことをするのか調《しら》べてたらくわしくなっちゃった
何《なに》かを表現《ひょうげん》したいメッセージを伝《つた》えたいそういう思《おも》いは否定《ひてい》しないけどな！

道《みち》に置《お》かれたパンドラの箱《はこ》

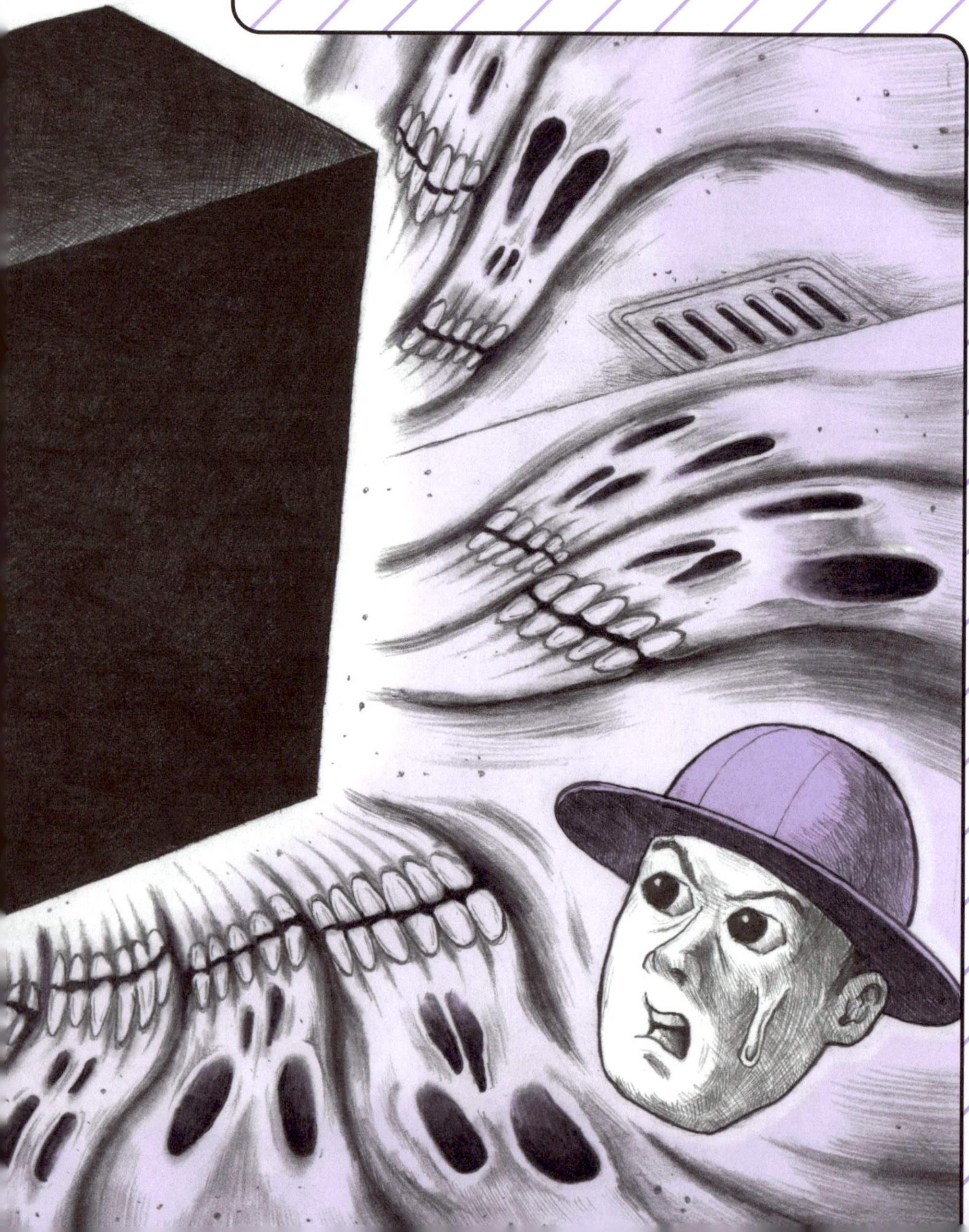

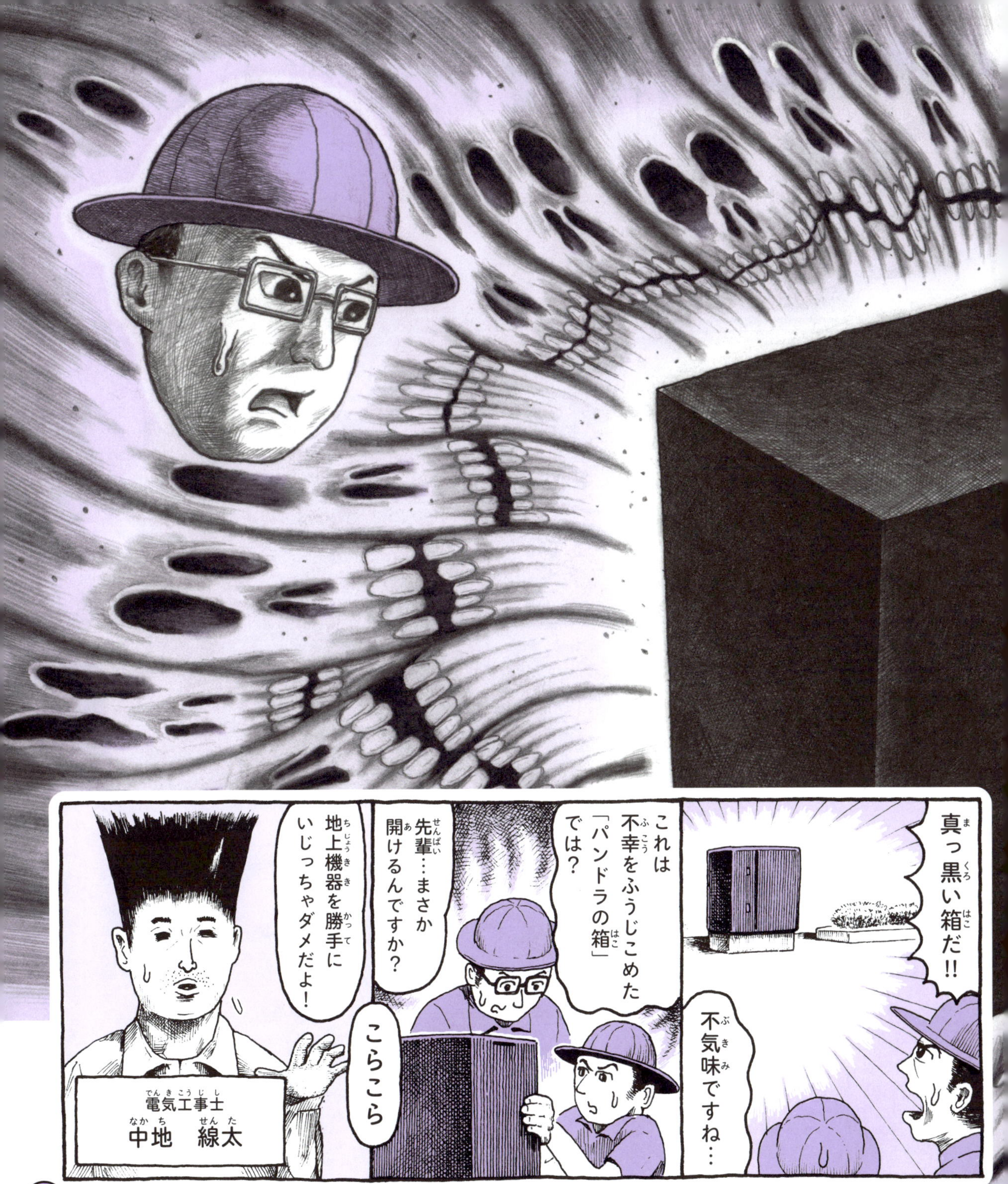

真《ま》っ黒《くろ》い箱《はこ》だ!!
不気味《ぶきみ》ですね…
これは不幸《ふこう》をふうじこめた「パンドラの箱《はこ》」では?
先輩《せんぱい》…まさか開《あ》けるんですか?
こらこら
地上機器《ちじょうきき》を勝手《かって》にいじっちゃダメだよ!
電気工事士《でんきこうじし》
中地《なかち》 線太《せんた》

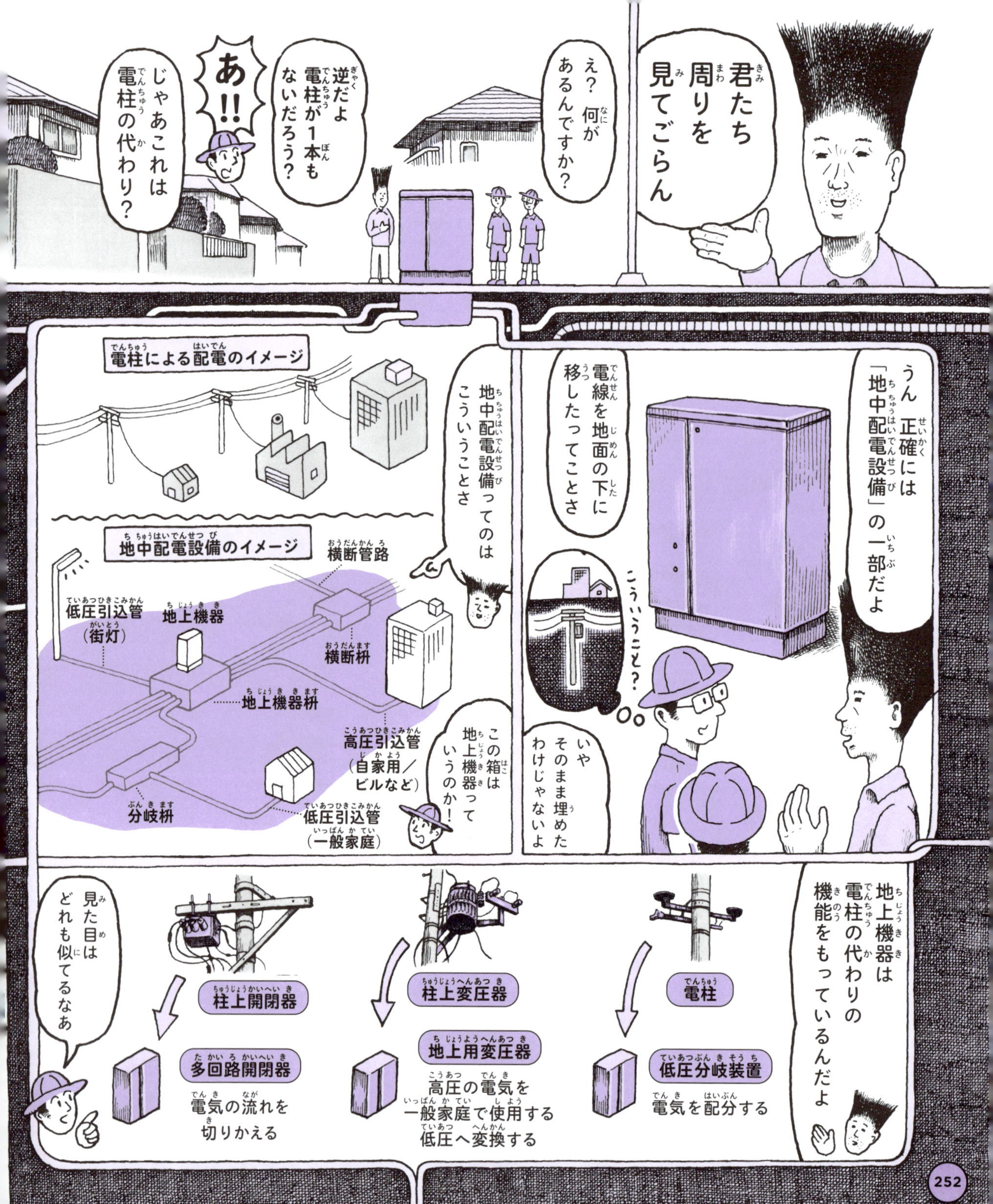
君《きみ》たち周《まわ》りを見《み》てごらん
え？何《なに》があるんですか？
逆《ぎゃく》だよ電柱《でんちゅう》が1本《ぽん》もないだろう？
あ!!
じゃあこれは電柱《でんちゅう》の代《か》わり？
うん 正確《せいかく》には「地中配電設備《ちちゅうはいでんせつび》」の一部《いちぶ》だよ
電線《でんせん》を地面《じめん》の下《した》に移《うつ》したってことさ
こういうこと？
いや そのまま埋《う》めたわけじゃないよ
地中配電設備《ちちゅうはいでんせつび》ってのはこういうことさ
電柱《でんちゅう》による配電《はいでん》のイメージ
地中配電設備《ちちゅうはいでんせつび》のイメージ
横断管路《おうだんかんろ》
低圧引込管《ていあつひきこみかん》（街灯《がいとう》）
地上機器《ちじょうきき》
横断枡《おうだんます》
地上機器枡《ちじょうききます》
高圧引込管《こうあつひきこみかん》（自家用《じかよう》／ビルなど）
分岐枡《ぶんきます》
低圧引込管《ていあつひきこみかん》（一般家庭《いっぱんかてい》）
この箱《はこ》は地上機器《ちじょうきき》っていうのか！
地上機器《ちじょうきき》は電柱《でんちゅう》の代《か》わりの機能《きのう》をもっているんだよ
電柱《でんちゅう》
低圧分岐装置《ていあつぶんきそうち》
電気《でんき》を配分《はいぶん》する
柱上変圧器《ちゅうじょうへんあつき》
地上用変圧器《ちじょうようへんあつき》
高圧《こうあつ》の電気《でんき》を一般家庭《いっぱんかてい》で使用《しよう》する低圧《ていあつ》へ変換《へんかん》する
柱上開閉器《ちゅうじょうかいへいき》
多回路開閉器《たかいろかいへいき》
電気《でんき》の流《なが》れを切《き》りかえる
見《み》た目《め》はどれも似《に》てるなぁ

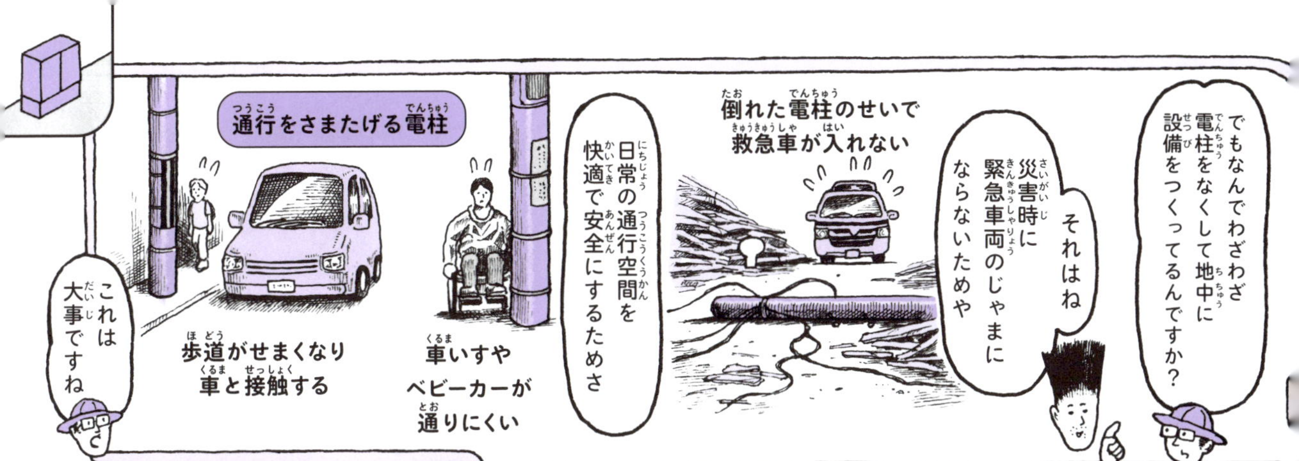

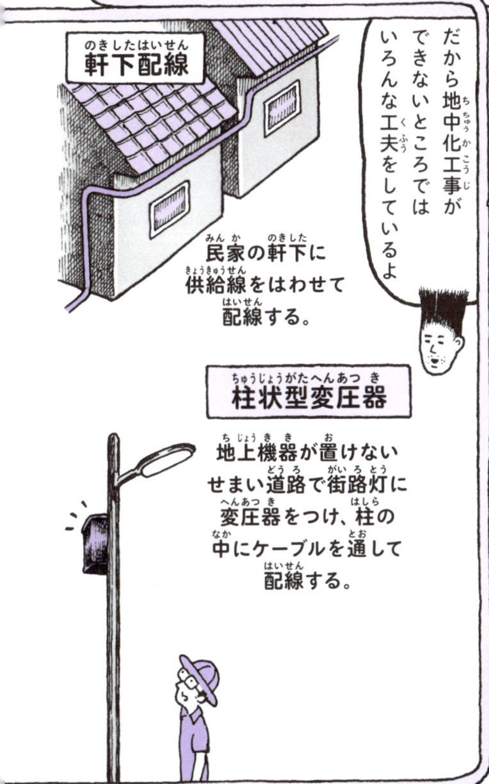

世界《せかい》の無電柱化《むでんちゅうか》の現状《げんじょう》※	
ロンドン、パリ	100%
香港《ホンコン》	100%
シンガポール	100%
台北《タイペイ》	96%
東京《とうきょう》23区《く》	8%

地《ち》中《ちゅう》配《はい》電《でん》設《せつ》備《び》

※2017年《ねん》までのデータ

この街《まち》は謎《なぞ》の組織《そしき》に支《し》配《はい》されているのか？

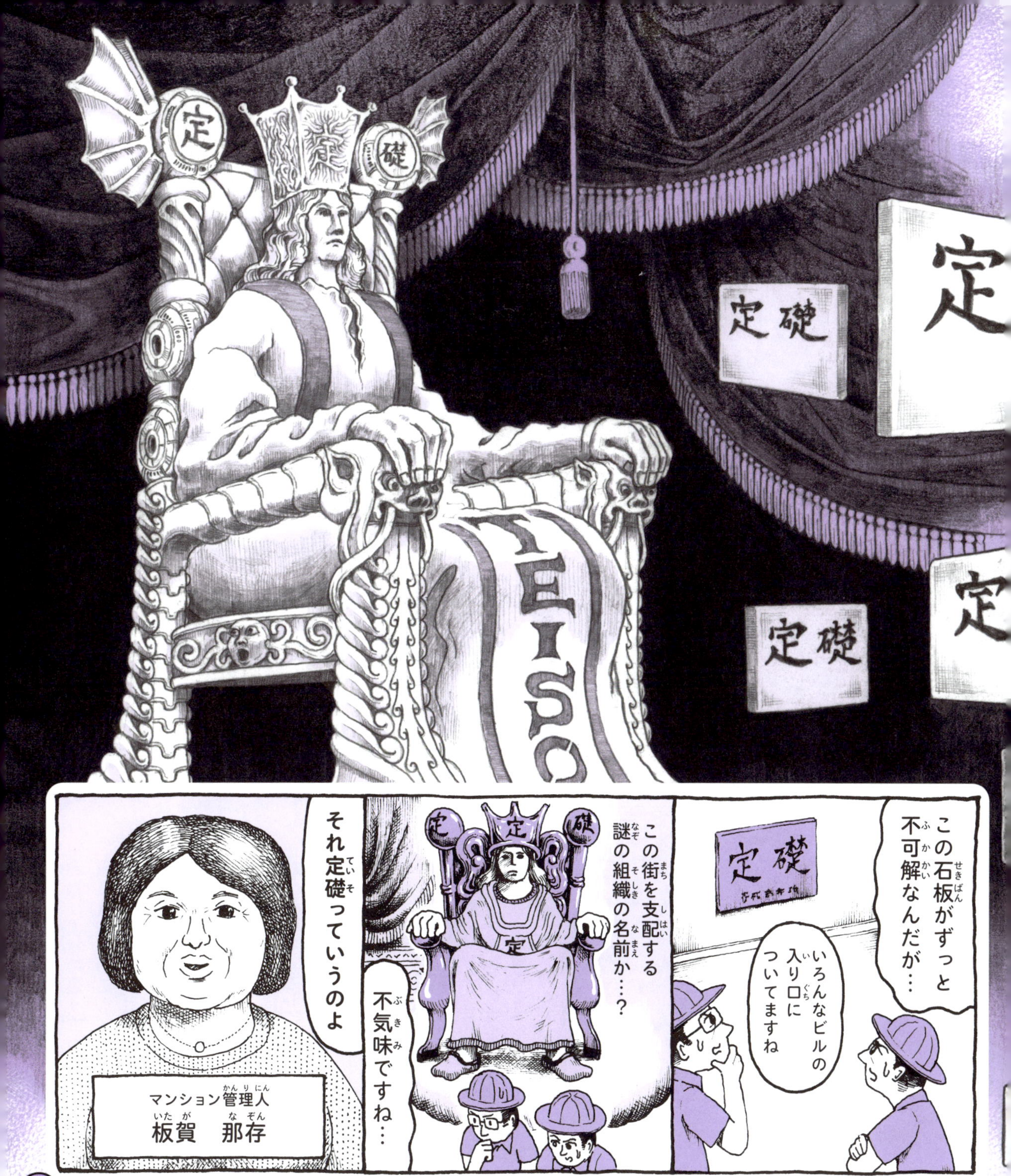

定
定礎
定礎
定
定礎
定
定礎
この石板《せきばん》がずっと不可解《ふかかい》なんだが…
いろんなビルの入《い》り口《ぐち》についてますね
定礎
この街《まち》を支配《しはい》する謎《なぞ》の組織《そしき》の名前《なまえ》か…？
不気味《ぶきみ》ですね…
それ定礎《ていそ》っていうのよ
マンション管理人《かんりにん》
板賀《いたが》 那存《なぞん》

ていそ?
そう 正確《せいかく》にはこれは「定礎石《ていそせき》」というの
これっていったい何《なん》なんですか?
そうね まず定礎石《ていそせき》に記《しる》されてる日付《ひづけ》はこの建物《たてもの》が完成《かんせい》した日付《ひづけ》なの
定礎
昭和五十三年六月
材質《ざいしつ》は「花崗岩《かこうがん》」などのツルツルした石《いし》が使《つか》われることが多《おお》いわ
なんと この石板《せきばん》の奥《おく》にタイムカプセルが入《はい》っているのよ!
タイムカプセル?
正式名称《せいしきめいしょう》は「定礎箱《ていそばこ》」だけどね この石板《せきばん》の裏《うら》に入《はい》ってるの
これが定礎箱《ていそばこ》?
定礎式《ていそしき》でこの箱《はこ》が入《い》れられるのよ
そう!
定礎
定礎箱《ていそばこ》の中《なか》にはざっとこういうものが入《はい》っているの
建築図面《けんちくずめん》
※定礎銘板《ていそめいばん》
会社《かいしゃ》のパンフレット
氏神《うじがみ》の御札《おふだ》
模型写真《もけいしゃしん》
貨幣《かへい》
当日《とうじつ》の新聞《しんぶん》
建物建設時《たてものけんせつじ》の情報《じょうほう》を後世《こうせい》に伝《つた》えるためなのよ
※定礎銘板《ていそめいばん》には工事関係者《こうじかんけいしゃ》の名前《なまえ》や建物建設《たてものけんせつ》の意義《いぎ》などが刻《きざ》まれている
外箱《そとばこ》
銅《どう》や鉛《なまり》
内箱《うちばこ》
桐《きり》
定礎箱《ていそばこ》は素材《そざい》の違《ちが》う二《ふた》つの箱《はこ》で二重《にじゅう》になっているの
定礎石《ていそせき》も定礎箱《ていそばこ》もすごく頑丈《がんじょう》そうですね
何十年《なんじゅうねん》も中身《なかみ》を守《まも》るものだからね
定礎《ていそ》って日本《にほん》で始《はじ》まったものなんですか?
いいえ 西洋《せいよう》の習慣《しゅうかん》よ 建物《たてもの》の基礎《きそ》の一角《いっかく》に定礎石《ていそせき》をすえるようになったのが始《はじ》まりなの
この習慣《しゅうかん》がビルをつくる技術《ぎじゅつ》とともに日本《にほん》に伝《つた》わって広《ひろ》まったのね
へええ!

定《てい》礎《そ》

定礎《ていそ》の歴史《れきし》は長《なが》くて7000年前《ねんまえ》の
メソポタミア南部《なんぶ》の定礎埋蔵物《ていそまいぞうぶつ》も
見《み》つかっているの

そんなに昔《むかし》から！

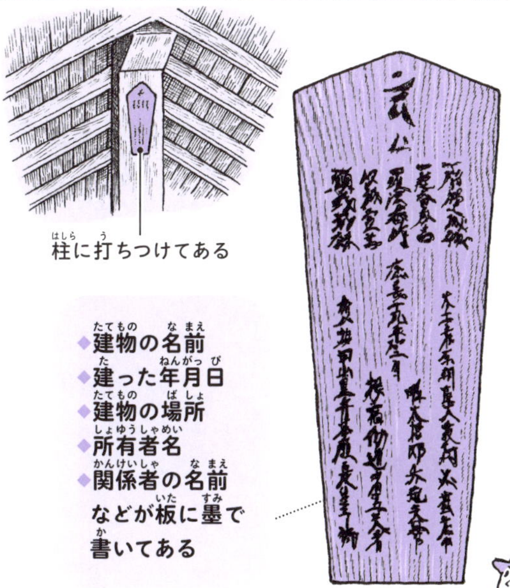

柱《はしら》に打《う》ちつけてある

- 建物《たてもの》の名前《なまえ》
- 建《た》った年月日《ねんがっぴ》
- 建物《たてもの》の場所《ばしょ》
- 所有者名《しょゆうしゃめい》
- 関係者《かんけいしゃ》の名前《なまえ》

などが板《いた》に墨《すみ》で
書《か》いてある

棟札《むなふだ》

でも元々《もともと》日本《にほん》にも
定礎《ていそ》に近《ちか》いものはあったの

「棟札《むなふだ》」よ

むなふだ？

さっき「定礎式《ていそしき》」って言《い》ってましたが
そういうイベントがあるんですか？

そうよ 建物《たてもの》を建《た》てるとき
には定礎式《ていそしき》以外《いがい》にも
いろいろな式典《しきてん》が行《おこな》われるの

建築《けんちく》の式典《しきてん》

地鎮祭《じちんさい》	工事着手前《こうじちゃくしゅまえ》
起工式《きこうしき》	工事着手《こうじちゃくしゅ》のとき
立柱式《りっちゅうしき》	柱《はしら》を建《た》て始《はじ》めるとき
上棟式《じょうとうしき》	棟上《むねあ》げのとき
定礎式《ていそしき》	仕上《しあ》げ工事着手《こうじちゃくしゅ》のとき
修祓式《しゅばつしき》	建物《たてもの》が完成《かんせい》したとき
竣工式《しゅんこうしき》	建物《たてもの》が完成《かんせい》し使用《しよう》しはじめるとき
落成式《らくせいしき》	竣工式終了後《しゅんこうしきしゅうりょうご》
竣工披露《しゅんこうひろう》	落成式終了後《らくせいしきしゅうりょうご》

こんなにあるの!?

うん でも
工事《こうじ》の種類《しゅるい》や建物《たてもの》の
規模《きぼ》によっては省略《しょうりゃく》
することもあるけどね

これらの式典《しきてん》は「工事《こうじ》の安全《あんぜん》」や
「建物《たてもの》がずっと壊《こわ》れないこと」
「会社《かいしゃ》の発展《はってん》」などを神《かみ》に祈《いの》り
感謝《かんしゃ》をささげるためのものなのよ

「式《しき》」好《ず》きすぎる!!

定礎《ていそ》も棟札《むなふだ》も
建物《たてもの》の記録《きろく》を伝《つた》える
大事《だいじ》なものなんですね！

街《まち》で見《み》つけた謎《なぞ》なもの写真館《しゃしんかん》

閉《と》ざされたエスカレーター

見《み》ているとじょじょに不安《ふあん》になってきますね…

ふさがれちゃってるけどこの壁《かべ》の向《む》こうはどうなってるのかな…

樹木《じゅもく》みたいな街灯《がいとう》

ライトがやたら多《おお》くないか？

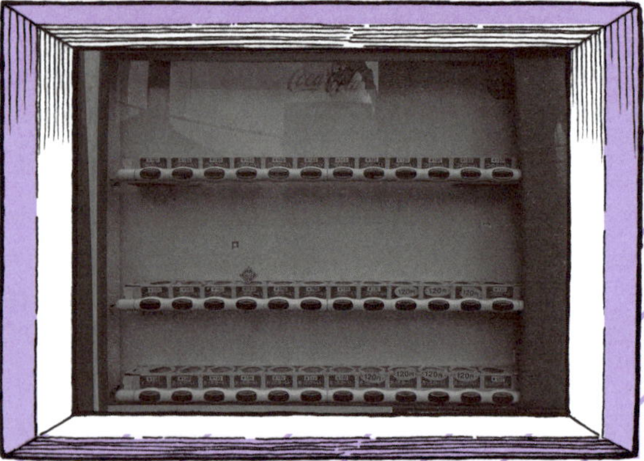

すべて売《う》りはらった自販機《じはんき》

み…見本《みほん》まで売《う》り切《き》れてる！

もはや何《なに》を売《う》っていたのか見当《けんとう》もつかない…

奇妙《きみょう》な枝《えだ》

直角《ちょっかく》に曲《ま》がってる…
何《なに》があったんだ？

あっちの枝《えだ》は
ヘビかと思《おも》っちゃ
いました！

こんがらがりまくり！

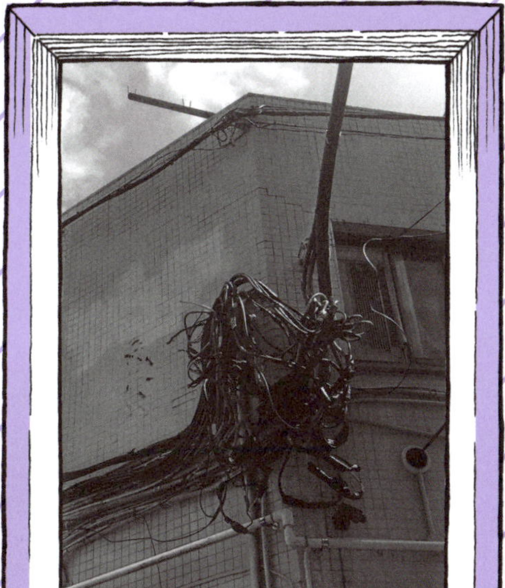

こうなったらもう
ほどけなさそうですね…

ぐちゃぐちゃすぎて
見《み》てるとだんだん
イライラしてくる！

謎《なぞ》なもの発見《はっけん》のコツ

ピカピカな
ものより
ボロボロな
ものを
さがそう

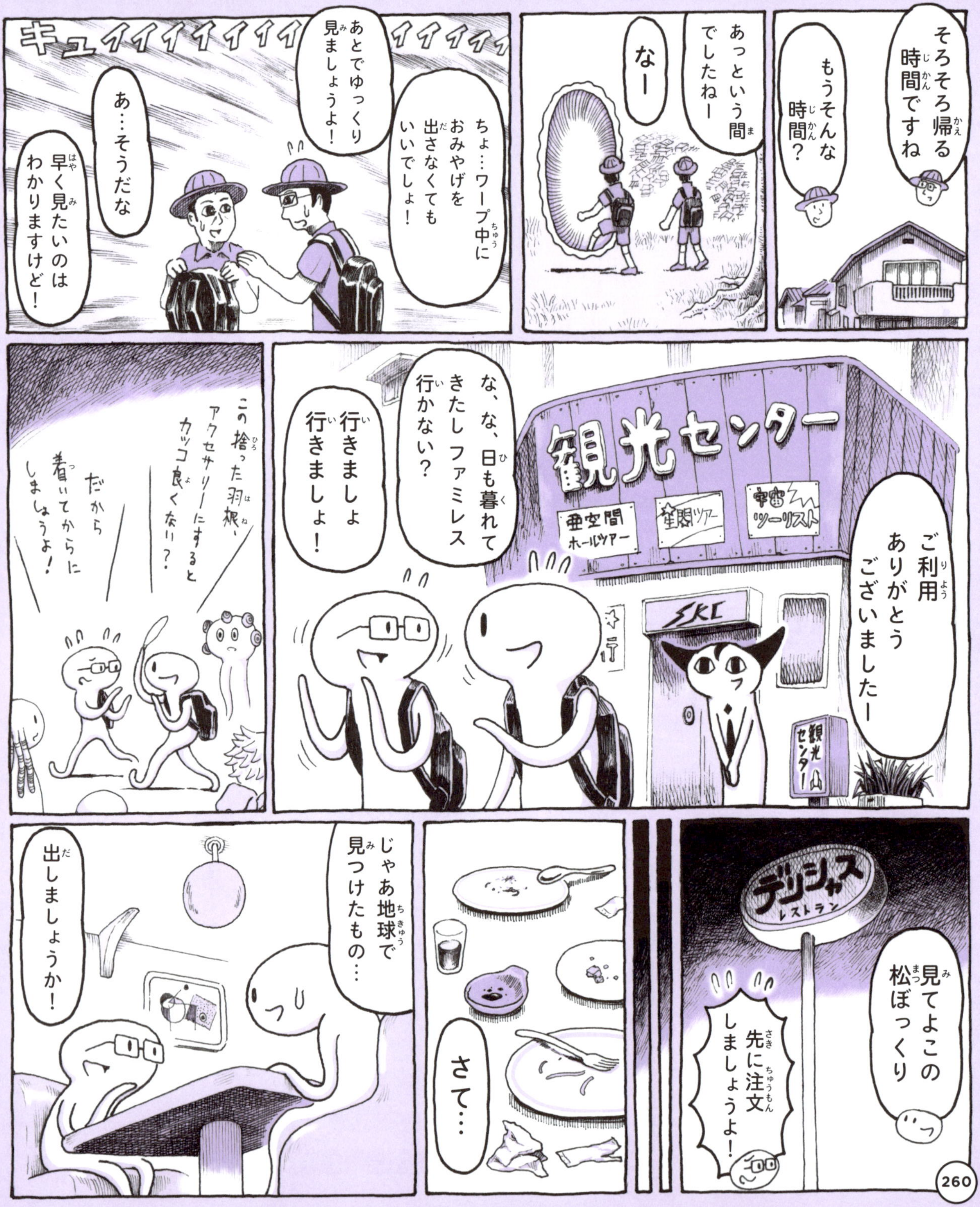

そろそろ帰《かえ》る時間《じかん》ですね
もうそんな時間《じかん》？
あっという間《ま》でしたねー
なー
キュイイイイイイ
イイイイィ
ちょ…ワープ中《ちゅう》におみやげを出《だ》さなくてもいいでしょ！
あとでゆっくり見《み》ましょうよ！
あ…そうだな
早《はや》く見《み》たいのはわかりますけど！
観光センター
亜空間ホールツアー
星間ツアー
宇宙ツーリスト
ご利用《りよう》ありがとうございましたー
な、な、日《ひ》も暮《く》れてきたしファミレス行《い》かない？
行《い》きましょ行《い》きましょ！
この拾《ひろ》った羽根《はね》、アクセサリーにするとカッコ良《よ》くない？
だから着《つ》いてからにしましょうよ！
デリシャス
レストラン
見《み》てよこの松《まつ》ぼっくり
先《さき》に注文《ちゅうもん》しましょうよ！
さて…
じゃあ地球《ちきゅう》で見《み》つけたもの…
出《だ》しましょうか！

バーン
公園《こうえん》近辺《きんぺん》を中心《ちゅうしん》に拾《ひろ》ったものをまとめてみたよ！やっぱりセミのぬけがらがすごくかっこいい！
シラベの戦利品《せんりひん》
僕《ぼく》は道路《どうろ》に落《お》ちてた鳥《とり》の羽根《はね》とか何《なに》かの部品《ぶひん》とかをたくさん集《あつ》めました！
マチオの戦利品《せんりひん》
そしてハト写真《しゃしん》コレクション！
ああっ!! 超《ちょう》かわいいいいいいっ!! ドバトもキジバトもこんなに!!

じゃあ僕《ぼく》も…解体現場《かいたいげんば》でいただいた豆《まめ》タイルコレクション!
じゃら…
うわ!キレイ!
キジバトの鳴《な》き声《ごえ》も録音《ろくおん》してきたよ!
デーデーポッポ デーデーポッポ
うわ超《ちょう》いいですね!
この豆《まめ》タイル1個《こ》とハトの写真《しゃしん》1枚《まい》交換《こうかん》しませんか
いいよ!
やった!
連休《れんきゅう》明《あ》け
というわけで…
以上《いじょう》で僕《ぼく》が地球《ちきゅう》で見《み》つけためずらしいものの発表《はっぴょう》を終《お》わります
定礎
ワァァァァァ
パチパチパチパチパチパチパチパチ
わっ
とってもよい発表《はっぴょう》だったと思《おも》う
先生《せんせい》も初《はじ》めて見聞《みき》きすることが多《おお》くとてもおもしろかった

よくがんばったね！
キーンコーン
カーンコーン
マチオ君《くん》！
あの…地球《ちきゅう》に行《い》くの笑《わら》ってゴメンね…
地球《ちきゅう》ってあんなにおもしろいところだったんだね！
あっ
ホントごめん…
そんな…もう別《べつ》に気《き》にしてないって！
それでね…よかったら僕《ぼく》のこのおみやげとハトの写真《しゃしん》交換《こうかん》しない…？
えっ
え!? 私《わたし》も!!
あ!? 私《わたし》も交換《こうかん》しようと思《おも》ったのに！
ハトの写真《しゃしん》メチャ欲《ほ》しくて…
何枚《なんまい》でもプリントできるから…
ちょっと待《ま》ってよ！私《わたし》もハト超《ちょう》かわいいって思《おも》ってたのに！
私《わたし》も!!
よっ
ポン

そっちの発表《はっぴょう》どうだった？
あっ 先輩《せんぱい》！
僕《ぼく》も地球《ちきゅう》での経験《けいけん》を発表《はっぴょう》したらすごくほめられましたよ！
そうなんだ!? やっぱり地球《ちきゅう》おもしろかったよね！
あーだ
そーだ
こーだ
そーだ
しかしなー…
え？
地球《ちきゅう》のことを知《し》ってたつもりでさ
全然《ぜんぜん》知《し》らなかったんだけど
よくよく考《かんが》えたら
身近《みぢか》なところに知《し》らないことやおもしろいものがもっとある気《き》がしてさ
ええ ほんとそう ですね
だからさ

今度《こんど》はもっとみのまわりのことを調《しら》べたくなっちゃったな
あ
じつはですね
ゴソゴソ
僕《ぼく》もそう思《おも》ってルーペ買《か》っちゃいました！
小型高性能《こがたこうせいのう》ルーペ！
あ!!
いいなー!!
おしまい

君《きみ》も街《まち》の調査《ちょうさ》をしてみよう！

この本《ほん》を読《よ》んで、
街《まち》のなかには知《し》っているつもりで
知《し》らないことがたくさんあると
気《き》づいてくれたと思《おも》う。もし君《きみ》が
みのまわりの知《し》らないことに興味《きょうみ》を
もったなら、外《そと》に出《で》て調査《ちょうさ》してみよう。

それではさっそく調査《ちょうさ》スタート！

1

「調査《ちょうさ》」といっても
難《むずか》しいことじゃない。
「何《なに》か興味《きょうみ》のあること」を
探《さが》して外《そと》を歩《ある》くだけだ。
もしスマートフォンを
持《も》っているならそれ1台《だい》で
写真《しゃしん》や映像《えいぞう》を撮《と》れるし、
地図《ちず》も見《み》られる。

2

持《も》っていない場合《ばあい》は
カメラやメモ帳《ちょう》、
筆記用具《ひっきようぐ》があればいい。
歩《ある》く場所《ばしょ》の
地図《ちず》もあると
便利《べんり》だ。

3

最初《さいしょ》は何《なに》を見《み》ればいいか
目的《もくてき》がわからないかもしれないけど、
とりあえず「気《き》になるもの」を
写真《しゃしん》に撮《と》ってみよう。

4

気《き》になるものなら
何《なん》だっていい。
そこらへんの木《き》でも
石《いし》ころでも看板《かんばん》でも
ひたすら撮《と》ってみよう。

5

最初《さいしょ》はてんで
バラバラの写真《しゃしん》
ばかりになるかも
しれない。

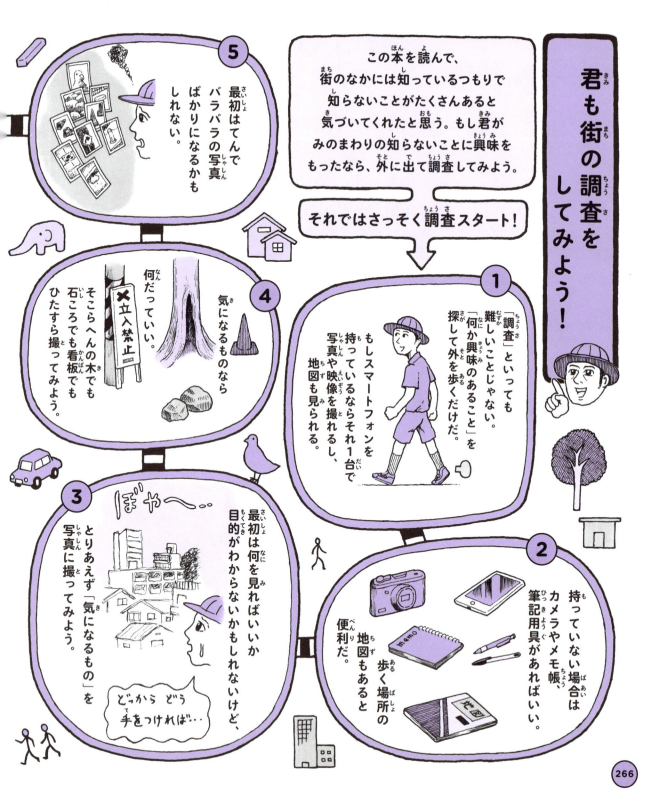

6
でもたくさん集《あつ》めるうちに「自分《じぶん》の好《この》み」の傾向《けいこう》に気《き》づいたりする。
壊《こわ》れかけたパイロンの写真《しゃしん》けっこう撮《と》ってるな
大売り出し
7
そのことを本《ほん》やネットで調《しら》べてみたり、
パイロンの素材《そざい》は…
へえ～…
もっとほかにもバリエーションがないか探《さが》してみよう。
8
自分《じぶん》の好《この》みや興味《きょうみ》のあることがわかってくると、外《そと》を歩《ある》く目的《もくてき》（探《さが》したいもの）がはっきりしてくる。
9
そうするといつもの見慣《みな》れた街《まち》が「興味《きょうみ》のあるものがひそんでいる街《まち》」に変《か》わっている！
宝《ほう》石《せき》箱《ばこ》やー！
③～⑨をくりかえすといろいろなものに興味《きょうみ》がわき、街中《まちじゅう》のあらゆるものにくわしくなれる！
調査
これで君《きみ》も調査《ちょうさ》マスター！さあ外《そと》へ出《で》かけよう！

こんな街《まち》調《ちょう》査《さ》は絶《ぜっ》対《たい》やっちゃダメ!!
人《ひと》の家《いえ》の中《なか》や人《ひと》の姿《すがた》を
許《きょ》可《か》なく撮《と》る。
ダメ！
めずらしいものがあって欲《ほ》しく
なり勝《かっ》手《て》に持《も》って帰《かえ》る。
ダメ！
撮《と》った写《しゃ》真《しん》をネット上《じょう》に
投《とう》稿《こう》するときバカにした
ようなことを書《か》いたり
撮《と》った場《ば》所《しょ》を書《か》く。
・超デブ犬発見！
メチャウケる!!
○○町にて
ダメ！

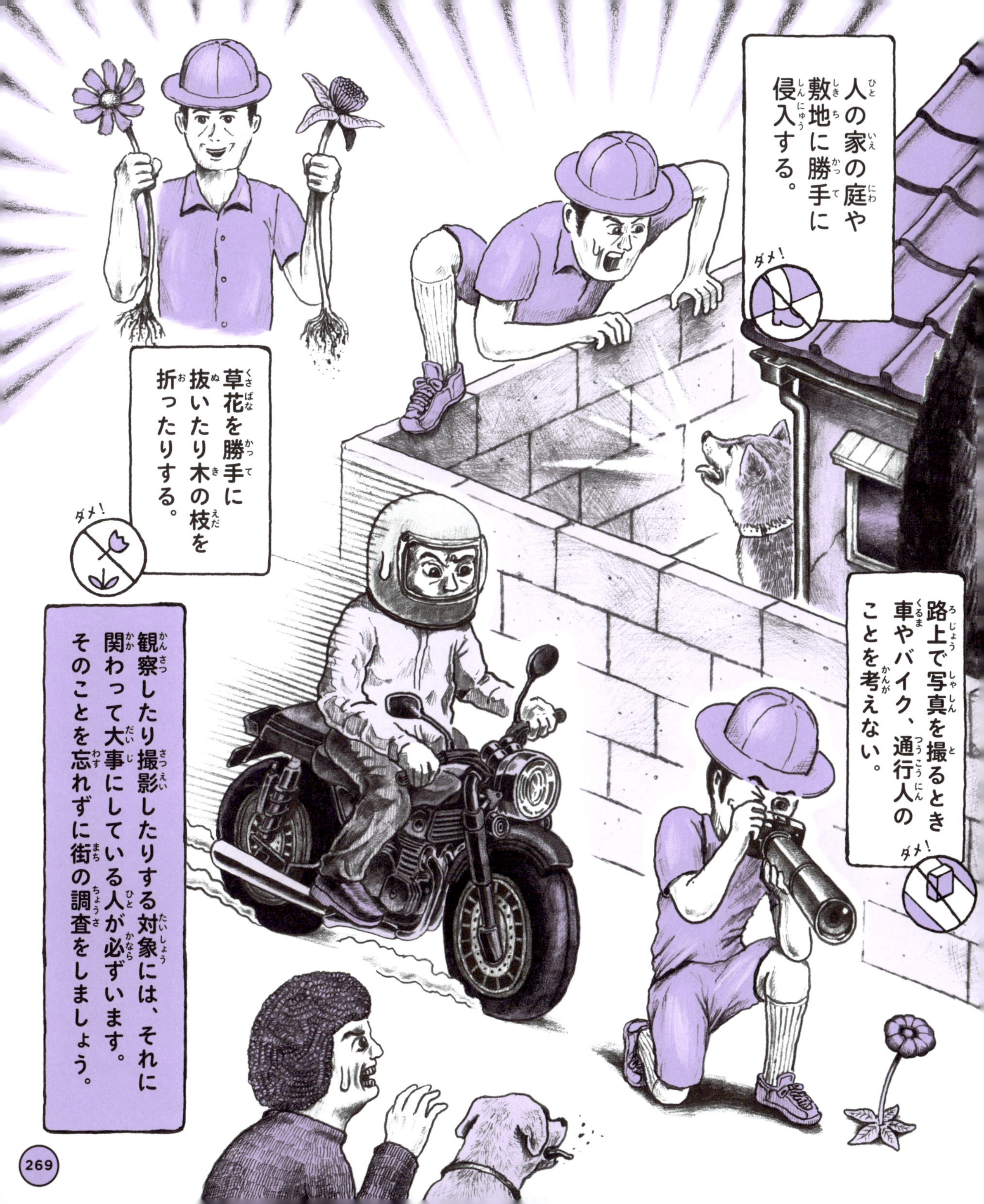
人《ひと》の家《いえ》の庭《にわ》や敷地《しきち》に勝手《かって》に侵入《しんにゅう》する。
ダメ!
路上《ろじょう》で写真《しゃしん》を撮《と》るとき車《くるま》やバイク、通行人《つうこうにん》のことを考《かんが》えない。
ダメ!
草花《くさばな》を勝手《かって》に抜《ぬ》いたり木《き》の枝《えだ》を折《お》ったりする。
ダメ!
観察《かんさつ》したり撮影《さつえい》したりする対象《たいしょう》には、それに関《かか》わって大事《だいじ》にしている人《ひと》が必《かなら》ずいます。そのことを忘《わす》れずに街《まち》の調査《ちょうさ》をしましょう。

あとがき

僕《ぼく》は散歩《さんぽ》をするのがとても好《す》きです。行《い》き先《さき》はいつも家《いえ》から半径《はんけい》５㎞以内《いない》くらいで、それはどこにでもあるような、ありふれた街並《まちな》みです。

でも、飽《あ》きません。

この本《ほん》に出《で》てくる宇宙人《うちゅうじん》「マチオ」と「シラベ」もまた、どこにでもありそうなありふれた街《まち》を歩《ある》き回《まわ》って、驚《おどろ》いたり喜《よろこ》んだりしています。

なぜなら、僕《ぼく》やかれらは「未知《みち》」に触《ふ》れているからです。

未知《みち》というのは、遠《とお》い国《くに》とか宇宙《うちゅう》にだけ存在《そんざい》するものではありません。見慣《みな》れているつもりの景色《けしき》も、意識《いしき》して見《み》ると知《し》らないことがたくさんあります。

マンホールのフタの重《おも》さ、そのへんに生《は》えている植物《しょくぶつ》の名前《なまえ》、古《ふる》い看板《かんばん》の文字《もじ》が消《き》えている理由《りゆう》……。見慣《みな》れているからこそ、見落《みお》としている「未知《みち》」がたくさんあるのです。

そのことに気《き》づけば、マチオやシラベと同《おな》じように、驚《おどろ》きと楽《たの》しみをもって街《まち》を見《み》ることができるようになります。

この本《ほん》を読《よ》んだあと、いつもの街《まち》がちょっと違《ちが》って見《み》えたら、僕《ぼく》はすごくうれしいです。

ネルノダイスキ

参《さん》考《こう》資《し》料《りょう》

第《だい》1章《しょう》

◆『世界のサインとマーク』村越愛策（監修）世界文化社
◆『よくわかる！記号の図鑑　全5巻』木村浩（監修）あかね書房
◆『トコトンやさしい水道管の本』高堂彰二（著）日刊工業新聞社
◆『図解 東京の地下技術』青山佾、古川公毅（編）かんき出版
◆『目でみる地下の図鑑』こどもくらぶ（編）東京書籍
◆『大学土木 道路工学　改訂3版』稲垣竜興（編・著）、中村俊行、小梁川雅（著）オーム社
◆『誰かに教えたくなる道路のはなし』浅井建爾（著）ＳＢクリエイティブ
◆『学研まんがでよくわかるシリーズ77　道づくりのひみつ』中尾雄吉（漫画）、橘悠紀（構成）学研パブリッシングコミュニケーションビジネス事業室
◆『トコトンやさしい下水道の本　第2版』高堂彰二（著）日刊工業新聞社
◆『マンホールの博物誌』G&U技術研究センター（編著）、中川幸男（監修）ダイヤモンド社
◆『街角図鑑』三土たつお（編著）実業之日本社
◆『大きな写真と絵でみる地下のひみつ　2　上下水道・電気・ガス・通信網』土木学会地下空間研究委員会（監修）、こどもくらぶ（編）あすなろ書房
◆『トコトンやさしい電波の本　第2版』相良岩男（著）日刊工業新聞社
◆『電波とアンテナが一番わかる』小暮裕明、小暮芳江（著）技術評論社
◆『ハトはなぜ首を振って歩くのか』藤田祐樹（著）岩波書店
◆『ハトと日本人』大田眞也（著）弦書房
◆『伝書鳩　もうひとつのIT』黒岩比佐子（著）文藝春秋
◆『日本大百科全書（ニッポニカ）』小学館
◆『イラストで見る昭和の消えた仕事図鑑』澤宮優（著）、平野恵理子（イラスト）KADOKAWA

◆『身近な「鳥」の生きざま事典』一日一種（著）ＳＢクリエイティブ
◆『日本野鳥歳時記』大橋弘一（著）ナツメ社
◆『増補改訂　鳥の生態図鑑』山岸哲（監修）Gakken
◆『日本の銅像完全名鑑　史上初！歴史人物銅像オールカラーガイド永久保存版』かみゆ歴史編集部（編）廣済堂出版
◆『子どもとあそび　環境建築家の眼』仙田満（著）岩波書店
◆『日本こどものあそび大図鑑』笹間良彦（著・画）遊子館
◆『セミ・カメムシのなかま』海野和男（写真と文）新日本出版社
◆『地面の下のいきもの』松岡達英（絵）、大野正男（文）福音館書店
◆『セミハンドブック』税所康正（著）文一総合出版
◆『「超簡単」60分でわかる！　リフォーム・外壁塗装の教科書』堤猛（著）クロスメディア・パブリッシング
◆『住宅が危ない！シリーズ5　「床下」が危ない！』神谷忠弘（著）エクスナレッジ
◆『FLORA　図鑑 植物の世界』スミソニアン協会、キュー王立植物園（監修）、塚谷裕一（日本語版監修）東京書籍
◆『たたかう植物　仁義なき生存戦略』稲垣栄洋（著）筑摩書房
◆『これでナットク！　植物の謎　Part2』日本植物生理学会（編）講談社
◆国土交通省「道路　道路標識等」
https://www.mlit.go.jp/road/sign/sign/index.htm
◆国立研究開発法人土木研究所　寒地土木研究所「特別研究監　地域景観チーム」
https://scenic.ceri.go.jp/
◆一般社団法人北海道建築技術協会
https://hobea.or.jp/
◆一般社団法人全国建築コンクリートブロック工業会
https://www.jcba-jp.com/
◆公益財団法人窓研究所「連載 窓の路上観察学　小窓ブロックの生垣」2019年2月21日
https://madoken.jp/series/5487/
◆一般社団法人日本建築学会
https://www.aij.or.jp/
◆前橋市　都市計画部　建築指導課「ブロック塀を点検しましょう」
https://www.city.maebashi.gunma.jp/material/files/group/60/cliant.pdf
◆蛇の目ブロック株式会社「施工について」
https://www.janome-block.co.jp/technical/execution.php
◆茨城県　土木部　道路維持課「なるほど道路維持課　道路舗装はど

のように劣化するのか」
https://www.pref.ibaraki.jp/soshiki/doboku/doiji/documents/asphalt1.pdf
◆一般社団法人日本アスファルト協会
http://www.askyo.jp/knowledge/index.html
◆国土交通省　東北地方整備局　郡山国道事務所　郡山維持出張所「工事紹介」
http://www.thr.mlit.go.jp/koriyama/koriyama/iji/kouji_syoukai/iji_kouji/iji_kouji.htm
◆一般社団法人日本グラウンドマンホール工業会
https://jgma.gr.jp/
◆次世代型高品位グラウンドマンホール推進協会
https://www.kouhinigm.jp/
◆厚生労働省
https://www.mhlw.go.jp/index.html
◆ＮＰＯ法人21世紀水倶楽部
http://www.21water.jp/
◆公益社団法人日本下水道管路管理業協会
https://www.jascoma.com/
◆東京都　下水道局
https://www.gesui.metro.tokyo.lg.jp/
◆株式会社ウェザーニューズ「ウェザーニュース」
https://weathernews.jp/
◆株式会社日刊建設通信新聞社「建設通信新聞デジタル」
https://www.kensetsunews.com/
◆デイリーポータルＺ株式会社「デイリーポータルＺ」
https://dailyportalz.jp/
◆総務省「電波利用ポータル」
https://www.tele.soumu.go.jp/
◆朝日新聞社「論座アーカイブ」
https://webronza.asahi.com/
◆株式会社コトブキ
https://townscape.kotobuki.co.jp/
◆株式会社ナガエ「銅像胸像.com」
https://e-douzou.com/
◆一般社団法人日本公園施設業協会
https://www.jpfa.or.jp/
◆大学美術教育学会「美術教育学研究　第48号（２０１６）」：73－80「彫刻の場としての公園に関する一考察」市川寛也
https://www.jstage.jst.go.jp/article/uaesj/48/1/48_73/_pdf
◆「大阪市立大学大学院　都市系専攻 修士論文概要集 ２０１８年２月」「公園遊具の歴史と実態に関する研究－遊具の規制・遊具業界についての考察を通して－」建築デザイン分野　高原三織
http://www.urban.eng.osaka-cu.ac.jp/graduate/masterthesis/2017/m17-024.pdf
◆株式会社都村製作所
https://www.tsumura-f.co.jp/index.html
◆株式会社岡部
https://www.okabe-net.com/
◆横浜市　環境創造局「横浜市公園施設点検マニュアル」平成28年４月
https://www.city.yokohama.lg.jp/business/kyoso/public-facility/kaku-katsuyou/kankyo/park/sentei/2021sentei.files/0163_20210226.pdf
◆環境省　自然環境局「生物多様性センター」
https://www.biodic.go.jp/
◆公益財団法人京都市都市緑化協会
https://www.kyoto-ga.jp/
◆公益財団法人住宅リフォーム・紛争処理支援センター「住宅紛争処理技術関連資料集　調査方法編・機器使用方法編」
https://reference.chord.or.jp/sr/ts/index.html
◆愛媛県立とべ動物園
https://www.tobezoo.com/
◆アース製薬株式会社「アース害虫駆除なんでも事典」
https://www.earth.jp/gaichu/index.html
◆一般社団法人日本植物生理学会
https://jspp.org/

第《だい》2章《しょう》

◆『まちのかんさつ』林将之（文・写真）ほるぷ出版
◆『学校から外へ出よう』山岡寛人（文）、久住卓也（絵）童心社
◆『わたしは樹木のお医者さん』石井誠治（著）くもん出版
◆『道路緑化ハンドブック』中島宏（監修）山海堂
◆『街の木のキモチ』岩谷美苗（文・写真）山と溪谷社
◆『街路樹を楽しむ15の謎』渡辺一夫（著）築地書館
◆『建築緑化入門』日経アーキテクチュア（編）日経ＢＰ

◆『ごみはどこへいく？ ごみゼロ大事典 1』丸谷一耕、古木二郎、滝沢秀一、山村桃子、上田祐未（共著）少年写真新聞社
◆『ごみ収集という仕事 清掃車に乗って考えた地方自治』藤井誠一郎（著）コモンズ
◆『小型・軽トラック年代記 三輪自動車の隆盛と四輪車の台頭 1904-1969』桂木洋二（著）グランプリ出版
◆『屋上のとんがり帽子』折原恵（写真と文）福音館書店
◆『TOKYO WATER TOWER』オオタマサオ（著）、太田準也（写真）地球丸
◆『団地の給水塔大図鑑』小山祐之（著）シカク出版
◆『電線のスズメはなぜ感電しない 電気&絶縁の初歩の初歩』速水敏幸（著）講談社
◆『苔の話 小さな植物の知られざる生態』秋山弘之（著）中央公論新社
◆『ここにも、こけが…』越智典子（文）、伊沢正名（写真）福音館書店
◆『コケを見に行こう！ 森の中にひっそり息づく緑のじゅうたん』左古文男（著）、樋口正信（監修）技術評論社
◆株式会社NHK出版「みんなの趣味の園芸」
https://www.shuminoengei.jp/
◆株式会社文一総合出版 Webマガジン「BuNa」
https://buna.info/
◆国土交通省 国土技術政策総合研究所
https://www.nilim.go.jp/
◆東京都 都市整備局
https://www.toshiseibi.metro.tokyo.lg.jp/
◆一般社団法人斜面防災対策技術協会「斜面防災技術 地すべり対策技術情報 のり枠工」
https://www.jasdim.or.jp/gijutsu/jisuberi_joho/taisaku/noriwaku/noriwaku.html
◆株式会社高知放送（RKC高知放送） マイベストプロ高知「空石積みの補強」穂盛正明 最終更新日2021年1月7日
https://mbp-japan.com/kochi/gworks/column/3900217/
◆東京都 環境局
https://www.kankyo.metro.tokyo.lg.jp/
◆川田工業株式会社
https://www.eco.kawada.co.jp/
◆株式会社日経BP 日経クロステック「建築 TARGET2020 2nd Stage／シンポジウム 屋上を雨水流出抑制に、緑化と貯留で都市の減災」2015年5月15日
https://xtech.nikkei.com/kn/article/knp/news/20150428/699119/
◆環境省 大臣官房廃棄物・リサイクル対策部 企画課循環型社会推進室「日本の廃棄物処理の歴史と現状」2014年2月
https://www.env.go.jp/recycle/circul/venous_industry/ja/history.pdf
◆国立研究開発法人国立環境研究所 資源循環領域
https://www-cycle.nies.go.jp/index.html
◆横浜市資源リサイクル事業協同組合「月刊リサイクルデザイン No.249（2015年6月号）」
https://www.recycledesign.or.jp/rd/pdf/rd249.pdf
◆公益財団法人東京都環境公社
https://www.tokyokankyo.jp/
◆公益財団法人福岡県リサイクル総合研究事業化センター
https://www.recycle-ken.or.jp/
◆一般社団法人産業環境管理協会 資源・リサイクル促進センター「中学生・高校生・市民のための環境リサイクル学習ホームページ」
https://www.cjc.or.jp/school/
◆アルミ缶リサイクル協会
https://www.alumi-can.or.jp/
◆株式会社交通タイムス社「WEB CARTOP」
https://www.webcartop.jp/
◆追手門経済・経営研究 No.14 March 2007「戦前のオート三輪車とプレモータリゼーション」箱田昌平
https://www.i-repository.net/contents/outemon/ir/106/106070306.pdf
◆公益財団法人水道技術研究センター
https://www.jwrc-net.or.jp/
◆HI TANK株式会社
https://hit-co.jp/
◆札幌市 水道局
https://www.city.sapporo.jp/suido/index.html
◆株式会社アクアフレンド
https://www.aquafriend.co.jp/sp/
◆DEEokinawa LLP「DEEokinawa（でぃーおきなわ）」
https://www.dee-okinawa.com/
◆「日本複合材料学会誌 第30巻 第1号（2004年）」p.3-9掲載「こんなところに複合材料：歴史編—V．FRP製タンクの開発史」西雄二郎

https://www.jstage.jst.go.jp/article/jscm1975/30/1/30_1_3/_pdf/-char/ja
◆日本給水タンク工業会
http://www.kyusui-tank.jp/index.html
◆東京都　水道局
https://www.waterworks.metro.tokyo.lg.jp/
◆日本給水党「日本給水党（団地給水塔鑑賞ブログ）」
https://kyusuitou.blog.fc2.com/
◆日本植生株式会社
https://nihon-shokusei.co.jp/
◆株式会社新日本緑化
https://www.sn-ryokka.co.jp/index.html
◆一般財団法人土木研究センター
https://www.pwrc.or.jp/
◆耐候性大型土のう協会
http://donou.org/index.html
◆一般財団法人北海道河川財団
https://www.ric.or.jp/index.html
◆株式会社東北制御
https://tohokuseigyo.net/
◆中部電力株式会社
https://www.chuden.co.jp/
◆広島大学デジタルミュージアム「広島大学デジタル博物館」
https://www.digital-museum.hiroshima-u.ac.jp
◆日本蘚苔類学会
https://www.bryosoc.org

第《だい》3章《しょう》

◆『雑学科学読本　身のまわりのすごい技術大百科』涌井良幸、涌井貞美（著）KADOKAWA
◆『日本タイル博物誌』阿木香、新見隆、日野永一、山本正之（著）、伊奈英次（撮影）INAX
◆『重機の世界』髙石賢一（著）東京書籍
◆『木造の詳細　1　構造編　新訂三版』彰国社（編）彰国社
◆『建物できるまで図鑑　RC造・鉄骨造』瀬川康秀（絵・文）、大野隆司（文）エクスナレッジ
◆『マンガでわかる住宅の解体とリサイクル』全国解体工事業団体連合会（監修）、桑原次男（原作）、テッド高橋（マンガ作画）建築資料研究社
◆『石燈籠新入門』京田良志（著）、佐野精一（撮影）誠文堂新光社
◆『石燈籠の話　庭を彩る添景物の美しさ』龍居庭園研究所（編）建築資料研究社
◆『カラー　石燈籠・蹲踞』重森完途（著）淡交社
◆公益財団法人日本野鳥の会
https://mobile.wbsj.org/
◆国土交通省「宅地擁壁老朽化判定マニュアル（案）」
https://www.mlit.go.jp/common/001281983.pdf
◆横須賀市「宅地造成の手引き」
https://www.city.yokosuka.kanagawa.jp/4830/kaihatu/documents/t-1-3.pdf
◆堺市「宅地造成等規制法のしおり」平成27年4月改正
https://www.city.sakai.lg.jp/kurashi/jutaku/kenchiku/shidou/kaihatsu/kaihatsushidoka.files/takuzounoshiori.pdf
◆株式会社サイコン工業「パーキングブロック　設置方法」
https://www.k-saicon.co.jp/pb-setup.html
◆細川コンクリート工業株式会社
http://www.hosocon.com/
◆株式会社講談社ビーシー「ベストカーWeb」
https://bestcarweb.jp/
◆沢の鶴株式会社「酒みづき」
https://www.sawanotsuru.co.jp/site/nihonshu-columm/
◆一般社団法人日本シヤッター・ドア協会
https://www.jsd-a.or.jp/
◆三和シヤッター工業株式会社
https://www.sanwa-ss.co.jp/selection/
◆一般社団法人日本消火器工業会
https://www.jfema.or.jp/
◆株式会社 初田製作所
https://hatsuta.co.jp/
◆ヤマトプロテック株式会社
https://www.yamatoprotec.co.jp/
◆日本消防検定協会
https://www.jfeii.or.jp/
◆一般社団法人日本タイル煉瓦工事工業会
https://www.nittaren.or.jp/

◆公益社団法人日本建築家協会　東海支部
http://www.jia-tokai.org/
◆大阪歴史博物館
https://www.osakamushis.jp/index.html
◆一般社団法人日本クレーン協会　東海支部
http://www.jcatokai.jp/
◆株式会社大林組　東京スカイツリー建設プロジェクト「つくり方大公開！」
http://www.skytree-obayashi.com/technique/detail/index.html
◆厚生労働省　建設労働者育成支援事業　建設業ウェルカム「ケンセツのヨビ知シキ　其の5　知ってる？タワークレーンの秘密」
https://kensetsu-welcome.mhlw.go.jp/feature/y_chishiki/20181011/
◆ジャパンホームシールド株式会社「住まいの安心研究所」
https://sumaken.j-shield.co.jp/
◆ヒューマンテックグループ
http://www.humantecg.co.jp/index.html
◆キョーワ株式会社
https://www.kyowa-inc.co.jp/
◆明治商工株式会社
https://www.meijishoko.com/
◆株式会社セフティ
http://e-safety.co.jp/index.html
◆公益社団法人全国解体工事業団体連合会
https://www.zenkaikouren.or.jp/
◆島根県技術士会
http://peshimane.net/

第《だい》4章《しょう》

◆『ひっつきむしの図鑑』北川尚史（監修）、伊藤ふくお（写真）、丸山健一郎（文）トンボ出版
◆『川をのぼろう 石のふるさとさがし』渡辺一夫（著）大日本図書
◆『石はなにからできている？』西村寿雄（文）、武田晋一（写真）、ボコヤマクリタ（構成）岩崎書店
◆『集めて調べる川原の石ころ』渡辺一夫（著）誠文堂新光社
◆『川の百科事典』高橋裕（編集委員長）、岩屋隆夫、沖大幹、島谷幸宏、寶馨、玉井信行、野々村邦夫、藤芳素生（編集委員）丸善出版
◆『川はどうしてできるのか』藤岡換太郎（著）講談社
◆『ヒミツがいっぱい！世界の橋大研究』三浦基弘（監修）PHP研究所
◆『土木のずかん　暮らしを支えるわざ』稲垣正晴、速水洋志、水村俊幸、吉田勇人（共著）オーム社
◆『驚異の建造物　人間の創造力と偉大な技術を模型断面でみる』斎藤公男、岡田章（監修）丸善出版
◆『浄水場・下水処理場図鑑』梅澤真一（監修）金の星社
◆『学研まんがでよくわかるシリーズ117　下水道のひみつ』ひろゆうこ（漫画）、YHB編集企画（構成）学研プラス出版プラス事業部出版コミュニケーション室
◆『トコトンやさしい下水道の本　第2版』高堂彰二（著）日刊工業新聞社
◆『図解　給排水衛生設備の基礎　オールカラー』山田信亮（著）、菊地至（イラスト）ナツメ社
◆『図解雑学　河川の科学』末次忠司（著）ナツメ社
◆公益財団法人相模原市まち・みどり公社
https://www.sagamiharashi-machimidori.or.jp/
◆富山県総合教育センター科学情報部 理科教育室「デジタル理科室へようこそ！」
https://www.digirika.tym.ed.jp/
◆公益財団法人日本自然保護協会
https://www.nacsj.or.jp/
◆国立研究開発法人土木研究所　自然共生研究センター
https://www.pwri.go.jp/team/kyousei/jpn/
◆神奈川県立生命の星・地球博物館　データベース「EPACS自然史博物館　地球のからくり」
https://nh.kanagawa-museum.jp/kenkyu/epacs/museum/ea001000.htm
◆信州大学　長野県デジタル地質図を活用した地学教材開発事業「信州大学教育学部 竹下研究室　だいちのかけらプロジェクト」
https://www.shinshu-u.ac.jp/project/chishitsuzu/
◆一般社団法人日本鉱物科学会
https://jams-mineral.jp/
◆国土交通省 東北地方整備局 山形河川国道事務所「最上川電子大事典」
http://www.thr.mlit.go.jp/Bumon/J76101/homepage/river/enc/index.html
◆公益社団法人日本下水道協会
https://www.jswa.jp/

◆朝日企業株式会社
https://asahikigyo.co.jp/
◆一般社団法人日本下水道施設業協会
https://www.siset.or.jp/
◆国土交通省　東北地方整備局
https://www.thr.mlit.go.jp/
◆株式会社不動テトラ
https://www.fudotetra.co.jp/
◆国土交通省　関東地方整備局　利根川水系砂防事務所
https://www.ktr.mlit.go.jp/tonesui/index.html
◆一般財団法人国土技術研究センター
https://www.jice.or.jp/
◆インフラテック株式会社
https://www.infratec.co.jp/index.php
◆一般社団法人日本消波根固ブロック協会
https://www.shouha.jp/

第《だい》5章《しょう》

◆『モノのねだん事典』大澤裕司（文）、死後くん（絵）ポプラ社
◆『標識と信号で広がる鉄の世界』磯兼雄一郎、井上 孝司（著）秀和システム
◆『鉄道のたんけん』福手勤（監修）、星の環会（編）星の環会
◆『トコトンやさしい鉄道の本』佐藤建吉（編著）、日本技術史教育学会（著）日刊工業新聞社
◆『第2版 鉄道技術用語辞典』財団法人鉄道総合技術研究所（編）丸善出版
◆『鉄道工学ハンドブック』久保田博（著）グランプリ出版
◆『完全版！　鉄道用語辞典　鉄道ファンも鉄道マンも大重宝』高橋政士（編）講談社
◆『目覚めるキヨスク　東日本キヨスク全社改革の軌跡』菅原天意、森洋之進、田中宗英（著）中央経済社
◆『ザ・裏方　2　生活を支える裏方』岡田茂（文）フレーベル館
◆『路面標示設置マニュアル』一般社団法人交通工学研究会（編）一般社団法人交通工学研究会
◆『美術手帖　２０１７年６月号』美術出版社
◆『アゲインスト・リテラシー　―グラフィティ文化論』大山エンリコイサム（著）ＬＩＸＩＬ出版
◆『Ｐｅｎ　２０１９年10月1日号』ＣＣＣメディアハウス
◆『キース・ヘリング大回顧展　カタログ』ジェルマーノ・チェラント（監修）、株式会社三越（発行）
◆『電柱のないまちづくり　―電線類地中化の実現方法』ＮＰＯ法人電線のない街づくり支援ネットワーク（編著）学芸出版社
◆『電柱鳥類学　スズメはどこに止まってる？』三上修（著）岩波書店
◆『建築の儀式』伊藤平左ェ門（著）彰国社
◆『神道史大辞典』薗田稔、橋本政宣（編）吉川弘文館
◆『建築の事典』内田祥哉（監修）朝倉書店
◆『文明の誕生　メソポタミア、ローマ、そして日本へ』小林登志子（著）中央公論新社
◆『建築工事の祭式　地鎮祭から竣工式まで』「建築工事の祭式」編集委員会（編著）学芸出版社
◆『建築式典の実際』若林嘉津雄（著）学芸出版社
◆『建築と社会　２０００年（Vol. 81）10月号』日本建築協会
◆株式会社保安サプライ
https://www.hoan-supply.co.jp/
◆一般社団法人 日本民営鉄道協会
https://m.mintetsu.or.jp/
◆西日本旅客鉄道株式会社（ＪＲ西日本）
https://www.westjr.co.jp/
◆JR EAST Technical Review No.17（Autumn 2006）「特集論文7 踏切遮断かん折損障害に関する研究開発」杉本純至、市倉庸宏（著）
https://www.jreast.co.jp/development/tech/contents17.html
◆一般社団法人日本鉄道電気技術協会
https://www.rail-e.or.jp/
◆株式会社てつでん
https://www.tetsuden.com/
◆東邦電機工業株式会社
https://www.toho-elc.co.jp/
◆株式会社三工社
https://www.sankosha-s.co.jp/
◆吉原鉄道工業株式会社
https://yoshiwara.co.jp/

◆日本家畜管理学会誌「夏と冬の散歩時の服着用がイヌの体温に及ぼす影響（日本家畜管理学会・応用動物行動学会合同２０１２年度春季研究発表会）」福澤めぐみ、羽島菜穂（著）　２０１２年48巻1号 p．47－
https://www.jstage.jst.go.jp/article/abm/48/1/48_KJ00007978110/_pdf/-char/ja
◆日本機械保線株式会社
https://www.nkh-cjrg.co.jp/
◆公益財団法人鉄道総合技術研究所
https://www.rtri.or.jp/
◆東日本旅客鉄道株式会社（ＪＲ東日本）「企業情報　建設プロジェクトを支える新技術」
https://www.jreast.co.jp/newtech/
◆大鉄工業株式会社（ＪＲ西日本グループ）
https://www.daitetsu.co.jp/
◆国土交通省「キッズコーナー　国土交通省 Q&A」
https://www.mlit.go.jp/page/kanbo01_hy_000534.html
◆一般社団法人日本砕石協会
https://www.saiseki.or.jp/
◆日本応用数理学会論文誌「通勤時間帯の駅構内における購買行動の数理モデル」田口東、高松瑞代（著）　２０１７年27巻2号 p．１４７－１６１
https://www.jstage.jst.go.jp/article/jsiamt/27/2/27_147/_pdf
◆シー・ティ・マシン株式会社
https://www.ctmachin.co.jp/
◆ヒガノ株式会社
https://higano.co.jp/
◆帝金株式会社
https://www.teikin.co.jp/
◆日本ライナー株式会社
https://www.nipponliner.co.jp/
◆一般社団法人全国道路標識・標示業東京都協会
https://www.zenhyo-tokyo.com/
◆公益社団法人土木学会
https://www.jsce.or.jp/
◆一般社団法人全国道路標識・標示業協会
https://zenhyokyo.or.jp/
◆アトミクス株式会社
https://www.atomix.co.jp/
◆富山グリーン産業「エコロビーム富山」
https://ecorobeam-toyama.com/
◆国土交通省　中部地方整備局「無電柱化とは？」
https://www.cbr.mlit.go.jp/joho_box/muden/
◆株式会社京三製作所
https://www.kyosan.co.jp/
◆ＮＰＯ法人電線のない街づくり支援ネットワーク
https://nponpc.net/
◆東京都建設局「東京の無電柱化」
https://www.kensetsu.metro.tokyo.lg.jp/road/kanri/chichuka
◆国立国会図書館『調査と情報　９２１号（２０１６・９・２７）』「無電柱化をめぐる近年の動向―課題と推進策―」千田和明（著）
https://www.ndl.go.jp/jp/diet/publication/issue/2016/index.html

さくいん

さくいんは、探《さが》したい言葉《ことば》がのっているページを知《し》るためのものだ。
この本《ほん》に出《で》てきた単語《たんご》があいうえお順《じゅん》にならんでいるよ。
たとえば「ハト」が出《で》てくるページが知《し》りたかったら、「は」の項目《こうもく》の
なかから「ハト」を探《さが》し、そこに書《か》いてあるページを見《み》てみよう。

あ

◆アーチ型《がた》……206
◆アーティスト……249
◆アオサギ……202
◆アオダイショウ……67
◆灯《あか》り……186
◆アクリル板《ばん》……154
◆アシダカグモ……67
◆アスファルト……35-37／92
◆穴《あな》……32-33／37／82／133／138-139／174／209
◆アナログ放送《ほうそう》……43
◆油《あぶら》火災《かさい》……159
◆アブラコウモリ……67
◆雨水《あまみず》貯留《ちょりゅう》施設《しせつ》……93
◆網《あみ》……96／178-179
◆雨《あめ》……62-63／87／93／131／138／143／147／162／207／210／239
◆アメリカ……107／249
◆アメリカセンダングサ……195
◆アリ……63
◆アルカリ……162
◆アルミ……103／154
◆アルミニウム地金《じがね》……103
◆アンカーブロック……206
◆安山岩《あんざんがん》……199／230
◆アンテナ……41-43
◆案内標識《あんないひょうしき》……28-29

い

◆家《いえ》……132-133／173-175／181-183
◆イガグリ……195
◆維管束《いかんそく》……131
◆生《い》き物《もの》……53／66-67／139／216
◆イギリス……154／235
◆石《いし》……46／54／59／86／175／186／197-199／201-203／206／210／228-231／239
◆石垣《いしがき》……118
◆維持工法《いじこうほう》……37
◆石灯籠《いしどうろう》……185-187
◆イスノキ……59
◆異星人《いせいじん》……26／105／109／184／246-247
◆犬《いぬ》……224-227
◆イノコズチ……195
◆イメージハンプ……245

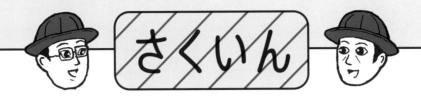

◆イモムシ……208・209
◆衣類《いるい》……102
◆岩《いわ》……131/198・199/203
◆インターネット……48

う

◆請花《うけばな》……186
◆氏神《うじがみ》……256
◆ウニ……75/195
◆海《うみ》……111/194/206/211
◆埋込型《うめこみがた》……187
◆埋《う》め立《た》て地《ち》……103
◆羽毛《うもう》……46
◆裏込《うらご》め……138
◆ウロコ……85・86
◆上《うわ》ずみ……211
◆運転手《うんてんしゅ》……244

え

◆絵《え》……155/249
◆エアコン……92
◆映画館《えいがかん》……159
◆衛星放送用《えいせいほうそうよう》パラボラアンテナ……43
◆栄養《えいよう》……131
◆ABC消火器《しょうかき》……159
◆駅《えき》……229/232・233/235
◆液体《えきたい》……97/159
◆エゴン・モーラー・ニールセン……53
◆エスカレーター……258
◆エゾスナゴケ……131
◆枝《えだ》……82/139
◆LED……243
◆L字形《じがた》……183
◆エンジン……107
◆塩素《えんそ》……211
◆塩素接触槽《えんそせっしょくそう》……211
◆円筒形《えんとうけい》……110
◆鉛筆《えんぴつ》……111

お

◆応急対策《おうきゅうたいさく》……118
◆横断管路《おうだんかんろ》……252
◆横断歩道《おうだんほどう》……242
◆横断枡《おうだんます》……252
◆オオオナモミ……194・195
◆大阪《おおさか》……107
◆オート三輪《さんりん》……107
◆オーバースライダー式《しき》……154
◆沖縄《おきなわ》……111
◆屋外《おくがい》……162
◆屋上《おくじょう》……91・93/110・111/167
◆屋上貯水槽《おくじょうちょすいそう》……111
◆屋上緑化《おくじょうりょくか》……92・93
◆屋内《おくない》……155
◆汚泥《おでい》……211
◆音《おと》……221・223
◆オブジェ……151
◆御札《おふだ》……256
◆お弁当《べんとう》……132
◆おもちゃ……234
◆温度《おんど》……207

か

◆蚊《か》……210
◆カード……235
◆ガードリングルート……83
◆解体《かいたい》……167/181・183
◆階段《かいだん》……88/189

さくいん

◆害虫《がいちゅう》……82/175
◆外敵《がいてき》……202
◆街灯《がいとう》……252/258
◆外壁《がいへき》……62・63/178
◆貝類《かいるい》……75
◆街路樹《がいろじゅ》……82・83/122
◆街路灯《がいろとう》……253
◆反花《かえりばな》……186
◆カエル……139/216
◆顔《かお》……82/129/217
◆家屋《かおく》……118
◆化学的安定性《かがくてきあんていせい》……162
◆角形《かくがた》……110
◆格納庫《かくのうこ》……158
◆花崗岩《かこうがん》……199/230/256
◆仮根《かこん》……131
◆笠《かさ》……186
◆かさ……234
◆火災《かさい》……158・159
◆火山《かざん》……199
◆火山灰《かざんばい》……199
◆火事《かじ》……158/211
◆ガス……159
◆ガス管《かん》……182

◆ガス台《だい》……182
◆風《かぜ》……63/147/162/178・179/194/206
◆火成岩《かせいがん》……199
◆仮設電源《かせつでんげん》……182
◆仮設《かせつ》トイレ……182
◆下層路盤《かそうろばん》……36
◆ガソリン……107/159
◆片側腕木式《かたがわうでぎしき》……223
◆学校《がっこう》……159
◆家庭用《かていよう》……158
◆可燃《かねん》ごみ……102
◆可燃残渣《かねんざんさ》……103
◆カバー……66
◆カビ……82
◆壁《かべ》……71/88・89/118・119/138/153/158/162・163/182・183/189/247・249/258
◆貨幣《かへい》……256
◆可変式路面標示《かへんしきろめんひょうじ》……243
◆ガム……234
◆カメラ付《つ》きドローン……38
◆火薬《かやく》……230
◆空石積《からいしづ》み……86
◆カラス……96/126/132
◆ガラス……102・103/106/154/182

◆ガラスビーズ……243
◆下流《かりゅう》……198/203
◆軽石《かるいし》……199
◆カルガモ……202
◆瓦礫《がれき》……183
◆カレット……103
◆川《かわ》……111/198・199/202・203/206・207/210・216
◆カワウ……202
◆カワウソダケ……83
◆川底《かわぞこ》……202・203/214
◆川幅《かわはば》……203
◆瓦《かわら》……182
◆河原《かわら》……196・197/230/231
◆カワラバト……47
◆缶《かん》……98/102
◆考《かんが》える人《ひと》……55
◆換気扇《かんきせん》……182
◆管口《かんぐち》カメラ……38
◆岩石《がんせき》……199
◆乾燥《かんそう》……131
◆感電《かんでん》……125・127
◆乾電池《かんでんち》……126
◆関東大震災《かんとうだいしんさい》……155

◆間伐材《かんばつざい》……119
◆看板《かんばん》……123／217
◆岩盤《がんばん》……230
◆かんらん岩《がん》……199

き

◆木《き》……80-83／133／186／223
◆キース・ヘリング……249
◆気温《きおん》……92／131
◆危害防止装置《きがいぼうしそうち》……155
◆危険《きけん》……82／97／139／188／237
◆危険箇所《きけんかしょ》……119
◆記号《きごう》……242
◆起工式《きこうしき》……257
◆キジバト……49
◆キズ……158
◆傷口《きずぐち》……226
◆規制標示《きせいひょうじ》……242
◆規制標識《きせいひょうしき》……28-29
◆基礎《きそ》……33／173-175／183／186／256
◆帰巣本能《きそうほんのう》……48
◆基礎工《きそこう》……214
◆基礎工事《きそこうじ》……174
◆基壇《きだん》……186
◆絹雲母片岩《きぬうんもへんがん》……199
◆キノコ……83
◆木《き》の幹《みき》……131
◆牙《きば》……169
◆キャスター……239
◆ギャラリー……248
◆救急車《きゅうきゅうしゃ》……253
◆球形《きゅうけい》……110
◆給水管《きゅうすいかん》……114
◆給水《きゅうすい》タンク……109-111／113／114
◆給水塔《きゅうすいとう》……113-115
◆吸水棒《きゅうすいぼう》……93
◆強化《きょうか》プラスチック……54
◆橋脚《きょうきゃく》……206-207
◆供給線《きょうきゅうせん》……253
◆橋台《きょうだい》……206-207
◆強風《きょうふう》……179
◆業務用消火器《ぎょうむようしょうかき》……159
◆曲線《きょくせん》……154
◆曲面《きょくめん》……89
◆桐《きり》……256
◆菌《きん》……83
◆金貨《きんか》……117
◆緊急車両《きんきゅうしゃりょう》……253
◆ギンゴケ……130
◆金属《きんぞく》……55／178／183／186

く

◆杭《くい》……237／239
◆草《くさ》……119
◆鎖《くさり》……54／223／237
◆串《くし》……97
◆クチクラ層《そう》……131
◆クラック……61-63／65／93
◆グラフィティ……247-249
◆クリップ……195
◆車《くるま》……37／105／142／202／206／222／238-239／242-245／253
◆車《くるま》いす（車椅子《くるまいす》）……29／253
◆車止《くるまど》め……237-239
◆クレーン……164-167
◆クレーン車《しゃ》……119

け

◆毛《け》……58／195

◆警戒標識《けいかいひょうしき》……28-29
◆珪岩《けいがん》……230
◆警察署《けいさつしょ》……239
◆軽自動車《けいじどうしゃ》……106
◆傾斜地《けいしゃち》……86
◆芸術《げいじゅつ》……55
◆携帯電話《けいたいでんわ》基地局《きちきょく》アンテナ……42-43
◆軽《けい》トラック……105-107
◆警報機《けいほうき》……222-223
◆警報灯《けいほうとう》……223
◆ケーブル……207/253
◆ゲーム……88
◆ゲジ……67
◆下水《げすい》……210-211
◆下水処理場《げすいしょりじょう》……209-211
◆けた橋《ばし》……206
◆頁岩《けつがん》……199
◆結晶質石灰岩《けっしょうしつせっかいがん》……199
◆建設現場《けんせつげんば》……178
◆建造物《けんぞうぶつ》……206
◆建築資材《けんちくしざい》……162
◆建築図面《けんちくずめん》……256
◆間知《けんち》ブロック……86
◆玄武岩《げんぶがん》……199

こ

◆コアジサシ……202
◆ゴイサギ……202
◆高圧《こうあつ》……252
◆高圧洗浄機《こうあつせんじょうき》……249
◆高圧引込管《こうあつひきこみかん》……252
◆公園《こうえん》……44/50-53/56/58-59/239
◆高温《こうおん》……199
◆高架化《こうかか》……223
◆鋼管《こうかん》……179
◆工具《こうぐ》……178
◆光合成《こうごうせい》……131
◆格狭間《こうざま》……186
◆高山《こうざん》……130
◆工事《こうじ》……117/119/170/206/235/253/256-257
◆高所《こうしょ》……178
◆工場《こうじょう》……159/210-211/230
◆洪水《こうずい》……214
◆合成樹脂《ごうせいじゅし》……170
◆合成繊維《ごうせいせんい》……179
◆構造《こうぞう》……206-207
◆構造色《こうぞうしょく》……46/59
◆高速道路《こうそくどうろ》……202
◆高置水槽《こうちすいそう》……110
◆工法《こうほう》……89
◆高齢者《こうれいしゃ》……119
◆小型家電《こがたかでん》……102
◆小型《こがた》トラック……106
◆護岸《ごがん》……213-215
◆ゴキブリ……67
◆小口止め工《こぐちどめこう》……214
◆国土交通省《こくどこうつうしょう》……207
◆コケ……129-131/143
◆苔類《こけるい》……130
◆コサギ……202
◆コチドリ……202
◆コの字形《じがた》……183
◆コフキタケ……83
◆こぶ病《びょう》……82
◆ごみ……95-99/101-103/210
◆コメバキヌゴケ……130
◆ゴルフ……112-113
◆コンクリート……86/92/96/114/142/147/163/175/231/239
◆コンクリート打《う》ち……138

◆痕跡《こんせき》……122-123
◆昆虫《こんちゅう》……43/47

さ

◆災害《さいがい》……155
◆細菌《さいきん》……82
◆西郷隆盛《さいごうたかもり》……55
◆再資源化《さいしげんか》……183
◆最終処分場《さいしゅうしょぶんじょう》……103
◆再生水《さいせいすい》……211
◆サインポール……151
◆竿《さお》……186
◆魚《さかな》……211
◆砂岩《さがん》……199
◆柵《さく》……81-82
◆サッシ……182
◆雑誌《ざっし》……102/234-235
◆雑草《ざっそう》……66
◆さっぽろテレビ塔《とう》……42
◆サビ……158
◆サボテン……75/195
◆サモトラケのニケ……53
◆三角《さんかく》コーン……170
◆散水《さんすい》……183
◆散水《さんすい》タンク……182
◆酸性雨《さんせいう》……55
◆酸素《さんそ》……159/211
◆サンフランシスコ地震《じしん》……155
◆三輪自動車《さんりんじどうしゃ》……107
◆三輪車《さんりんしゃ》……107

し

◆CAモルタル……231
◆CD……46/102
◆寺院《じいん》……186
◆紫外線《しがいせん》……75/162/245
◆敷瓦《しきがわら》……163
◆敷地《しきち》……174/178
◆式典《しきてん》……257
◆資源《しげん》……103
◆時刻表《じこくひょう》……234
◆資材《しざい》……165
◆指示標示《しじひょうじ》……242
◆指示標識《しじひょうしき》……28-29
◆地震《じしん》……33/63/87/174/207
◆支柱《しちゅう》……122/166
◆地鎮祭《じちんさい》……257
◆室外機《しつがいき》……66/70/92
◆自転車《じてんしゃ》……70/238-239
◆自動下駄《じどうげた》……107
◆自動車《じどうしゃ》……74/92
◆自販機《じはんき》……258
◆地面《じめん》……82/127/131/142-143/158/174-175/230-231/238
◆社寺《しゃじ》……186
◆社寺献灯型《しゃじけんとうがた》……186-187
◆遮断《しゃだん》かん……222-223
◆遮断機《しゃだんき》……222-223
◆斜張橋《しゃちょうきょう》……207
◆シャッター……153-155
◆シャッターボックス……154
◆車道《しゃどう》……242
◆斜面《しゃめん》……86/89
◆砂利《じゃり》……138/143
◆車両火災《しゃりょうかさい》……97
◆ジャン＝ミシェル・バスキア……249
◆祝儀袋《しゅうぎぶくろ》……234
◆重機《じゅうき》……165/182-183/230
◆修繕工法《しゅうぜんこうほう》……37
◆シューター……182

さくいん

◆修祓式《しゅばつしき》……257
◆主《しゅ》ケーブル……206
◆受光器《じゅこうき》……222
◆種子《しゅし》……119/194/202
◆樹脂《じゅし》……37/159/170
◆受水槽《じゅすいそう》……110/114
◆主塔《しゅとう》……207
◆樹洞《じゅどう》……82・83
◆主塔《しゅとう》ケーブル……207
◆樹木《じゅもく》……258
◆竣工式《しゅんこうしき》……257
◆浚渫《しゅんせつ》……203
◆昇開式《しょうかいしき》……223
◆障害物《しょうがいぶつ》……155/222/245
◆消火器《しょうかき》……157・159
◆消火剤《しょうかざい》……158
◆蒸気機関車《じょうききかんしゃ》……235
◆焼却灰《しょうきゃくばい》……103
◆象形遊具《しょうけいゆうぐ》……52
◆上下開閉型《じょうげかいへいがた》……154
◆上層路盤《じょうそうろばん》……36
◆商店街《しょうてんがい》……140/146/155
◆上棟式《じょうとうしき》……257
◆消波《しょうは》根固《ねがた》めブロック……215

◆消波《しょうは》ブロック……215
◆消防署《しょうぼうしょ》……239
◆消防用設備《しょうぼうようせつび》……158
◆上流《じょうりゅう》……198/203
◆昭和《しょうわ》……114
◆植生土《しょくせいど》のう……119
◆植物《しょくぶつ》……32/70/91・93/130・131/139/189/194/202
◆処理水《しょりすい》……211
◆ジョン・ブラック……235
◆白木《しらき》……111
◆シルト岩《がん》……199
◆シロアリ……67
◆シンガポール……253
◆進行方向別通行区分《しんこうほうこうべつつうこうくぶん》……242
◆神社《じんじゃ》……150/159/186
◆新酒《しんしゅ》……150・151
◆振動《しんどう》……182
◆シンナー……179
◆新聞《しんぶん》……102/234・235/256

す

◆巣穴《すあな》……209

◆水位《すいい》……126
◆水害《すいがい》……118
◆水蒸気《すいじょうき》……92
◆水槽《すいそう》……114
◆水滴《すいてき》……131
◆水分《すいぶん》……97/131
◆水流《すいりゅう》……214
◆据置型《すえおきがた》……187
◆すかしブロック……31・33/189
◆杉《すぎ》……111/150
◆杉玉《すぎだま》……149・151
◆スズメ……127/139/189
◆スチール……147/154
◆頭痛《ずつう》……179
◆ステージ……88
◆ステンレス……66/111/142/154
◆砂《すな》……202・203/210
◆砂肝《すなぎも》……46
◆スニーカー……227
◆スピーカー……223
◆スピード……245
◆スプレー……97/243/248
◆スマートフォン……43
◆墨《すみ》……257

◆スラット……154
◆スラットシャッター……154
◆スラブ軌道《きどう》……231

せ

◆生活《せいかつ》……211
◆生態《せいたい》……82
◆成虫《せいちゅう》……58
◆生物《せいぶつ》……199
◆生分解性《せいぶんかいせい》……119
◆正方形《せいほうけい》……162
◆生命活動《せいめいかつどう》……131
◆石英片岩《せきえいへんがん》……199
◆赤外線《せきがいせん》……222
◆石炭《せきたん》……107
◆石板《せきばん》……255
◆節《せつ》……186
◆石灰岩《せっかいがん》……199
◆設計基準《せっけいきじゅん》……33
◆石膏《せっこう》ボード……182
◆設置台《せっちだい》……158
◆背中《せなか》……201/213
◆セミ……57-58
◆繊維《せんい》……159
◆繊維強化《せんいきょうか》プラスチック……110
◆戦艦《せんかん》……233
◆選挙《せんきょ》カー……106
◆センサー……239
◆戦争《せんそう》……107
◆洗面所《せんめんじょ》……163
◆洗面台《せんめんだい》……182
◆閃緑岩《せんりょくがん》……199
◆蘚類《せんるい》……130
◆線路《せんろ》……220/228/230-231

そ

◆増圧《ぞうあつ》ポンプ……110
◆騒音《そうおん》……182
◆倉庫《そうこ》……159
◆素材《そざい》……182/256
◆粗大《そだい》ごみ……101-103
◆そのう……47

た

◆大火災《だいかさい》……158
◆耐久性《たいきゅうせい》……162/243
◆耐候性大型土《たいこうせいおおがたど》のう……119
◆堆積岩《たいせきがん》……199
◆大八車《だいはちぐるま》……96-97
◆台風《たいふう》……174/207
◆大仏《だいぶつ》……112-113
◆台北《タイペイ》……253
◆耐摩耗性《たいまもうせい》……162
◆タイムカプセル……256
◆タイヤ……143
◆ダイヤ……222
◆タイヤ止《ど》め……142-143
◆ダイヤマーク……242
◆太陽《たいよう》……63/162
◆タイル……161-163
◆タカ……49
◆多回路開閉器《たかいろかいへいき》……252
◆宝《たから》くじ売《う》り場《ば》……151
◆竹《たけ》……186
◆凧揚《たこあ》げ……127
◆たたみ……182
◆立《た》ち入《い》り禁止部分《きんしぶぶん》……242
◆建物《たてもの》……92-93/110/114/123/163/174-175/256-257

タバコ 234
玉石積《たまいしづ》み 86
卵《たまご》 46・47/197
タマムシ 59
タワークレーン 165・167
タンク 110・111/114
タンクローリー 106
ダンゴムシ 67
団地《だんち》 112/114
断熱材《だんねつざい》 182

ち

地域《ちいき》 111
地下《ちか》 38/118/238
地下受水槽《ちかじゅすいそう》 111
地下鉄《ちかてつ》 249
力《ちから》 131/174/198/211
地下牢《ちかろう》 64・65
地上《ちじょう》 167
地上機器《ちじょうきき》 251・253
地上機器枡《ちじょうききます》 252
地上用変圧器《ちじょうようへんあつき》 252
地中化工事《ちちゅうかこうじ》 253
地中配電設備《ちちゅうはいでんせつび》 252・253
窒息法《ちっそくほう》 159
地《ち》デジデザインアンテナ 43
チャート 199
茶人《ちゃじん》 187
中間水槽《ちゅうかんすいそう》 111
忠犬《ちゅうけん》ハチ公《こう》 55
駐車《ちゅうしゃ》 141・143
駐車禁止《ちゅうしゃきんし》 217
柱上開閉器《ちゅうじょうかいへいき》 252
柱状型変圧器《ちゅうじょうがたへんあつき》 253
柱上変圧器《ちゅうじょうへんあつき》 252
彫刻《ちょうこく》 53/58
長方形《ちょうほうけい》 162
直線《ちょくせん》 153
チョコレート 234
沈砂地《ちんさち》 210

つ

通学路《つうがくろ》 239
通気口《つうきこう》 65・67
通信機《つうしんき》 239
ツタ 69・71/88
土《つち》 118・119/138・139/214
包《つつ》まれたモノ 74・75
綱張《つなは》り式《しき》 223
ツノゴケ類《るい》 130
翼《つばさ》 127
ツメ・爪《つめ》 58/168・169/231
吊橋《つりばし》 206

て

手《て》 189/217
低圧《ていあつ》 252
低圧引込管《ていあつひきこみかん》 252
低圧分岐装置《ていあつぶんきそうち》 252
ティー 113
DVD 102
泥岩《でいがん》 199
デイサイト 199
停止禁止部分《ていしきんしぶぶん》 242
停止線《ていしせん》 242
定礎《ていそ》 254・257
定礎式《ていそしき》 256・257
定礎石《ていそせき》 256
定礎箱《ていそばこ》 256

定礎銘板《ていそめいばん》……256
堤防《ていぼう》……214
鉄筋《てっきん》……62／175
鉄筋《てっきん》コンクリート……175
鉄格子《てつごうし》……65
鉄道《てつどう》……206／222／235
転回禁止《てんかいきんし》……242
電気《でんき》……126・127／252
電気火災《でんきかさい》……159
電気自動車《でんきじどうしゃ》……107
電気設備《でんきせつび》……159
電球《でんきゅう》……186
電車《でんしゃ》……222／230・231／248
電鐘式《でんしょうしき》……223
伝書鳩《でんしょばと》……48
電線《でんせん》……125・127
電池《でんち》……126／234
電柱《でんちゅう》……88／127／252・253
電波塔《でんぱとう》……42・43
デンプン……119
天望回廊《てんぼうかいろう》……111
天望《てんぼう》デッキ……111
電話《でんわ》……48／182

と

銅《どう》……142／256
東京《とうきょう》スカイツリー……42／111
東京《とうきょう》タワー……42
東京《とうきょう》23区《く》……253
陶磁器《とうじき》……102／163
銅製《どうせい》……142
導線《どうせん》……126
塔鳩《とうばと》……47
堂鳩《どうばと》……47
陶板《とうばん》……163
動物《どうぶつ》……51／95・96／139／194・195／216／237
透明《とうめい》パネルシャッター……154
道路《どうろ》……37／206／222／239／240・242／245／253
灯籠《とうろう》……186・187
道路橋《どうろきょう》……206
トカゲ……139
特殊信号発光機《とくしゅしんごうはっこうき》……222
トゲ……195
土砂《どしゃ》……86／118／138／199／202・203
土壌《どじょう》……93
土台《どだい》……174／183
土地《とち》……174・175／194
ドット絵《え》……161
土《ど》のう……117／119
ドバト・土鳩《どばと》……46・49／126
トラス橋《ばし》……206
トラック……106／183
トラ土《ど》のう……119
鳥《とり》……75／125・127／156・157／165／194／202
塗料《とりょう》……62／143／178・179／243
泥《どろ》……203／210
どんぐり……59
トンネル……231／248

な

中州《なかす》……201・203
名古屋《なごや》テレビ塔《とう》……42
ナスカの地上絵《ちじょうえ》……241
夏酒《なつざけ》……151
なべ……102
生《なま》ごみ……97／102
鉛《なまり》……256

◆南極《なんきょく》……130

に

◆日光《にっこう》……70／82／171
◆二宮金次郎《にのみやきんじろう》……55
◆日本《にほん》……207／235／253／256・257
◆日本酒《にほんしゅ》……150・151
◆ニューヨーク……111

ぬ

◆ぬけがら……57・59
◆ヌスビトハギ……195
◆布基礎《ぬのきそ》……175
◆布製《ぬのせい》パイロン……170
◆布積《ぬのづ》み……86

ね

◆根《ね》……82・83／87／131
◆根上《ねあ》がり……82・83
◆根固《ねがた》め工《こう》……214
◆根固《ねがた》めブロック……214・215
◆ネコ……96
◆ネジクチゴケ……130
◆ネズミ……67
◆熱帯《ねったい》……130
◆寝床《ねどこ》……141
◆燃焼物《ねんしょうぶつ》……159
◆粘板岩《ねんばんがん》……199
◆燃料《ねんりょう》……107

の

◆軒下配線《のきしたはいせん》……253
◆ノブキ……195
◆のぼり……147
◆のぼりベース……145・147
◆のり……122
◆のり覆工《ふくこう》……214
◆法枠工《のりわくこう》……89

は

◆葉《は》……82／130・131／150
◆バーコード……235
◆パーツ……167／214
◆バール……182
◆バイク……73・74／239
◆ハイゴケ……131
◆廃材《はいざい》……183
◆廃水《はいすい》……211
◆排水管《はいすいかん》……110
◆排水口《はいすいこう》……93
◆配電《はいでん》……252
◆売店《ばいてん》……233・235
◆パイプ……138・139／178／182
◆パイプシャッター……154
◆パイロン……169・171
◆ハエ……210
◆バキュームカー……106
◆破砕機《はさいき》……102
◆ハサミムシ……67
◆橋《はし》……205・207
◆橋《はし》げた……206・207
◆破傷風《はしょうふう》……97
◆柱《はしら》……54／67／257
◆パズル……86／173
◆ハチ……59／148／150
◆発光器《はっこうき》……222
◆パッチワーク……87

◆ハト……46-49/253
◆羽《はね》……59
◆パネル……110
◆パネル型角形《がたかくがた》……110
◆ハヤブサ……49
◆バラスト……229-231
◆バラスト軌道《きどう》……230
◆パリ……253
◆バリエーション……115
◆ハリガネゴケ……131
◆貼《は》り紙《がみ》……122
◆貼瓦《はりがわら》……163
◆ハリセンボン……195
◆張出《はりだ》し床版付擁壁《しょうばんつきようへき》……87
◆張付化粧煉瓦《はりつけけしょうれんが》……163
◆ハリネズミ……129
◆ハンガーロープ……206
◆ハンカチ……234
◆反射《はんしゃ》……243
◆反射板《はんしゃばん》……143
◆反応槽《はんのうそう》……211
◆パンフレット……256

ひ

◆火《ひ》……158-159/186
◆Pタイル……163
◆ヒートアイランド現象《げんしょう》……92
◆控《ひか》え塀《へい》……33
◆光《ひかり》……222/243
◆ヒキガエル……67
◆引《ひ》き戸式《どしき》……223
◆火口《ひぐち》……186
◆飛行機《ひこうき》……170
◆美術館《びじゅつかん》……248
◆ピジョンミルク……47
◆微生物《びせいぶつ》……211
◆左脚《ひだりあし》……127
◆ひっつき虫《むし》……193-195
◆人《ひと》……194/206
◆ヒナ……46-47
◆ヒノキ……119
◆ヒビ……37/62-63/93/139/143
◆火袋《ひぶくろ》……186
◆秘密基地《ひみつきち》……82
◆ヒメギンゴケモドキ……131
◆ヒメジャゴケ……130
◆ひやおろし……151
◆百貨店《ひゃっかてん》……155/159
◆病院《びょういん》……155/159
◆標示《ひょうじ》……243
◆標識《ひょうしき》……27-29/83/188
◆標識車《ひょうしきしゃ》……106
◆標識板《ひょうしきばん》……158
◆表層《ひょうそう》……36
◆ヒョウタンゴケ……131
◆ヒヨドリ……126
◆肥料《ひりょう》……119
◆ビル……93/110/118/166-167/255
◆ヒロハツヤゴケ……130
◆ビン……102

ふ

◆VHFアンテナ……43
◆フィルター……138
◆風雨《ふうう》……162/171/245
◆フードデリバリー……132
◆服《ふく》……194-195/225-227
◆袋《ふくろ》……117-119/234

◆不祝儀袋《ぶしゅうぎぶくろ》……234
◆ふすま……182
◆双子《ふたご》タンク……111
◆普通火災《ふつうかさい》……159
◆不燃《ふねん》ごみ……102
◆不燃残渣《ふねんざんさ》……103
◆不燃性《ふねんせい》……159
◆踏切《ふみきり》……221・223
◆踏切制御子《ふみきりせいぎょし》……222
◆フライパン……102
◆プラスチック……103／119／147／163
◆プレイ・スカルプチャー……53
◆フロアクライミング……166・167
◆ブロック……86・87／215／245
◆プロペラ……211
◆ブロンズ像《ぞう》……55
◆フン……46／75
◆分岐枡《ぶんきます》……252
◆文庫本《ぶんこぼん》……234
◆粉《ふん》じん……183

へ

◆ベタ基礎《きそ》……175
◆ベッコウタケ……83
◆ペットボトル……98／102
◆ヘッドライト……243
◆ヘビ……59／67／84・85／139／216
◆変圧器《へんあつき》……253
◆変成岩《へんせいがん》……199
◆片麻岩《へんまがん》……199

ほ

◆防火《ぼうか》シャッター……155／158
◆防湿《ぼうしつ》コンクリート……175
◆宝珠《ほうじゅ》……186
◆防波堤《ぼうはてい》……215
◆放流《ほうりゅう》……211
◆ボーリング調査《ちょうさ》……174
◆舗装《ほそう》……35・37
◆ホソウリゴケ……130
◆北極《ほっきょく》……130
◆歩道《ほどう》……163／253
◆骨組《ほねぐ》み……206・207
◆ボラード……239
◆ポリエステル……118／179
◆ポリエチレン……179
◆ポリプロピレン……179
◆ボルト……178
◆ホルンフェルス……199
◆香港《ホンコン》……253
◆ポンピング現象《げんしょう》……37

ま

◆マイロナイト……199
◆薪《まき》……107
◆巻《ま》きとり式《しき》……154
◆マグマ……199
◆枕木《まくらぎ》……230・231
◆増《ま》し積《づ》み擁壁《ようへき》……87
◆マスク……234
◆マストクライミング……166
◆松《まつ》ぼっくり……59
◆まねき猫《ねこ》……151
◆丸木橋《まるきばし》……206
◆マンション……96／110・111／139
◆マンホール……38・39／123

み

◆右脚《みぎあし》……127
◆右側通行《みぎがわつうこう》……242
◆水《みず》……37／93／110・111／114／118・119／126／131／138／147／183／209・211／214
◆水受《みずう》け……138
◆水玉模様《みずたまもよう》……45
◆水抜《みずぬ》き穴《あな》……137・139／189
◆水抜《みずぬ》きパイプ……138
◆水《みず》はけ……138／230
◆密閉《みっぺい》……179
◆見本《みほん》……258
◆ミルウォーキー……107

む

◆虫《むし》……67／139／193
◆虫《むし》さされ……226
◆無線通信用《むせんつうしんよう》アンテナ……43
◆無電柱化《むでんちゅうか》……253
◆棟札《むなふだ》……257

め

◆メタノール……179
◆メッシュシート……177・179／182
◆メモ帳《ちょう》……234
◆メンテナンス……207

も

◆猛獣《もうじゅう》……94・95／236・237
◆盲導犬《もうどうけん》……227
◆木材《もくざい》……62／159／183
◆木製《もくせい》シャッター……154
◆模型写真《もけいしゃしん》……256
◆模様《もよう》……88／119
◆モルタル……183

や

◆薬品《やくひん》……162
◆屋根《やね》……111／133／151／182
◆ヤノウエノアカゴケ……131
◆矢羽積《やばねづ》み……86
◆ヤマアラシ……195
◆ヤマバト……49

ゆ

◆油圧《ゆあつ》ショベル……182
◆UHFアンテナ……42・43
◆遊戯彫刻《ゆうぎちょうこく》……53
◆遊具《ゆうぐ》……51・55
◆Uターン……242
◆床《ゆか》……162・163／175／183／231
◆床下《ゆかした》……66・67
◆床面《ゆかめん》……158
◆雪《ゆき》……111
◆雪見型《ゆきみがた》……187
◆ゆで卵《たまご》……234

よ

◆溶剤《ようざい》……249
◆揚水《ようすい》ポンプ……110・111／114
◆幼虫《ようちゅう》……57・59
◆擁壁《ようへき》……85・89／138・139
◆浴室《よくしつ》……163

◆横帯工《よこおびこう》 214
◆横開閉型《よこかいへいがた》 154
◆予防接種《よぼうせっしゅ》 97
◆夜道《よみち》 243
◆鎧戸《よろいど》 154
◆四輪小型《よんりんこがた》トラック 107

ら

◆ラーメン橋《ばし》 207
◆落書《らくが》き 52／248・249
◆落成式《らくせいしき》 257
◆ラテン語《ご》 163

り

◆リサイクル 99／182
◆リチウム電池《でんち》 97
◆立柱式《りっちゅうしき》 257
◆立方体《りっぽうたい》 110
◆理髪店《りはつてん》 151
◆流紋岩《りゅうもんがん》 199
◆緑色片岩《りょくしょくへんがん》 199

る

◆ルーペ 130

れ

◆冷却法《れいきゃくほう》 159
◆レーザー 222／227
◆レール 230・231
◆礫岩《れきがん》 199
◆レジ 234
◆列車《れっしゃ》 222

ろ

◆老朽化《ろうきゅうか》 87
◆路床《ろしょう》 36
◆路上《ろじょう》 130／171／178
◆路体《ろたい》 36
◆ロダン 55
◆路盤《ろばん》 36
◆路盤《ろばん》コンクリート 231
◆ロボット 124・125
◆路面《ろめん》 243
◆路面標示《ろめんひょうじ》 241・245
◆ロンドン 253

わ

◆Wi-Fi HDD 43
◆Wi-Fiスピーカー 43
◆Wi-Fiデジタルテレビ 43
◆Wi-Fiプリンター 43
◆Wi-Fi無線《むせん》ルーター 43
◆わだち掘《ほ》れ 37
◆ワニ 213・214
◆蕨手《わらびて》 186
◆割石《わりいし》 175

味《あじ》わいさくいん

「味《あじ》わい」というのはうまく言葉《ことば》にできない「なんかいいな」と思《おも》う好《この》みの感覚《かんかく》のこと。
自分《じぶん》がどんなものに対《たい》して「いいな」と思《おも》うかがわかるようになると、
世界《せかい》がもっと楽《たの》しく見《み》えるようになるんだ。まずはこの本《ほん》の中《なか》で、
自分《じぶん》がどんなものを「おもしろい」とか「好《す》きだな」と感《かん》じたか、見直《みなお》してみても
いいかもしれない。ここでは、作者《さくしゃ》が「なんかいいな」と感《かん》じたものを紹介《しょうかい》するよ。
時間《じかん》があったら、紹介《しょうかい》しているページをのぞいて、自分《じぶん》の感覚《かんかく》と比《くら》べてみよう。

ホラーなもの

ふとした瞬間《しゅんかん》、見慣《みな》れたものが怖《こわ》く見《み》えることがある。ドキッとするけど、ちょっと楽《たの》しい。

ボロ…

恐怖！
トゲトゲ人間！

52 70 75 82 158 194 210

ワイルドなもの

荒々《あらあら》しいけどどこかかっこよくもあり、少《すこ》し憧《あこが》れてしまう。

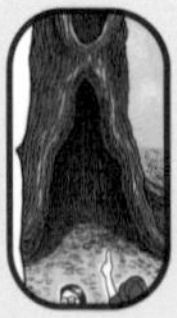

39 53 63 83 87 96 107 143 171 179 239 248

持《も》って帰《かえ》りたくなるもの

ぎゅっと抱《だ》きしめて持《も》ち帰《かえ》って、自《じ》分《ぶん》のものにしたくなるようなもの。

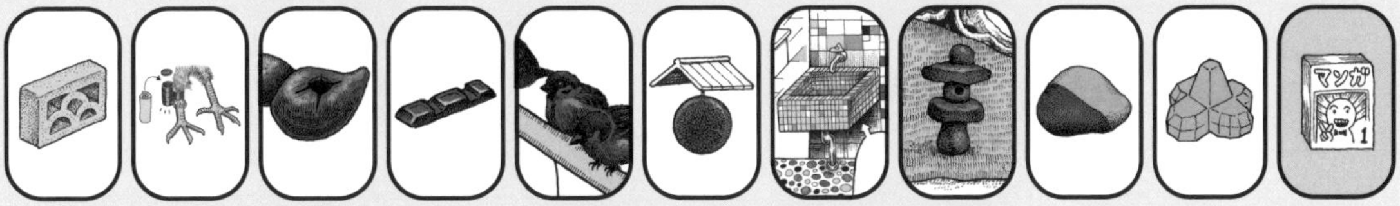
マンガ

33 48 59 103 127 151 163 187 198 215 234

がんばってるもの

一生懸命《いっしょうけんめい》がんばってるな！ がんばれ！ と応援《おうえん》したくなる。

47 63 118 143 147 171

ゴージャスなもの

「人《ひと》の労力《ろうりょく》や時間《じかん》がかかっているな～」と感《かん》じる。

38 42 55 89 111 115 227 256

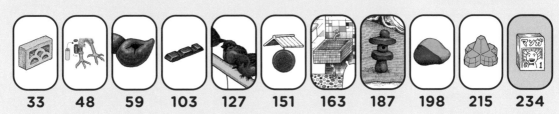

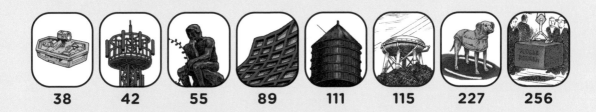

壮大《そうだい》なもの

目《め》の前《まえ》に現《あらわ》れたら、その大《おお》きさと立派《りっぱ》さに立《た》ち止《ど》まって見《み》てしまう。

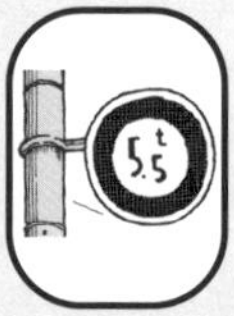
28

47

48

63

98

198

199

ぞわぞわするもの

うわ！ さわりたくない！
頭《あたま》より先《さき》に体《からだ》が反応《はんのう》してしまう。

55
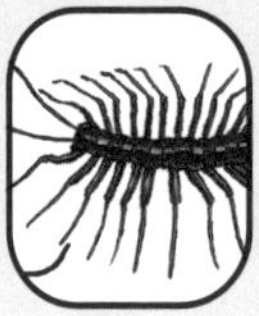
67

82

139

195

211

がっしりしているもの

力強《ちからづ》くて頑丈《がんじょう》そう！
頼《たの》もしく感《かん》じる存在《そんざい》。

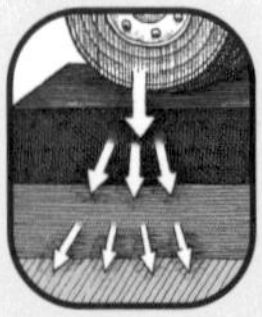
36

58

110

119

142

175

199

239

愉《ゆ》快《かい》なもの

見《み》ているだけで笑《え》みがこぼれてしまうようなもの。

49　55　167　195　227　234

ミステリアスなもの

怖《こわ》いとかじゃなく「なんだか不《ふ》思《し》議《ぎ》だな何《なん》だろうな～」とうまく言《こと》葉《ば》にできなくて、心《こころ》に引《ひ》っかかる。

70　74　115　123　187　203

メリハリがあるもの

変《へん》化《か》や違《ちが》いがはっきりしているものが並《なら》んでいる様《よう》子《す》は見《み》ていて気《き》持《も》ちがいい。

87　143　162　166　175　207　230　239　249

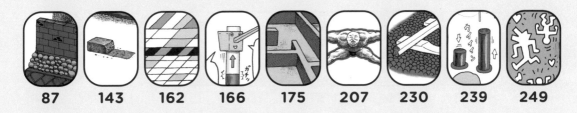

切《せつ》ないもの

見《み》た瞬間《しゅんかん》に悲《かな》しいようなさびしいような気持《きも》ちになる。

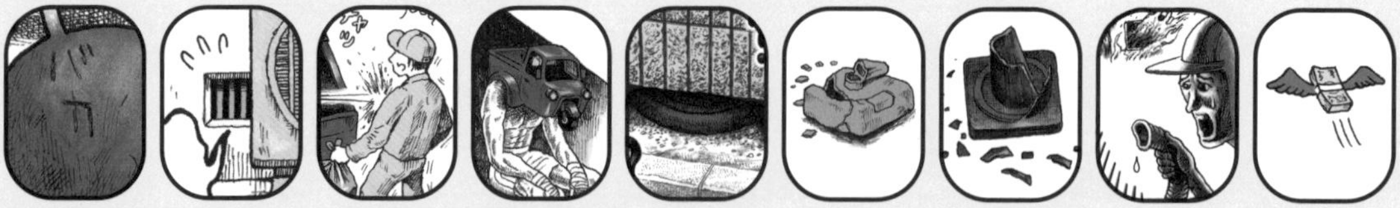

52　66　97　107　123　147　171　211　253

渋《しぶ》いもの

目《め》を引《ひ》くような華《はな》やかさはまったくないけど、じっくり見《み》れば見《み》るほどいいんだよなぁと感《かん》じる。

29　32　53　62　96　143　183　187　245

大胆《だいたん》なもの

細《こま》かいことは気《き》にせずに、思《おも》いっきりデン！ と構《かま》えているような存在《そんざい》。

52　70　89　115　119　150　170　215

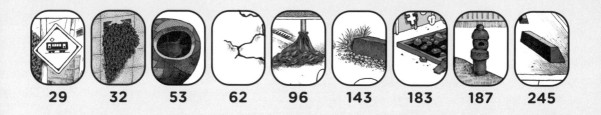

おもちゃっぽいもの

実際《じっさい》にはおもちゃではないんだけど、よく見《み》るとおもちゃのようなたたずまいのものって、じつはけっこうあるかも。

47

59

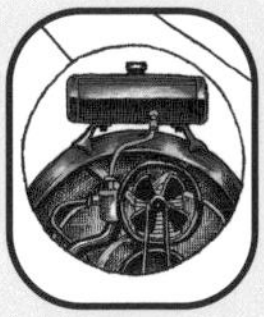
107

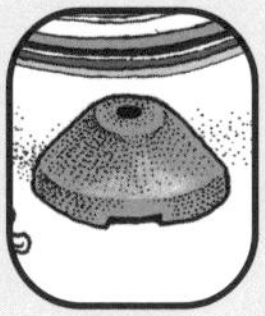
147

151

187

222

243

キラキラなもの

見《み》た目《め》がキラキラ輝《かがや》いているだけでなく、見《み》たら心《こころ》がキラキラした気持《きも》ちになる、すてきなもの。

32

46

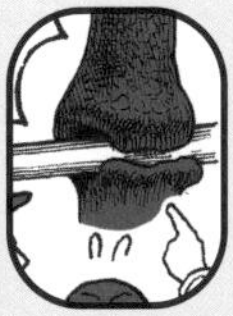
82

111

122

130

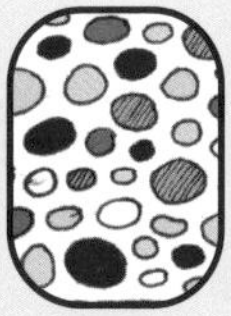
163

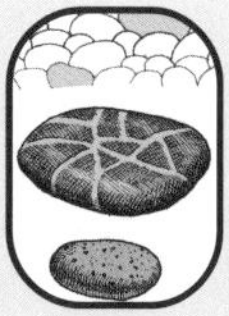
198

256

躍《やく》動《どう》感《かん》があるもの

止《と》まっているのに生《い》き生《い》きしていて、今《いま》にも動《うご》き出《だ》しそうなものを見《み》ると迫力《はくりょく》を感《かん》じる。

55

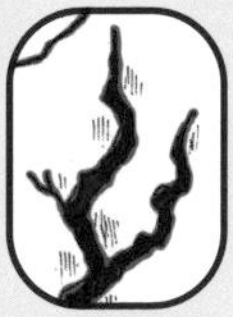
62

71

83

131

138

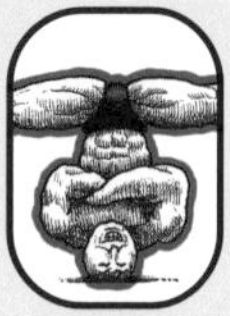
206

素朴《そぼく》なもの

派手《はで》でも華《はな》やかでもないんだけど、何度《なんど》も見《み》るうちになんとなく安心感《あんしんかん》を感《かん》じる。

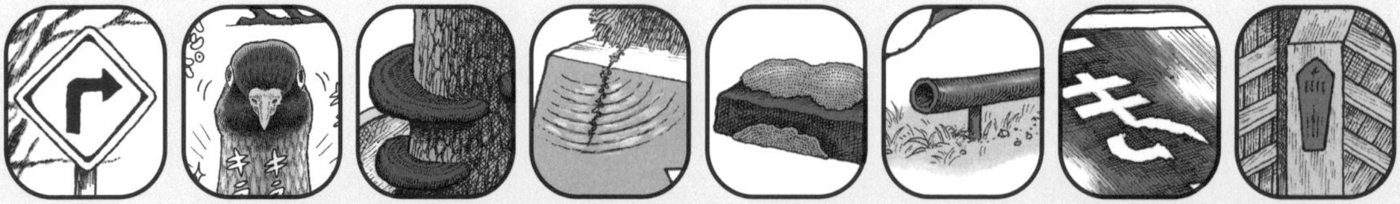

28　46　83　88　143　223　245　257

さわやかなもの

見《み》るとなんだかスッとして爽快《そうかい》な気持《きも》ちになる。

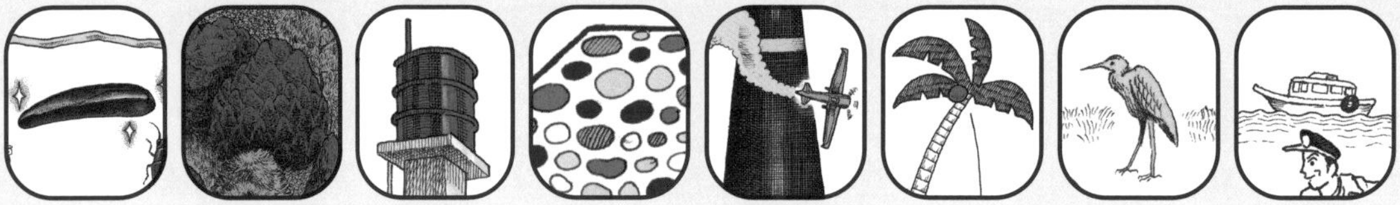

59　93　111　163　170　194　202　239

のどかなもの

あくせくした時間《じかん》を忘《わす》れて、のんびり心《こころ》おだやかな気持《きも》ちになれる。

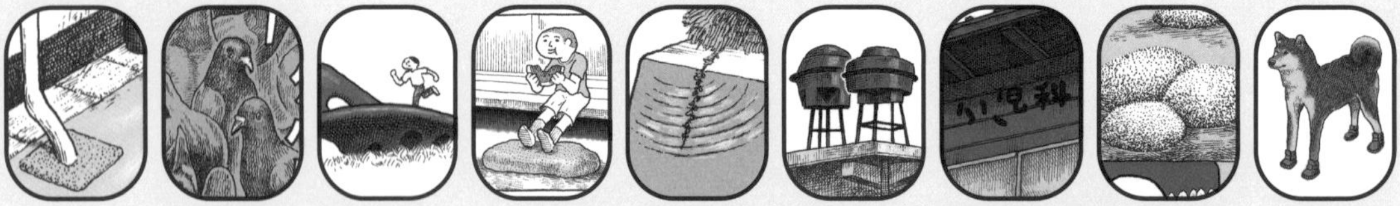

29　47　53　66　88　111　122　130　227

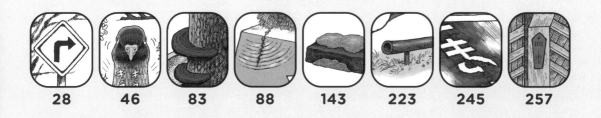

手《て》作《づく》りっぽいもの

工業製品《こうぎょうせいひん》じゃなく、人《ひと》が一生懸命《いっしょうけんめい》手《て》を使《つか》ってつくったんだろうなぁと感《かん》じるものを見《み》るとホッとする。

37

74

223

248

257

断《だん》面《めん》図《ず》

ふだんの生活《せいかつ》でものの断面《だんめん》を見《み》る機会《きかい》はあまりないから、見《み》なれたものでも断面図《だんめんず》だと不思議《ふしぎ》な感《かん》じがする。

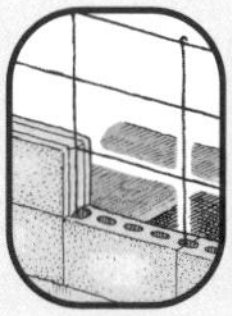
33

37
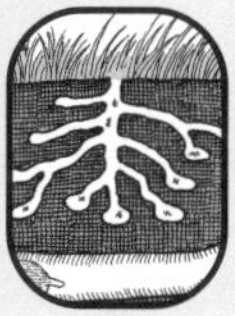
63

67

87

93
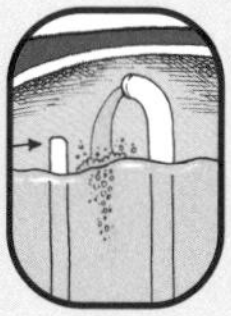
114

167

214

あたたかみがあるもの

目《め》にすると少《すこ》しやさしい気持《きも》ちになれる。

29

32

42

46

53

106

139
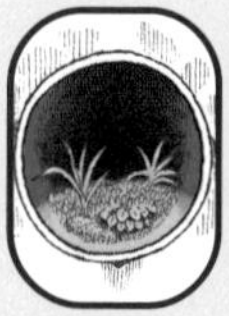
139

226

ネルノダイスキ

漫画家・イラストレーター。アーティストとして絵画や立体作品の展示を行うかたわら、
2013年よりネルノダイスキ名義で漫画を描きはじめる。
2015年、同人誌『エソラゴト』が第19回文化庁メディア芸術祭マンガ部門で新人賞を受賞。
2017年、同人誌『であいがしら』が第20回文化庁メディア芸術祭マンガ部門で
審査委員会推薦作品に選出された。著書に『いえめぐり』(KADOKAWA)、
『ひょうひょう』『ひょんなこと』(ともにアタシ社)がある。散歩をしていて「あれはなんなんだろう?」と
思ったものを調べるのが好きで、みのまわりの謎に興味をもった。

大人も知らない
みのまわりの謎大全

2025年3月25日　第1刷発行
2025年7月18日　第8刷発行

著者／ネルノダイスキ

発行所／ダイヤモンド社
〒150-8409　東京都渋谷区神宮前6-12-17
https://www.diamond.co.jp/
電話：03・5778・7233(編集)　03・5778・7240(販売)

ブックデザイン／鈴木千佳子
DTP／エヴリ・シンク
着彩協力／谷川めぐみ
校閲／円水社
校正／Letras
編集補助／川田さと子
製作進行／ダイヤモンド・グラフィック社
印刷／勇進印刷
製本／ブックアート
編集担当／金井弓子

ISBN 978-4-478-11767-5

定礎